KB003880

사상으로서의 근대경제학

모리시마 미치오 지음 | 이승무 옮김

AK

서문

이 책은 NHK TV의 교육방송 〈인간대학〉 강좌(1993년 7월~9월)에서 교재로 사용된 같은 제목의 책에 리카도, 마르크스, 미제스, 케인스에 관한 장들을 새로 추가하여 대폭 확충·보완한 것이다.

이 책의 목적은 경제학 역사를 쉽고 정확하게 해설하는 데 있지만, 관점은 이런 종류의 다른 책들과는 다르다. 통설에 따르자면, 노동가치설에 대립하는 학설로서 한계효용가치설을 논하고, 그 기초 위에서 일반균형이 형성되는 것을 확인한 다음, 그렇게 생겨난 신고전파 이론이 케인스의 거시경제학과 어떻게 통합되었는지를 설명하는 것이 순서다. 하지만 이 책에서는 경제학 역사를 그런 식으로 보지 않는다. 신고전파 이론이 완성된 형태로서 존재하고 있는 것처럼 보는 게 통설이지만, 설령 그러한 이론의 체계가 있었다고 해도 어떻게 보면 그 이론들은 ―발라의 이론도, 힉스의 이론도― 해결되지 않은 문제들을 속에 안고 있었으며 신고전파는 그 문제의 해결을 강하게 요구받고 있었다. 그 와중에서 케인스가 나타난 것이다.

무엇이 신고전파 이론의 완성을 저해하였는가? 이론 완성 작업에 힘쓰던 이 학파에 속하는 경제학자들은 장애요인을 확인할 수 없었지만, 신고전파 중심부가 아닌 주변에서 이 학파를 바라보던 케인스에게는 그것이 명확하게 보였다.

그는 장애요인이 바로 세이의 법칙Say's law임을 인식했다. 나는 이 책에서 이 문제를 상세히 파헤쳐서 세이의 법칙과 관련된 '내구재耐久財의 딜레마'라는 문제가 존재한다는 것을 밝혀보겠다. 경제가 발전하여 내구재가 중요하게 되면 세이의 법칙은 현실과 동떨어지게 되고 그 결과 이 법칙에 기반을 두고 있는 이론으로는 현실경제의 문제가 해결될 수 없게 된다. 케인스가 활동을 시작하던 당시의 상황이 그러했고, 그렇기에 세이의 법칙을 반-세이의 법칙으로 전환할 필요가 있었다. 또한 당시의 시대적 상황은 영국을 정점으로 하는 세계 체제가 붕괴해가고 있었고, 두 차례 세계대전과 대공황을 겪었던 대동란의 시대였다. 당연한 결과로서 새로운 체제가 모색되고 있었으며, 민주사회주의, 국가사회주의, 파시즘 등의 실험이 행해졌다. 이와 때를 같이하여 많은 학자가 경제학과 사회학의 종합화를 제창하였다.

나는 이러한 종합화의 문제가 다가오는 21세기의 중요한 과제가 될 것이며 경제학은 복합 학문화multi-disciplinarize할 것으로 내다보고 있다. 이 책의 2부에서는 그러한 흥미를 불러올 목적에서 마르크스, 베버, 파레토, 슘페터 등이 한 종합의 시도를 검토해볼 것이다.

끝으로 NHK TV 강좌의 프로그램과 교재 작성을 맡아 수고해주신 오카모토 다다시岡本正 씨, 오키노 데루아키興野輝昭 씨, 와타나베 도모야渡部智也 씨를 비롯, 텔레비전 교재를 신서판으로 보완·확충하는 과정에서 협력을 아끼지 않은 이와나미서점岩波書店 사카마키 가쓰미坂卷克已 씨에게 감사의 말을 전하고 싶다. 또 늘 그래왔듯이 아내는 각 장의 원고를 읽어주고 여러 번에 걸쳐 개서改書의 충고를 해주었다. 격론을 벌인 일도 있지만, 지금은 아내의 의견을 대부분 받아들였던 것이 현명했다고 생각한다.

목차

서론
나는 근대경제학을
어떻게 보는가

1

　나 같은 경제이론 분야 전공자도 중요한 고전들은 읽고 있으며, 세월이 지나면 읽은 책이 어지간히 많아진다. 어떤 경우에는 저자의 삶과 인품에 매료당해 한 인물의 저서를 차례차례 읽어나가기도 한다. 이 책에서는 그런 인물 중에서도 리카도부터 힉스까지 열한 명을 선정하여 이들에 관해 이야기하는 형식으로 근대경제학이 어떠한 세계관vision에 기반을 두고 형성되었는지를 밝혀보려고 한다. 개중에는 리카도, 마르크스, 베버는 근대 경제학자가 아니라고 하는 사람도 있겠지만, 나중에 살펴보겠듯이 근대경제학의 발전은 이들에게 힘입은 바가 크기 때문에 이들 역시 전부 근대경제학자의 범주에 들어간다고 보아야 할 것이다. 인물 선정은 전적으로 내 마음대로 했다. 연구자로서 살아온 한평생 만난 인물 가운데 나에게 가장 큰 영향을 준 인물들을 선정한 것이다. 생존자 중에는 이런 기준에서 마땅히 고려 대상이 될 만한 인물이 없다고 보기 때문에 자동으로 고려하지 않았다. 선정 인물을 열한 명으로 한정한 것은 이번 신서판에는 그 정도 분량밖에 담을 수 없기 때문이었다.

이 책은 대학에서 강의하는 교과목으로는 '경제학사'로 분류할 수 있겠다. 사史라는 것은 발생한 사건을 시대순으로 나열하고 먼저 일어난 일이 나중에 일어난 일에 어떤 영향을 주었는지를 고찰하는 학문이다. 하지만 이 책의 목차를 보면 알 수 있듯이 이 책에서는 인물들의 역사적인 등장 순서를 자주 무시한다. 나는 전부터 학설사에서는 시대 순서에 따라 서술하는 것이 별 의미가 없다고 생각해왔다. 이론의 발전은 과거의 이론들이 형성되어 온 시대 순서에 별로 의존하지 않기 때문이다. 과거의 학설들은 그 제창자의 시대에 무관하게 모두가 하나의 테두리 속으로 들어가서 후세에게는 한 덩어리로 주어지게 된다. 물론 같은 시대에 이루어진 여러 가지 업적은 하나의 흐름flow으로서 순차적으로 나타나지만, 이것들 역시 총량stock의 테두리 안으로 들어갈 수 있다면, 그 나타난 순서는 중요하지 않게 된다. 그러므로 시대 순서에 얽매이는 것보다는 논리적 순서를 따르는 편이 좀 더 유용한 방식이 되겠다. 따라서 이 책에서는 이러한 방침을 과감하게 채택했다. 그 결과 생각지도 못한 관계성이 발견되지 않았나 하는 생각이 든다. 시간적 순서를 무시한다면 어떤 식의 순서 매김(논리적 관계)도 가능한 것으로 생각해볼 수 있다. 그러므로 총량stock으로서의 학설사 대상은 결코 유일한unique 하나의 체계만 있는 것이 아니다. 이 책에서 어떠한 체계를 선택하는가 하는 것은 전적으로 나 자신의 문제의식에 달려있다. 따라서 본론에 들어가기에 앞서 나의 문제의식—나 자신이 평소에 경제학사를 어떻게 이해하고 있는지에 대한 극히 개괄적인 설명과 이 책을 쓰면서 내가 가진 구상—을 밝혀두는 일이 다른 책들의 경우보다 이 책에서는 훨씬 더 중요하다고 할 수 있다.

2

경제학에서 특별한 존재로 취급을 받는 거인(스타플레이어)들이 있다. 이들이 반드시 가장 탁월한 학자라고 할 수는 없어도, 경제학의 슈퍼스타로 대접받는 행운을 가진 배우라고 할 수 있다. 이는 애덤 스미스, 데이비드 리카도, 칼 마르크스, 존 메이너드 케인스 등 네 사람을 말하는 것이지만, 특히 그중에서도 리카도가 중요하다. 그는 레옹 발라에게 "영국 순수경제학의 창시자"라고 인정을 받았는데, 발라가 말하는 순수경제학은 근대경제학이라고 보아도 무방하기에 리카도야말로 근대경제학의 아버지라고 할 수 있다. 그런 슈퍼스타가 죽은 다음에는 많은 사람에 의해 사체가 해부를 당하는 영예가 주어진다. 리카도의 경제이론 역시 사후 40년이 지나서 마르크스에 의해 살이 붙고 보강되면서 체계화가 이루어졌다. 마르크스가 누구의 영향도 받지 않은 독창적 인물이라고 보는 사람이 많지만, 나는 리카도와 마르크스가 이론적으로 대단히 비슷하다고 본다. 따라서 리카도도, 마르크스도 모두 근대경제학자라고 할 수 있다. [1]

마르크스는 리카도의 노동가치론을 계승·발전시켰지만, 발라는 리카도 또한 인정한 희소성 이론을 발전시켰다. 많은 이들은 리카도와 마르크스와의 관계는 인정하

---

1) 하지만 나는 주의主義와 학문學問을 불가분하다고 보는 마르크스경제학자는 근대경제학자라고 인정하지 않는다. 이는 그들 자신이 바라는 바이기도 하다.

면서도 리카도와 발라의 관계는 인정하지 않으며, 발라는 한계혁명을 일으켜 완전히 독립된 학파를 형성했다고 생각한다. 하지만 리카도의 차액지대론과 발라의 희소성 이론은 본질상 다르지 않을 뿐만 아니라 리카도는 그의 차액지대론에서 한계분석을 사용하고 있다. 더욱이 발라의 『순수경제학요론』의 결론—뒤에 설명할 "발전해가는 경제에서의 가격변동 법칙"—은 『정치경제학 및 과세의 원리』에서 리카도가 내린 결론과 아주 비슷하다. 잘 알려진 바대로 마르크스 역시 리카도의 영향을 받아 똑같은 결론을 내리고 있다.

따라서 나는 마르크스와 발라가 서로 대립된다고 보기보다는 리카도를 포함하여 이들 세 사람을 근대경제학의 제1세대(원시 또는 창설기의 근대경제학자)라고 보는 편이 좋겠다고 생각한다.

이렇게 본다면 근대경제학은 다음과 같이 발전해왔다고 할 수 있다. 리카도에게는 위대한 계승자 두 사람이 있었다.[2] 마르크스와 발라가 그들이다. 마르크스학파에서도 힐퍼딩, 로자 룩셈부르크 등의 훌륭한 마르크시스트

---

2) 통설에 따르면 존 스튜어트 밀이 리카도의 후계자인 것으로 여겨진다. 또 발라에게는 리카도 이외에도 스승이 있었다. 쿠르노가 발라에게 준 영향은 잊어서는 안 된다. 마르크스와 발라 간에는 직접적인 관계는 전혀 없다.

들이 나타나서 경제학에 공헌했지만, 이른바 근대경제학파는 발라에서 시작된 학풍을 계승하고 있다. 이들 두 학파는 100년 이상에 걸쳐 대립·긴장 관계를 계속해온 결과 서로 크게 다른 면모를 가진 학파로 변질되어갔다. 하지만 마르크스와 발라라는 근원까지 소급해가면 이들 양자는 비슷하다고 할 수 있다. 이는 그들의 시장관市場觀을 보아도 알 수 있다. 마르크스는 다음과 같이 서술한다.

"똑같은 상품이 다양한 판매자에 의해 제공된다. 이들 판매자는 무엇이든지 팔고 싶어 하며, 따라서 어떤 판매자는 다른 판매자보다도 낮은 가격에 판매한다. (중략) 이 경쟁은 그들에 의해 제공되는 상품의 가격을 하락시킨다. 그러나 구매자들 간에도 경쟁이 발생하게 되며, 이번에는 이 경쟁이 제공되는 상품의 가격을 등귀시킨다. 끝으로 구매자들과 판매자들 사이에 경쟁이 발생한다. (중략) 이 경쟁의 결과는 구매자 집단 내부의 경쟁이 더 심한지 아니면 판매자들끼리의 경쟁이 더 심한지에 좌우될 것이다."[3]

---

3) 마르크스, 『임노동賃勞動과 자본資本』(長谷部文雄 譯, 岩波文庫), 47~48쪽.

이러한 시장관市場觀은 발라의 시장관 바로 그것이다. 그래서 경제학은 오랫동안 이러한 시장관에 근거하여 경쟁 메커니즘을 분석해왔지만, 이러한 시장관이 전적으로 타당하게 적용되는 것은 중근동 지역의 시장oriental bazzar과 근대 자본주의 세계의 일부 시장으로 한정된다. 그 밖의 여러 시장에서는 상인과 실업자는 판매하고 싶다고 해서 반드시 다른 판매자보다 값을 낮춘다고는 할 수 없다. 낮은 가격은 그 상점의 신용을 떨어뜨릴 수 있기에 정당한 이유를 댈 수 없는 한, 그들은 마음 놓고 대할인판매도 하지 못한다. 그들은 신용이 그들 최고의 자산이라는 것을 알고 있어서 기업의 사활이 걸린 경우 이외에는 지독하다고 할 정도로 정가 판매를 고집하는 것이다. 애덤 스미스 이후 경제학은 전통적으로 인간을 사리를 추구하는 존재라고 보아서 사리 추구의 자유가 보장되고 있는 사회를 분석 대상으로 삼아왔다. 기업은 이윤 극대화를 추구하고 개인은 효용의 극대화를 추구한다. 이러한 행위가 서로 만나는 장소인 시장은 어떤 시장이든 마찬가지로, 앞서 마르크스의 글에서 보았듯이, 중근동형의 시장이다. 그러나 현실경제에는 수요·공급에 따라 가격이 변하는 시장과 가격은 고정되어있으면서 시장에서 수요와 공급의 수량이 조절되는 시장이 있다. 경제학자들은 주로 전자에 주목해왔지만, 주의 깊게 관찰해보면 리카도나 발라의 이론에도 설령 강조하지 않았어도, 가격이 고정된 시장이 있음을 알 수 있다. 마침내 근대경제학자들은 1960년대 후반부터 그 후자의 시장에 주목하게 되었고, 이와 동시에 시장이 모두 똑같은 형태를 지닌 것이 아님을 눈치챘다. 마찬가지로 거래되는 재화 역시 단일한 형태를 띠는 것으로 보아서는 안 된다. 재화는 내구재와 소모재로 나누어지며, 다시 후자의 소모재는 부패재와 비부패재로 구분된다. 나아가서 기술의 발전에 따라 재화의 분류 방법도 달라진다. 원래는 부패·소모재이던 것이 냉동기술이 발전함에 따라 비부패·소모재로 바뀌어간다는 것은 주지의 사실이며, 그런가 하면 인쇄한 것을 지워버리는 역逆복사기(종이재생기)가 실용화되면 복사용지는 비부패·소모재에서 내구재로 바뀌게 될 것이다. 이러한 변화는 시장의 형태 변화를 가져오기 때문에 기술의 발전과 동시에 시장의 형태도 유동적으로 변하게 된다.

시장과 재화가 다양한 것처럼 경제주체 역시 다양하다. 그러나 이 경우에도 경제학자들은 처음에는 단순하게도 경제주체들은 다 똑같다고 보았다. 경제학 교과서 대로라면 기업은 자본가가 제공한 자본으로 토지용역을 구입하고 노동자를 고용해서 생산한다. 기업은 자본가 중에서 뽑힌 기업가의 손으로 운영되는 것인데도 기업가는 처음에는 자본가 중에서 나온 독지가라고 여겨졌을 뿐, 특별하게 분석의 대상이 되지는 못했다. 마찬가지로 노동자도 가능한 한 높은 임금을 받고 물질생활에서 될 수 있는 대로 큰 만족을 얻으려는 쾌락주의자인 것으로 상정되었다. 슘페터가 기업가에 대한 분석을 한 이후 기업가와 자본가는 명확하게 구별되었다. 마찬가지로 노동자들 가운데도 공장노동자와 사무노동자는 생활양식으로 보나 인생 설계로 보나 엄청난 차이가 있으며, 특히 관리직 사무노동자는 결코 단순한 쾌락주의자가 아니다. 그들은 출세주의자임이 틀림없으며, 그날그날의 생활 속에서 얻는 효용보다도 평생 직장생활에서 은퇴할 때 도달할 수 있는 위치를 최고로 높이기 위해서 일하는 것이다.

이렇게 보면 효용 극대화와 이윤 극대화의 행위만이 합리적 행동이라고 할 수는 없다. 앞에서 말했던 것처럼 신용을 소중히 여기는 상인의 행동 또한 합리적이며, 관료와 회사원의 행동 역시 출세 합리적이다. 주주 또한 그 종류가 다양하다.

개인 주주, 기관 주주, 법인 주주의 행동양식은 서로 같지 않다. 이처럼 경제주체가 다양화되면서 이와 동시에 경제체제 내부의 행동양식도 다양해진다.

게다가 이들 다양한 경제주체가 형성하고 있는 사회적 세력은 그 형태가 모두 다를 것이다. 특히 노동시장과 토지시장은 대단히 인간적이고 사회적인 시장이기 때문에 이 시장을 양이나 소 또는 노예를 매매하는 마르크스, 발라류의 중근동형 경쟁시장이라고 본다면 그것은 완전히 잘못된 것이다. 윤리적인 요소와 사회적 세력 관계를 무시하고 노동시장을 논하는 것은 사리에 맞지 않는다. 이 책 1부에서는 이러한 현실에 맞추기 위해서 근대경제학이 리카도, 마르크스, 발라 경제학의 원형을 어떤 식으로 변형시켜왔는지 밝혀보겠다.

또한 다양한 경제주체들을 연구의 대상으로 삼기 위해서는 인접 사회과학(사회학과 사회심리학)과의 협력이 필요하다. 장래에 이루어질 경제학의 종합 학문화에 대한 준비작업의 하나로 과거에 있어온 시도—특히, 마르크스, 파레토, 베버, 슘페터의 시도—를 개관한다. 다카타 야스마高田保馬는 1부에서 다루게 되는데, 일본 독자들이라면 그의 업적도 종합 학문화의 중대한 시도로서 재검토해보아야 할 것이다.

3

또 하나 언급해둘 것이 있다. 리카도는 자신의 주저 『정치경제학 및 과세의 원리』의 서문에서 세이의 판로販路 법칙을 매우 중요한 법칙인 것으로 평가하고 그것을 자신의 경제학에도 도입하고 있다. 그 법칙은 보통 "공급은 그 자신의 수요를 창출한다"라는 공식으로 표현된다.[4]

---

4) 보통 이 법칙을 거시경제학의 명제로 해석하면 총저축(다시 말해서, 화폐와 증권의 형태를 띤 저축과 실물 저축과의 합)은 그 자신과 같은 크기의 총투자를 창출한다는 주장이 된다. 하지만 이 책에서는 세이의 법칙을 그와는 다른 각도—미시경제학(시장 문제)의 시각—에서 고찰하고 있다. 3장 이하에서 설명하겠지만 사실상 이 법칙은 '내구재의 딜레마' 문제와 밀접한 관계가 있는 것이다. 3장에서 설명하고 있듯이 '내구재의 딜레마'는 각각의 내구재의 순수익률이 이자율과 같다는 조건을 도입하는 경우에 생겨난다. 힉스(5장)처럼 이 조건을 무시하면 내구재의 가격은 자유롭게 변동할 수 있게 되어 각 내구재마다 수요와 공급이 일치하도록 하는 기능을 하고, 저축은 투자와 같아진다. 그러나 각 내구재의 순수익률은 어떤 경우에나 이자율과 같아진다고 하는 조건을 도입하면 힉스와 같은 방법으로 '내구재의 딜레마'를 회피하는 것은 불가능하다. 3장에서 설명하겠지만 순수익률 균등의 조건에서는 이자율이 주어지면, 내구재의 임대가격이(임대차시장의 수요와 공급이 일치되도록) 결정되고, 이와 동시에 내구재의 가격은 고정된다. 따라서 내구재 가격에는 수급 조절의 기능이 없다. 이 경우에도 "저축은 그 자신과 같은 양의 총투자를 창출한다"라고 하는 거시적인 세이의 법칙을 가정하면 각 자본재(내구재)의 수요와 공급은 일치한다. 왜냐하면 모든 자본재의 순 이윤율이 같기에 총투자가 각 자본재로 배분되는 데 장해요인이 없고 따라서 각 자본재마다 수요와 공급이 일치하도록 총투자를 배분하는 것이 가능하기 때문이다. 다시 말해서 미시적인 세이의 법칙

공급이 있으면 수요는 그 즉시 이에 맞추어진다는 것이기 때문에 이 법칙은 수요에 대한 분석을 경시하게 만든다. 따라서 리카도가 소비재 수요에 대한 분석을 경시하고 그래서 그에게는 효용 분석이 존재하지 않는다는 점은 당연하다고 할 것이며, 그에게는 자본재 수요에 대한 분석도 (따라서 투자함수도) 마찬가지로 존재하지 않는다.

현실경제에서는 세이의 법칙이 성립하지 않는다. 수요가 공급보다 적은(많은) 경우에는 공급이 감소(증가)하며, 공급이 수요에 적응하는 것이다. 다시 말해서 세이의 법칙을 뒤집은 것(나는 이것을 "반-세이의 법칙"이라고 부른다)이 성립한다. 그래서 수요가 적을 때에는 생산이 침체하고 실업자가 생겨난다. 경제학자들이 쉽사리 성립한다고 생각하는 완전고용完全雇用은 수요가 충분하게 큰 비정상적인 사태가 발생한 경우 이외에는 성립하지 않으며, 반-세이의 법칙이 적용되는 현실경제에서는 실업이 존재하는 것이 정상적인 상태다.

그렇다면 어떤 사람들은 점점 더 부유해지고, 그 밖의 사람들은 점점 더 가난해진다는, 마르크스가 말하는 양

—각 자본재는 아무리 대량으로 생산되더라도 생산되는 만큼 반드시 수요가 있다—이 성립한다. 또한 역으로 미시적인 세이의 법칙이 성립하면 거시적인 세이의 법칙도 성립한다.

극분해는 자본가, 취업노동자들과 실업자들 간에 반드시 생겨나게 된다. 그 때문에 자본주의 사회에서는 후생 복지 활동을 진흥하고, 후한 구빈 대책을 강구하지 않을 수 없다. 마르크스 표현을 빌자면 이런 문제들은 상부구조의 문제로서 양질의 복지, 후생, 문화, 교육 체계를 구축하는 데 성공하지 못하는 한, 자본주의는 영속될 수 없고 폭동이 일어날 것이다. 지금까지 경제학자들은 사회의 물질적 기초구조에 대한 분석만을 그들의 과제로 삼아왔지만, 기초구조의 생명력viability 자체를 연구과제로 삼게 된다면, 상부구조도 무시할 수 없게 되고, 상부구조에 관한 연구 또한 자본주의의 분석에서 중요한 과제가 될 것이다. 기초구조와 복지, 후생 등의 제반 부문은 서로 맞물려있으므로 이런 밀접한 관계를 무시하고 이들 부문의 정비를 소홀히 한다면 마르크스의 말대로 혁명이 일어나는 것은 당연하다고 하겠다. 따라서 자본주의 체제 전체를 고려할 때는 이것을 상부구조와 기초구조가 날줄과 씨줄로서 짜여있는 것으로 보아야 하며, 그렇게 하기 위해서는 경제학과 여타의 사회과학은 통합이 되어야만 한다. 이러한 문제의식을 느끼고 2부를 읽는다면 반-세이의 법칙이 적용되는 현실경제에서 경제학의 종합화가 특히 필요하다는 것을 이해하게 될 것이다.

그러나 케인스를 제외한 많은 경제학자는 세이의 법칙이 현실경제에서는 성립하지 않는다는 것, 또 이 법칙이 성립하지 않으면 어떤 사태가 발생할 것인가 하는 문제를 진지하게 고찰하지 않았다. 그래서 케인스 이후에도, 완전고용이 성립하는 게 정상이라고 주장하는 힉스, 새뮤얼슨, 애로의 일반균형론과 실업이 늘 수반되는 게 정상적인 상태라고 주장하는 케인스 경제학을 병립시키고도 모순을 의식하지 못하는지 '신고전파 종합'을 이룩했노라고 자찬하는 사람도 있었다. 그중에는 지금이 반-세이의 법칙의 시대라는 것을 무시하고 자유방임이 '보이지 않는 손의 인도'에 의해 반드시 번영을 가져다주리라고 믿는 학자도 있었다. 3부에서 나는 그 대표적 학자로서 폰 미제스를 소개하고 그를 케인스와 비교해보겠다. 미제스에서 케인스에 이르는 시대는 1차 세계대전, 대공황이 일어나고 독일, 이탈리아, 일본 3국 및 소련이 발흥하여 자본주의가 중대한 도전에 직면한 시대였다. 그 결과 2차대전 후에 특히 영국에서는 노동당뿐 아니라 보수당 정권도 복지, 후생 등의 제반 부문을 충실하게 하는 데 힘썼다. 그리고 이러한 시대는 대처 영국 수상이 등장하기까지 계속되었다. 대처 수상 시절에는 가격기구price mechanism를 신봉하는 자유방임론자들이 근대경제학계 내에서 세력을 떨치게 되었다. 산업혁명 이후라고는 하지만 아직 기계가 본격적으로 등장하지 않은 애덤 스미스의 시대에는 가격기구가 실질적으로 기능을 발휘한다. 그러나 경제에서 기계가 (따라서 내구재가) 차지하는 비중이 점점 커짐에 따라 주 4)에서 설명한 내구재의 딜레마가 점차로 커다란 장해요인이 되면서, 이와 함께 세이의 법칙은 완전히 현실과 동떨어진 것이 되고 만다. 이렇게 현실경제는 가격기능이 완전히 작동하지 않는 경제로 전화轉化된 것이다. 현실경제가 스미스의 패러다임 영역 밖으로 완전히 벗어난 것은 산업혁명 및 그 이후의 기술 발전에 의한 것인데도, 이것을 인식하지 못하고 '보이지 않는 손'을 신봉한 대처의 경제정책이 실패로 끝난 것은 당연한 이치라고 할 수 있다. 그래서 경제학자들은 또다시 케인스의 문제―가격기능이 왜 불완전한가, 가격기능에는 어떠한 보강이 필요한가―를 연구하지 않을 수 없게 되었다. 이 사실은 기술의 발전에 따라 경제가 변화하고, 그 결과로 경제법칙 또한 변화한다는 것을 여실히 보여주고 있다.

이 이하의 각 장은 독립된 장들로 읽어도 무방하며, 경제 이론적 분석에 자신이 없는 독자라면 2부, 3부에서부터 읽기 시작하여 그다음으로 1부를 읽는 편이 더 나을지도 모르겠다. 1부에서도 4장 이하는 비교적 읽기가 쉽다. 그 밖의 장 중에는 특히 1장이 읽기 힘들지 모르지만 1장을 읽지 않고 이 책을 덮은 독자라도 그 나름대로 이 책을 소화했다고 자부해도 좋다고 생각한다.

1 장

리카도

분배와 성장의 일반균형이론

1

현대 경제학 교과서의 익숙한 경제학도의 눈으로 볼 때, 리카도(David Ricardo, 1772~1823)의 주저인[1] 『경제학과 과세』는 구성이 산만하여 내용 파악이 어렵고 결코 아름다운 문장도 못 된다. 하지만 실상은, 이론의 응용에 불과한 과세에 관한 여러 장을 제외하면 본론은 1장부터 6장까지의 여섯 개 장과 21장(성장론), 31장(기계론)으로 이루어지며 여기에 해외무역론과 화폐금융론이 추가된 것뿐이다.

본론은 다음과 같이 구성되어있다. 1장부터 4장까지는

---

[1] 리카도의 On the Principles of Political Economy, and Taxation은 보통 '경제학과 과세의 원리'로 번역되고 있지만, 위 책에는 과세의 원리는 없고 관세에 관해서는 그 효과에 대한 분석이 있을 뿐이다. 더욱이 리카도 생존시에 출판된 판의 제목에는 '경제학the Principles of Political Economy'과 '그리고 과세and Taxation' 사이에 쉼표가 들어가 있다. 이런 점들을 고려하여 나는 위 책의 제목을 '경제학과 과세'로 번역한다.

가격론이며, 계속해서 임금론, 이윤론이 각각 한 장씩을 차지한다. 이를 종합하여 임금과 이윤 간의 기본관계식을 도출한다. 그뿐 아니라, 이들 제반 논의는 경제성장을 논하는 21장에서 사용될 분석 도구를 준비하는 과정이기도 하다. 성장론이야말로 그의 이론의 핵심이며, 가격, 임금, 이윤(그중에서도 특히 임금과 이윤, 따라서 소득분배)이 성장 과정에서 어떠한 역할을 맡는가 하는 것을 분석한 것이다.

그런데 여기서 가격이란 재화 또는 상품의 가격인데, 상품 가운데는 생산이 가능한 것과 불가능한 것이 있다. 후자의 대표적인 예로는 이미 사망한 유명 화가가 그린 명화가 있을 수 있는데, 이런 상품의 가격은 그림의 생산비와는 상관없이 그 그림에 대한 수요에 의해 결정되게 된다. 수요가 많으면 가격은 상승한다. 다른 측면에서 보면, 공급(존재량)은 고정되어있고, 수요보다 공급이 얼마나 적은지에 따라 가격이 결정되는 것이다. 이러한 가격이론을 희소성 이론이라고 하는 것이다.

보통의 상품 가운데는 희소성 이론에 꼭 들어맞는 그런 재화가 많지 않기 때문에, 리카도는 그런 재화의 존재를 무시했다. 하지만 보통 말하는 상품이 아닌 상품 가운데는 생산될 수가 없는 재화, 따라서 그 가격이 희소성

이론에 의해 설명되어야 하는 재화가 존재한다. 그것은 토지다. 리카도의 시대에는 토지의 조성은 거의 행해지지 않았으며, 자연 상태 그대로 사용되는 것이 보통이었기 때문에, 지가와 지대는 생산비로 설명이 될 수 없다. 그것들은 토지에 대한 수요에 의해 정해지기 때문에 리카도의 지대론(차액지대론)은 희소성의 이론이다.

　하지만 토지의 공급은 명화의 경우와는 달리 꼭 소량인 것은 아니다. 광활한 토지가 있는 나라에서는 그중 일부가 농경에 사용되고 나머지는 황무지 그대로 방치된다. 이런 나라에서는 지주는 지대를 거두어들일 수 없다. 만일 지주가 지대를 부과한다면, 농부는 지대가 0인 다른 토지로 옮겨갈 것이다. 토지가 남아돌기 때문에 그런 토지가 존재하며, 그렇기에 지대를 징수하려던 지주의 시도는 실패로 끝나고 만다. 다시 말해서 토지에 대한 수요가 공급(존재량)에 못 미치면 토지는 마음대로 사용할 수 있는 자유재이며, 따라서 그 가격(지대)은 0이라고 하는 자유재의 법칙이 성립한다. 이러한 가격이론은 후에 발라가 교환의 일반균형이론에서 주장한 희소성 이론과 완전히 동일한 구조로 되어있다. 다시 말해 가격이 0일 때의 수요량보다 공급이 더 적으면 수요·공급이 일치하는 점에서의 희소성(수요 가격) 수준에서 시작 가격이 결정되고, 가격이 0일 때의 수요량보다 공급이 더 많은 경우에는 그 재화는 자유재로서 무상으로 인도된다.

다음은 생산으로 공급량을 증가시킬 수 있는 상품의 가격결정 문제다. 이런 재화의 가격은 정상 이윤까지 포함해서 단위당 생산비에 의해 그 단가가 정해진다. 생산에는 노동과 토지가 필요한데, 리카도는 제조업 생산에서는 토지가 거의 필요 없다는 가정을 하므로 결국 필요한 생산재는 노동뿐이다. 그 밖의 생산재(원료와 기계마모분)의 가격은 이들 재화의 비용방정식—비용은 정상 이윤을 포함한다—에 의해 정해지기 때문에 정상 이윤율과 이윤이 주어져 있다고 보면 가격과 같은 수의 비용방정식들이 존재한다. 따라서 이들로 이루어진 연립방정식을 풀면 주어진 정상 이윤율과 임금률에 해당하는 각 상품의 가격이 결정된다. 이제 이 방정식의 양변을 임금으로 나누면 임금 단위로 측정된 가격은 정상 이윤을 포함하고 임금 단위로 측정되는 비용과 같게 된다는 등식이 구해진다. 이 방정식은 임금 단위로 모든 가격을 결정하는데, 이 가격들은 정상 이윤율이 낮을 때는 낮아진다는 것을 알 수 있다. 노동자가 구매하는 소비재 구성이 소득수준과 관계없이 일정하다고 가정하면, 이렇게 구성된 소비재의 묶음 한 단위의 (임금 단위로 측정된) 가격은 각 소비재의 (마찬가지로 임금 단위로 측정된) 가격이 하락할 때 하락한다. 이것은 이 소비재의 묶음으로 측정하는 임금— 그것은 실질임금을 말한다—이 상승한다는 것을 뜻한다. 이렇게 해서 정상 이윤율이 하락할 때 실질임금은 상승한다고 하는 리카도의 임금·이윤이론의 기본 명제가 얻어진다.[2]

발라는 "생산이 가능한 상품의 가격은 생산비에 의해 결정된다"라고 하는 이러한 관점까지도 받아들였다. 통상적인 견해로는 발라는 효용이론으로, 리카도는 노동가치설로 가격을 설명하려고 하므로 양자의 가격이론은 완전히 대립된다고 본다. 하지만 이미 본 바처럼 리카도는 정확히 말해서 가격이 이윤을 포함한 생산비에 결정된다고 보았고, 발라가 생산의 일반균형에 의해 가격이 결정된다고 한 것도 이윤을 집어넣은 비용방정식을 사용한

---

2) 정상 이윤율을 0으로 놓으면 임금 단위로 표시한 가격방정식은 노동가치설의 방정식과 일치한다. 물론 실제로 임금 단위로 측정한 가격은 정상 이윤을 포함하고 있기에, 이 가격은 노동 가치로부터 정상 이윤만큼 차이가 난다. 따라서 정상 이윤이 높지 않은 경우에는 노동 가치는 가격의 근사치 역할을 감당한다. 리카도는 임금 단위로 측정한 가격의 근사치를 구하는 데 노동가치설을 사용했다. 그에게는 노동가치설은 그 이외에는 의미가 없고 그 이상의 의미도 없다.

것이다. 이들 방정식으로 생산물의 가격이 결정되면, 그에 따라 효용이론에 의해 수요가 결정되고 기업의 생산량은 수요와 같아지게끔 결정된다. 이것이 발라의 이론이다. 따라서 생산물의 가격을 결정하는 문제에서는 발라와 리카도 간에 차이가 없다. 발라는 리카도가 앞서간 길을 따라 이론 체계를 수립해나갔던 것이다.

2

이상과 같은 가격이론에 병행하여 리카도는 다음과 같은 수급 균형이론을 전개한다. 첫 번째 분석 대상은 농산물이다. 농업은 여러 종류의 농산물을 산출하지만, 논의의 단순화를 위해서 (곡물) 한 종류만을 생산한다고 하자. 제조업에는 여러 종목의 산업이 존재한다고 가정하고 그것들 각각은 저마다 한 종류의 소비재나 기계나 원료를 생산한다고 가정하자. 다른 한편 제조업의 생산물은 노동자가 소비하고 남은 잔액이 다음 기에 생산재로 사용된다. 또한 자본가와 지주는 제조업에서 생산된 제품을 사용하지 않는다고 가정하자. 이처럼 리카도가 상정한 경제는 세 계급(노동자, 지주, 자본가), 여럿의 산업(농업 한 종목과 제조업 여러 종목), 하나의 노동시장이 있는 경제다. 논의의 단순화를 위해서 토지는 그 질이 균등하다고 가정한다. 그 땅에 정착한 인구가 아직 많지 않던 시대에는 새로운 토지가 계속해서 사용되었고, 따라서 리카도의 희소성 이론에 따르면 지대는 0이므로, 지주가 존재하더라도 그들에게는 소득이 없고 따라서 구매 능력이 없다. 다음으로 자본가는 "먹을 것도 제대로 먹지 않고" 자본축적에 열중하여 그들이 얻은 이윤은 전액이 잉여생산물을 구매하는 데 사용되고 그렇게 해서 얻은 잉여생산물(실물저축)은 전액이 다 투자된다. 생산된 물량은 전부 수요를 얻는다. 다시 말해서 이른바 세이의 법칙이 성립한다. 농업의 생산기간은 1년인 데 반해서 제조업의 경우는 그보다 훨씬 짧다. 이것을 단순화시켜서 제조업 생산물은 순간적으로 생산이 이루어진다고 가정하자. 이러한 가정에서는 작년에 경작되고 올해 초에 출하된 농산물은 노동자에 의해서만 소비된다(지주에게는 소득이 없고, 자본가의 이윤은 전액이 재투자되기 때문이다). 이는 전년도에 생산된 농산물이 올해 생산에 종사하는 노동자들의 소비 총량과 가치액으로 볼 때 같다는 것을 뜻한다. 전년도에 생산된 농산물을 올해 평가하는 가치액을 임금기금이라고 부른다면, 이것을 노동인구로 나눈 몫인 1인당 임금기금은 1인당 농산물 소비액과 같다. 후자는 1인당 임금(농산물로 표시된)에 비례한다고 볼 수 있다. 그러므로 임금수준은 1인당 임금기금에 의해 결정된다. 이처럼 리카도 이론에서는 농산물의 수급 균형 조건에 의해 농산물로 표시된 임금이 결정된다. 다음으로는 자본재와 원료의 문제인데, 이것들은 제조업 부문만이 아니라 농업에서도 이용된다. 농업에서 사용되는 자본재와 원료의 양은 경작면적에 비례할 것이다. 토지가 남아돌므로 집약적 농경을 할 필요가 없기 때문이다. 이들 재화 시장에서는 공급량, 즉 이번 시기의 생산을 위해 산업이 보유하고 있는 자본재와 원료의 양은 과거에 이들 재화가 생산된 양으로 주어지며, 따라서 공급을 변동시키는 것은 불가능하다. 다른 한편으로 수요 측, 즉 다시 말해서 농업 및 각종 제조업이 필요로 하는 자본재와 원료의 양은 농업에서의 경작면적과 제조업에서의 산출량에 따라 좌우된다. 수요는 공급과 같다는 조건을 표현하는 방정식의 수는 자본재 및 원료의 종류 수만큼이고 또 한편 수요를 움직이는 변수에는 자본재 및 원료의 생산량 이외에도 농업 활동을 나타내는 변수(경작면적)가 있다. 그래서 변수의 수는 조건 방정식의 수보다 하나가 더 많게 된다.

하지만 이 불일치의 문제는 노동의 수요·공급 조건을 고려하면 바로 해소된다. 노동에 대한 수요는 농업 및 각 제조업의 행동 변수에 의존하며, 공급은 존재하는 노동자 전원이 노동을 공급하려고 하기에 주어져 있다고 할 수 있다.

이상의 내용은 리카도의 일시적 일반균형 조건을 형성한다. 수요·공급 균형의 조건에는 ①농업의 균형 조건, ②자본재 및 원료의 균형 조건, ③노동의 균형 조건 등 셋이 있으며, ①은 농산물로 측정되는 임금을 결정하고 ②와 ③은 농업의 행동 변수(경작면적), 자본재 및 원료의 생산량을 결정한다. 경작면적이 결정되면, 농산물의 산출량이 결정되는 것은 물론이다. 또한 그의 가격이론에 따를 때, 농산물로 표시된 임금이 주어지면, 임금 단위로 표시된 자본재 및 원료의 가격, 그리고 정상 이윤율이 결정된다는 것은 이미 살펴본 바와 같다.

이상이 리카도의 일시적 균형이론인데, 그는 이 이론을 전제로 하여 일시적 균형이 어떤 식으로 변동하는지에 대한 이론, 즉 동태이론을 전개한다. 이를 위해 그는 다음과 같은 인구법칙과 축적법칙을 가정한다. 먼저 인구법칙을 보자. 그는 우선 일시적 균형이론에 따라 결정된 농산물의 양으로 표시한 임금과 노동자가 1년 동안 생존하는 데 필요한 최저한도의 임금과 비교하여 전자가 후자를 초과하면 인구는 증가하고 그 반대의 경우에는 인구가 감소하며, 양자가 같은 경우에는 인구는 불변이라고 가정한다.

두 번째는 축적법칙인데, 어떤 해에 자본재 또는 원료의 순생산물(다시 말해서, 그 재화의 생산량으로부터 그해의 생산에 사용된 그 생산물의 수량을 뺀 양)에서 다음 해에 노동자가 소비하게 될 그 생산물의 양을 뺀 잔액[3]은 전액이 축적된다는 것이다. 이것은 그 잔액(산업으로부터의 공급)이 전부 수요를 낳고 그래서 각 산업에 축적되고 있음을 의미한다. 다시 말해서 공급되는 것은 모두 다 수요를 얻는다는 것이다.[4] 이상과 같은 인구법칙과 축적법칙의 가정에서는 경제는 다음과 같이 변동한다. 지금 이번 기의 임금은 생존 수준인 임금보다 높다고 가정하자. 인구법칙에 의해 인구가 증가하고, 다음 기에 그 경제가 보유하는 자본재

---

3) 이 잔액은 좀 더 상세히 말한다면, 모리시마 『리카도의 경제학』(高增, 堂目, 吉田 譯, 東洋經濟新聞社, 1991), 110쪽의 수식 (9)처럼 정의된다. 다음 해에는 고용이 증가할 것이기 때문에 증가한 만큼의 노동자가 소비하는 분량 또한 잉여를 정의할 때 뺀다는 것에 주의하라.
4) 즉, '세이의 법칙'이 가정되고 있다.

와 원료의 양은 이번 기의 축적으로 인해 변화하게 된다. 다음 기의 각 산업의 산출량과 농업의 경작면적은 증가한 노동인구 및 새로 축적된 것까지 포함하는 자본재와 원료의 양을 완전고용을 할 만한 크기에 상응하게 되어 갈 것이다.

다른 한편으로 임금수준은 임금액이 임금기금과 같아지는 수준에서 결정된다. 이것은 농산물의 양으로 표시된 임금 총액이 전기의 곡물 생산량과 같음을 뜻한다. 물론 전자는 농산물의 양으로 표시한 1인당 임금에 노동인구를 곱한 것이기 때문에 1기 전의 곡물 생산량의 성장률이 노동인구의 증가율보다 높다고 가정하면,[5] 그 가정에서는 농산물의 양으로 표시한 1인당 임금은 상승하지 않을 수 없다. 이러한 임금상승은 앞 절에서 살펴본 것처럼 균형 이윤율이 감소한다는 것을 뜻한다. 이러한 변동이 매기마다 반복되면, 이윤율의 하강이 만성화됨은 물론이다.

---

5) 이처럼 상정하는 데 근거는 없으나 나는 리카도가 암묵적으로 이렇게 상정하고 있다고 생각한다.

3

인구증가에 따라 경작지도 확대되어간다는 이상과 같은 경제성장의 제1단계는, 새 농경지가 모두 개간되면, 농지를 좀 더 집약적으로 이용하는 단계로 넘어간다. 이 단계에서는 일정한 면적에 더 많은 기계를 투입하고 보다 많은 농부에게 일을 시켜서 수확량을 올리려고 한다. 이 단계로 접어들면, 토지에서 나오는 순수익은 토지이용의 집약도가 상승함에 따라 증가할 것이다. 그러나 집약도를 한계 단위만큼 높임에 따른 순수익의 증가액(한계 순수익)은 점차 감소한다고 가정하는 것이 좋다. 집약도의 상승은 더 이상 집약도를 증가시키면 양의 한계 순수익이 없어지는 점—이 점을 정지점이라 부르기로 하자—에서 멈추게 된다. 가정에 의하면 집약도가 상승함에 따라 한계 순수익은 점차로 감소하기 때문에 한계 순수익이 0인 점(즉, 정지점)에 도달하기까지는 집약도의 상승은 계속해서 양의 한계 순수익을 가져다준다. 이들 한계 순수익을 정지점에 이르기까지 적분한 값은 토지로부터의 총수익이며, 그것은 지대로서 지주의 손으로 들어간다.

이러한 토지의 집약적 이용도 어느 수준에 도달하면, 마침내 그 이상의 집약화를 하기보다는 품질이 확실히 떨어지는 2등급 토지로 경작지를 옮기는 편이 차라리 더 낮게 된다. 그 후 2등급 토지에서도 지금까지 1등급 토지에서 발생한 것과 똑같은 일이 반복된다. 인구가 증가함에 따라 2등급지에서의 경작은 처음에는 집약적으로 이루어지지 않고 경작면적만 확대되는 데 그치지만, 2등급지가 전부 경작지로 되면 집약적인 경작이 시작되고,[6] 그 집약화가 한계에 도달하면 3등급지에서도 경작이 시작된다. 이런 과정에서 일관되게 농업의 노동생산성이 낮아지기 때문에 임금 단위로 측정한 곡물 가격은 점차로 상승한다.

이처럼 경제성장의 제2단계 이후에는 농산물 가격이 상승하기 때문에 그 결과 정리는 완전히 다른 형태로 수정된다. 지금 이것을 설명하기 위해서 소비재의 구성 가운데 곡물이 차지하는 비중이 압도적으로 크며 그 나머지 소비재들의 비중은 무시해도 좋을 정도라고 가정하자. 이 가정은 지금부터 170여 년 전 리카도가 『경제학과 과세』를 집필하던 당시의 노동자들에게는 실제 현실이었을 것이다. 이러면 농산물의 가격상승에 따라 실질임금은 하락한다. 또한 제2단계 이후에 지대가 발생하고 그것

---

6) 2등급지가 집약적으로 경작되면, 이에 따라 1등급지의 집약도도 높아진다.

이 점차로 증가해간다는 것은 더 말할 것도 없다. 이렇게 해서 리카도 경제학의 세 가지 결론이 도출되었다. 임금이 노동자의 생존 가능 수준 이상이고, 따라서 인구가 증가해가는 경제에서는 ①이윤율은 계속 하락하고, ②농산물 가격이 등귀하면서 실질임금은 계속 감소하고, ③지대는 증대된다고 하는 세 가지 법칙이 성립한다는 것이다. 이런 상태는 결국 이윤율이 0이 되고 실질임금은 가까스로 생존할 수 있는 수준으로 저하될 때까지 계속되며, 이때 인구증가는 없어지고 경제성장은 멈추고 만다.[7]

성장 과정은 드디어 벽에 부닥친다. 이와 같은 위기의식이 리카도가 영국이 순수한 공업 입국을 해야 한다고 굳게 믿도록 만들었다. 영국은 국토가 좁기에 농업은 다른 나라에 비해 결코 비교 우위를 가진 산업이 못 된다. 해외에는 미국, 러시아, 오스트레일리아 등의 광대한 농업국이 있고 그 나라들에서는 농업에서의 수확체감은 먼 장래의 일이기 때문에 그들 나라로부터 농산물을 수입하는 한, 임금 단위로 측정한 농산물 가격의 상승, 따라서 실질임금의 저하는 발생하지 않고 경제성장의 길은 막히

---

7) 리카도의 성장 과정이 정상상태로 수렴하는지에 대한 그 자신의 증명은 엄밀하지 않다. 하지만 여기서는 이 문제를 언급하지 않는다. 모리시마, 앞의 책, 114쪽 이하 참조.

지 않게 된다. 그는 이와 같은 농업의 해외추방론을 정당화하기 위해 국제무역의 비교생산비설을 전개했다. 그런데 영국은 곡물조례를 철폐함으로써 식량 가격의 폭등을 막았지만, 그 대신 식량 수입에 따른 무거운 부담에 시달리게 된 것이다.

이러한 리카도의 경제학은 마르크스뿐 아니라 다음 장에서 보게 될 발라와도 아주 유사하다. 경제학사에서는 그들이 별개의 학파를 형성했다고 보는 게 상식이지만, 그들은 경제발전에 관해서는 공통된 비전을 갖고 있었다. 그들이 가진 공통된 약점이 있다면 그것은 세이의 법칙에 입각하고 있다는 점인데, 나는 그것이 어째서 잘못된 것인지를 발라 2 이하의 장들에서 '내구재의 딜레마'와 관련해 고찰할 것이다.

2 장

발라 1

'가치의 자유' 제창

1

근대경제학계가 초기에 발라(Marie Esprit Léon Walras, 1834~1910)를 받아들인 것은 대단히 다행스러운 일이다. 첫째로 그는 비록 실패하기는 했지만, 이공계열의 에콜 폴리테크닉 입학을 지망했었던 과학을 좋아하는 청년이 었다.[8] 둘째로 그는 아버지에게서 물려받은, 좀 색다르 지만 강렬한 정의감, 즉 사회개혁에 대한 열망과 의욕을 갖고 있었다. 셋째로 그의 아버지는 중고등학교 교사 겸 장학사였지만, 동시에 경제학자이기도 했다. 하지만 그 의 아버지는 학계에서는 거의 무명에 가까웠기에 자식인 발라는 이른바 '학자 2세'가 아니었으며, 1, 2년 동안 실

---

8) 그는 결국 에콜 드 민느(국립광산학교)에 입학했지만 기술 계통 학문에 흥미를 못 느 껴 자퇴하고 말았다.

업 상태로 있어도 그런대로 생활해갈 수 있을 만한 재산이 그에게는 없었다.[9] 이런 발라가 근대경제학을 시작한 것이 어째서 다행스러운 일이었는가? 그것은 다음과 같은 이유 때문이다.

나는 예전에 자페Jaffé 교수[10]와 발라, 그리고 내가 쓴 『발라의 경제학』을 둘러싸고 논쟁을 벌인 일이 있는데, 그 당시 그는 시대정신을 무시하고 발라를 논하는 것은 잘못된 것이라고 하면서 나를 비판했다. 그의 말에 의하면, 당시의 시대정신은 사회주의였기 때문에 발라는 사회주의의 기초를 놓는 그런 이론을 만들었다는 것이다. 확실히 그런 측면이 있다. 그 점에 대해서는 나도 책에서 인정하고 있다. 그렇지만 문제는 그렇게 직선적이고 단순하지 않다. 그의 사회개혁에 대한 의욕(앞에 설명한 그의 두 번째 특성)은 자페에게 유리한 논쟁의 자료이지만, 동시에 그가 자연과학의 애호자였다는 점(첫 번째 특성)과 그가

9) 후술하게 될 베버 및 파레토와 비교해보라.
10) 자페는 발라의 『순수경제학 요론』을 영어로 번역해서 영어 사용권에서는 발라 연구의 제1인자로 자타가 공인하고 있다. 그러나 영어 사용권 밖에서는 그는 한 사람의 뒤떨어진 발라 연구가에 불과하다. 이탈리아에서는 발라가 생존하던 당시에 벌써 순수경제학의 노선을 따른 연구가 성행하고 있었으며, 일본에서는 발라가 1912년 다카타 야스마에 의해 처음 소개되었다. 야스이 타쿠마安井 琢磨의 대단히 수준이 높고 상세한 발라 연구(1993~1940)가 일본에서 발표되던 때에 자페는 겨우 발라의 책을 읽기 시작하고 있었던 처지였다.

가난했다는 점(세 번째 특성)도 그의 경제학에 영향을 주었다는 것을 잊어서는 안 된다.

마르크스보다 16년 뒤에 태어난 발라가 마르크스와 마찬가지로 사회주의의 세례를 받은 것은 결코 우연이 아니며, 시대정신이 그렇게 만들었는지도 모른다. 하지만 시대정신이란 한 가지만 있는 것은 아니다. 게다가 프랑스의 시대정신은 독일의 그것과는 다르다. 마르크스가 헤겔 철학에 깊이 영향을 받고 있었던 것과는 달리 발라는 달랑베르, 라그랑주, 라플라스 등이 천문학과 역학力學에서 이룬 업적을 깊이 존경하고 있었다. 바로 그 이유로 그는 에콜 폴리테크닉 입학시험을 보았고, 입학에 실패하여 다시 경제학을 시작했을 때는 이러한 자연과학에 견줄 만할 일을 경제학의 영역에서 성취하기를 열망했다. 이는 그의 첫 번째 성격에서 나온 열망이었다.

어쨌든 자페가 말하는 것처럼 발라가 사회주의를 신봉했다는 것도, 그가 이 신조를 경제학의 이론으로 정당화하려 했던 것도 확실하다. 하지만 그의 사회주의는 당시에 유행하던 사회주의와는 그 내용이 아주 아주 달랐다. 그의 사회주의에서는 마르크스처럼 노동자를 자본가의 착취로부터 해방하는 것은 그다지 중요하지 않았다. 그의 사회주의[11]는 산업의 국유화가 아니라 토지의 국유화였다. 그는 토지 사유에는 어떠한 정당성도 없다고 보았다. 그가 볼 때 토지는 신이 인류에게 주신 것이기 때문에, 토지는 국민이 공유해야 하는 것이었다. 현재 사유되는 토지는 국가가 매입하든가 몰수하여 국유화를 한 이후에는 토지의 이용자는 국가에 그 사용료를 납부해야 한다고 보았다.

만약 이런 방안이 실현된다면 국가는 매년 큰 수입을 올릴 것이므로 국민으로부터 세금을 거둘 필요가 없어질 것이다. 그렇게 되면 토지의 사적 소유자와 비소유자 간에 자산 배분상 불공평성이 없어질 뿐 아니라, 국가 재정은 풍족해진다. 게다가 토지가격은 경제발전과 함께 점점 등귀하기 때문에, 토지 사유에 기인하는 불공평성은 그냥 방치해두면 점점 격화된다. 그는 "토지가격은 앞으로 경제발전에 따라 급상승할 것"이란 점을 경제 이론적으로 증명함으로써 "토지 사유는 악"이라고 하는 신념을 과학적으로 정당화하려 했다.

현재 일본사람 가운데서도 이러한 토지사회주의를 신봉하는 사람이 적지 않을 것이다. 그런데 그가 이것을 주

---

11) 발라는 자신의 사회주의의 과학성을 강조했다.

장한 것은 130여 년 전의 일이고, 당시의 토지가격은 오늘날만큼 심각한 문제가 아니었다. 더욱이 토지국유화에는 그 당시는 말할 것도 없거니와 오늘날에도 각종 곤란한 점이 있다. 우선 첫째로 전면적인 국유화는 불가능하므로 최대한 X평까지의 사유를 인정해야만 한다. 그렇게 하면 X평 이하의 토지밖에 소유하고 있지 않은 사람은 국유화에 찬성하지만, X평 이상의 토지를 소유하고 있는 사람은 원칙적으로 국유화에 대한 반대 관점을 견지할 것이다. 찬성자를 늘리기 위해서는 X를 크게 해야 하며, X를 크게 하면 국유화를 하는 의의가 없어진다. 게다가 토질은 균질하지 않으며 그 질이 계속해서 변화할 뿐 아니라, 같은 면적의 토지라도 집약적으로 사용하면 몇 배, 몇십 배의 결실을 얻을 수 있다. 이러한 경우에 전국의 토지가격과 토지이용권의 가격을 국가가 공정하게 결정하기를 바라는 것은 절망적이다. 정부는 국유화가 이루어진 후에 해마다 토지이용 가격의 결정과 관련하여 수없는 불평과 불복신청에 대응해야만 하며, 토지가격의 사정查定과 관련하여 정실에 흐른 혐의를 받는 공무원은 엄청나게 많은 수를 헤아리게 될 것이다.

　게다가 대지주는 군주나 사회의 유력자들이다. 유혈혁

명과 패전 이후의 점령군에 의한 강제를 전제로 하지 않는 한, 평화적, 민주적으로 토지국유화를 실현하는 것은 대단히 어려운 일이라 할 것이다.

2

돈벌이를 하지 않고는 생계유지가 곤란했던 발라는 로잔 아카데미의 교수가 되기 전에 경제 관련 잡지사와 출판사에서 근무하기도 하고, 철도회사와 조그만 은행에서 일하기도 했는데, 이 시대에 쓴 논문은 잡지에 투고했지만 많은 경우에 실리지 못하고 말았다. 그 자신이 무명이던 시절에 내세웠던 본인의 사회사상인 토지국유화론이 편집자의 반감을 샀기 때문이다. 충분한 고정수입이 없었기 때문에 생활해나가기 위해서는 가까스로 획득한 로잔 아카데미에서의 자리를 보전할 필요가 있었으며, 그러기 위해서는 그는 타협하지 않을 수 없었다. 그래서 그는 과학과 사회주의를 분리시켜, 1874년에 출판한 『순수 경제학 요론』(앞으로는 『요론』이라 약칭한다)에서는 경제학은 순수이론(순수경제학), 응용경제학 및 사회 경제학으로 삼분되어야 한다고 선언했다. 순수경제학은 경제의 움직임을 분석하는 자연과학(그는 이런 표현을 쓰고 있다)이고, 응용경제학은 순수경제학을 이용하여 정책적 분석을 하고, 사회 경제학은 순수경제학을 도구로 하여 도덕적으로 정당하다고 여겨지는 경제 사회에 관하여 논한다. 순수이론은 자연과학과 완전히 같게 "관찰하고, 기술하고 설명하기"만 하기에 여기서는 그 경제학자의 가치관은 어떠한 역할도 하지 않는다. 이와는 달리 사회 경제학에서는 그 학자의 가치관, 즉 무엇을 사회정의로 볼 것인지가 중심문제다. 이렇게 과학적 분석과 가치관을 분리해놓고 생각하는 방법론은 약 30년 후 막스 베버가 독일 역사학파를 비판하면서 제시되었는데, 바로 이 방법론이 강렬한 가치감정을 가진 발라에 의해서 자신의 경제학을 보전하기 위한 방책으로서 주장되었다. 발라는 가치판단 논쟁에서 선제공격을 감행한 사람이었는데, 그것이 근대경제학계의 주된 흐름 속에서 대논쟁으로 발전하지 않았던 것은 주류에 속하는 학자들 다수가 '이론, 정책 및 도덕'의 삼분법에 별다른 이의를 제기하지 않았기 때문이라 하겠다.

발라 자신은 이 세 분야에서 대작을 쓸 생각이었지만 이를 달성하지 못했다. 그것은 아마도 순수이론의 완성에 시간을 다 보냈기 때문이었을 것이다. 응용경제학과 사회 경제학에 관해서는 그때까지 써온 논문들을 모아서 『응용경제학 연구』및 『사회 경제학 연구』을 출판하는 데 그쳤다. 이 책들은 내용상으로 우수한 것은 아니었으며, 『요론』의 수준에는 도저히 못 미치는 것이란 이유로 후세 사람들은 이 두 책을 무시했다.

발라의 응용경제학(정책학)은 각 산업의 생산활동이 어떻게 하면 좀 더 효율적으로 이루어질 것인지를 고찰하는 학문이다. 이러한 연구는 순수이론을 전제로 이루어진 것이기 때문에 '순수이론→응용경제학'이라는 관계는 명확하다. 이와 동시에 응용경제학의 성과는 각 산업에서 응용되는 것이기 때문에, 각 산업이 그 성과를 도입함으로써 현실 산업의 생산 능률은 향상될 것이다. 그렇다면 순수이론 또한 발전한 생산 부문을 전제로 하여 이론적 분석을 다시 해야만 한다. 다시 말해서 응용경제학→순수이론이라는 역逆의 관계 또한 존재한다.

즉, 발라의 세 부문 가운데 먼저의 두 부문 간에는 상호의존 관계가 있기에 순수이론은 결코 초역사적이거나 고정적인 것은 아니며, 경제의 발전단계에 맞추어 변화한다. 그는 당시 프랑스의 경제 상황에 비추어서 경제활동의 자유가 보장되는 완전경쟁 경제의 모형을 순수이론의 원형으로 삼았다. 그러나 이것은 그가 일부러 자유방임을 예찬한 것도, 시인한 것도 아니다. 현실경제를 분석해나간 끝에 이러한 이론 모형이 가장 적절했다고 보았기 때문이다. 그가 이상理想으로 삼은 경제는 토지가 국유화된 경제이며, 그러한 경제는 그가 아무리 이념적으로 지지하고 싶어도 순수경제학의 영역에서는 고려되는 일이 없다. 그것은 전적으로 사회과학의 과제로 넘겨졌던 것이다.

하지만 발라는 토지국유화의 사상을 아주 초기 단계에, 다시 말해서 그가 아직 『요론』을 집필하기 한참 전일 때 벌써 굳혀놓고 있었다. 이론보다도 도덕 감정이 앞서갔던 것이다. 그에게 다행스러웠던 것은 『요론』에서 다음과 같은 결론에 도달했다는 점이다.

즉, "발전해가는 사회에서는 ①노동의 가격, 즉 실질임금은 별로 큰 변화가 없고, ②토지용역 가격, 즉 지대는 크게 상승하고, ③이자율은 제법 눈에 띄게 하락한다".[12] 이런 결론은 리카도의 결론, 그리고 리카도의 뚜렷한 영

---

12) 그는 이 결론을 "발전해가는 사회에서의 가격변동의 법칙"이라고 불렀다. 『요론』 (久武雅夫 譯, 이와나미서점, 1983년. 제36장).

향을 받은 마르크스의 결론과 상당히 유사하다.

마르크스 이론에서는 ①은 ①′ "실질임금은 저하한다"로 되어있으며, 그는 이로부터 노동자의 빈곤화라는 결론을 이끌어내고 또한 동시에 ③에서는 이자율 즉 자본의 이윤율 하락에 의한 산업의 붕괴라는 결론을 내리기 때문에 산업의 국유화 또는 사회주의화는 그가 보기에는 필연적이었다. 마찬가지로 대단히 리카도적인 '가격변동의 법칙'을 결론으로 이끌어낸 발라는 리카도에게서 뚜렷한 영향을 —적어도 비전에 있어서—받았다고 하지 않을 수 없다. 발라는 ②를 강조하였고 따라서 토지국유화를 해야만 한다고 주장했다.

이렇게 본다면, 발전해나가는 사회에서의 가격변동 법칙이야말로 과학적 사회주의의 기초를 제공하는 것이다. ①을 ①′로 치환하면 여기서는 마르크스의 과학적인 산업사회주의가, 그리고 ②에서는 발라의 과학적 토지사회주의가 도출된다. 다시 말해서 『순수경제학』이 『사회경제학』의 기초가 되고, 전자에 의해 후자의 도덕적, 가치 판단적인 주장이 뒷받침되었던 것이다.

이러한 '순수경제학으로부터 사회 경제학으로'의 관계와 완전히 역의 관계, 즉 '사회 경제학으로부터 순수경제학으로'의 관계 또한 존재하고, 그 때문에 양자는 상호의존적인 관계 속에 있다. 왜냐하면 순수경제학을 전제로 해서 도덕적으로 이상적인 사회에 관한 연구가 사회 경제학에 의해 행해지고 이것에 따라 현실경제가 개혁된다면(개악改惡된다고 해도 상관이 없다), 개혁 이후의 사회에 대한 이론화가 또 이루어질 것이기 때문이다. 이러한 새로운 사회이론에 기초하여 새로운 사회의 도덕적 결함이 밝혀지고, 그 결과 또다시 이상 사회에 대한 탐구가 행해지게 될 것이다. 이러한 상호관계를 지렛대 삼아 경제는 진화해간다. 이처럼 일단 분화된, '이론, 응용 및 사회'라는 세 부문의 경제학은 다시금 통합되어 사회 진화進化를 불러일으키게 된다. 하지만 발라 자신은 『요론』에서는 이러한 진화론의 발상을 조금도 내비치지 않고 있다. 발라에게 그럴 의도가 있었다고 말하는 사람도 있으나, 그에게 설사 그럴 의도가 있었다고 해도 그의 응용 및 사회 경제학은 내용상으로 빈약했기 때문에 그것들을 가지고 진화이론을 수립한다는 것은 별로 의미가 없다.

경제 진화론의 완성을 목표로 잡고 그 작업을 추진해갔던 이는 발라가 아니라 파레토였다.[13] 파레토는 그러

13) 파레토 『경제학 강의Cour d´économie politique』 제2권 1장을 보라.

한 계획을 가지고서 대저서인 『일반사회학 개론』을 썼다. 후술하게 될 베버의 『프로테스탄티즘의 윤리와 자본주의의 정신』도 불완전하게나마 하나의 진화론적 연구로 간주할 수 있겠다. 이것들에 비하면 발라의 응용경제학과 사회 경제학은 보잘것없는 것이고, 그는 순수이론에서만 성공을 거두었다고 판정받는 것이 당연하다. 세 분야 모두에서 성공하기 위해서는 세 가지 재능을 가져야만 한다. 발라는 이공계 쪽의 재능을 —에콜 폴리테크닉 입학시험에 실패했다고는 하지만— 가지고 있었던 반면에, 사회 경제학에 특히 요청되는 인문계 쪽의 재능은 —그가 인문계 과목에 남다른 흥미를 보였다고는 하지만— 특출난 데가 없었다고 할 것이다. 그렇기에 후세의 학자 대부분은 『요론』만을 높이 평가하고 나머지는 무시하는 것이다.

그렇지만 다음의 것을 꼭 명심해야만 한다. 세 가지 경제학을 종합하는 경제학자가 아닌, 그중 한 분야인 순수이론을 전공하는 학자가 될 때도, 발라가 그러했듯이 세 가지 분야에 대한 소양과 흥미를 겸비하는 것이 필요하다. 무엇보다도 이론 분야에서 발라가 거둔 성공이 이를 잘 보여주고 있으며, 이는 케인스가 『인물평전』에서 한 말[14]과도 일치한다.

3

발라의 경제학 방법론은 베버의 사회학 방법론과 유사
하다. 이미 설명한 것처럼 과학적 분석과 가치 판단적 사
고는 베버와 마찬가지로 발라에 의해서 뚜렷하게 분리되
고 있으며, 더구나 발라가 사용한 개념은 모두 베버가 말
한 의미에서의 이상형 개념이다. 예를 들어서 발라가 가
정하고 있는 시장은 "경쟁이란 측면에서 볼 때 완전한 조
직을 갖추고 있는 시장"이다. 현실 세계에서는 이러한 시
장은 주식거래소, 상품거래소, 곡물거래소, 어시장魚市
場 등으로 국한된다. 그러므로 현실 속 시장에서의 경쟁
은 정도의 차는 있어도 불완전한 데다가 조직화되어있지
않다.[15] 하지만 불완전성을 무시하고 완전한 상태에서의
경쟁을 고찰하면 거기서 그 본질이 밝혀진다. 그것은 "순

14) 그의 『인물평전』에서 케인스는 다음과 같이 서술하고 있다.
"경제학의 대가大家는 여러 가지의 자질을 보기 드물게 고루 갖추고 있어야 한다. 그는
어느 정도까지는 수학자요, 역사가요, 정치가요, 철학자가 아니면 안 된다. 마셜은 이
러한 이상적인 다면성을, 그 전부는 아니지만, 갖추고 있었다(136쪽~137쪽). 나는 발라
역시 이를 갖추고 있었다고 강조하고 싶다."
15) 『요론』, 44~45쪽.

수역학이 마찰 없는 기계를 가정하고 있는 것과 마찬가지다."[16] 그래서 발라는 다음과 같이 말하고 있다. "나의 ……이론은 ……현실 속에서 나타나는 현상의 추상적 표현이며, 합리적 설명이다."[17] "이들 이론은 모두 추상적인데 이것들을 조직적으로 종합하면 현실에 대한 설명이 될 수 있을 것이다."[18] "우리는 만유인력의 원리로 천체현상의 세계를 설명하는 것을 인정한다. 마찬가지로 자유경쟁의 원리로 경제 현상의 세계를 설명하는 것은 왜 인정하려 하지 않는가?"[19]

이러한 말들은 발라의 이론이 자페가 말하듯이 "하나의 실현 가능한 공정한 경제를 교환윤리의 관점에서 이론적으로 표현한 것"[20]이 아니라, 완전한 상태에서의 경제의 움직임을 윤리와는 무관하게 분석한 것임을 말해준다. 순수이론은 현실을 관찰하고 그것에 적합한 이론적 모형을 만드는데, 이때 그 모형의 구성요소가 되는 제반 개념은 현실적으로 존재하는 실제의 것이 아니라, 실물의 하나 또는 여러 측면을 정식화한 것이다. 그것은 그

---

16) 『요론』 45쪽.
17) 『요론』 xviii쪽.
18) 『요론』 189쪽.
19) 『요론』 459쪽.
20) 자페는 그렇다고 주장하고 있다.

밖의 측면들을 무시한 이상형인 추상적 개념이다.[21] 따라서 이론적으로 짜 맞추어진 경제체계도 물론 이상형이다. 경제학자는 현실을 관찰하면서 어떤 이상형 모형이 적절한지를 알게 되는데, 기존의 모형이 부적절하다는 판단이 생기면 이상형에 수정을 가해서 모형을 변경시키지 않으면 안 된다. 일단 모형이 확정되면, 그다음으로는 합리적 추론으로 모형의 운동구조를 탐색한다. 이렇게 하는 것이 경제분석인데, 이러한 분석이 가능한 것은 모형이 이상형이기 때문이다. 발라가 "발전해가는 사회에서의 가격변동 법칙"을 도출할 수 있었던 것도 이상형을 도입하여 분석했기 때문이며, 어떠한 법칙도 "이상형"으로 개념화하기 이전의 현상 기술적인 학문으로부터는 도출될 수 없다. 이렇게 본다면, 이상형 개념을 의식적으로 사용하는 것, 가치판단과 과학적 추론을 분리하는 것, 이 둘은 사회과학의 기본이다. 이 점에서 경제학은 사회학보다 30년 먼저 베버식으로 되었다고 할 수 있다. 이공계 학과의 낙제생이 소박하다고 할 사회개혁에의 열정에 불타서 경제학을 시작했고, 자신의 이론만이라도 이해받고

---

21) 말할 것도 없는 것이지만, 이상형에는 도덕적 관점에서 볼 때 이상적이란 의미는 전혀 없다.

싶어서 자신의 가치관을 이론으로부터 분리하고 추방했기 때문에 후세의 근대경제학들이 자신들의 학문을 과학화하는 데 앞장서 나갈 수 있었던 것이 아닌가?

3 장

발라 2

대중들 간의 완전경쟁

1

앞 장에서는 발라가 "발전해가는 사회에서의 가격변동 법칙"을 기초로 "과학적 토지사회주의"를 주장했다는 것을 설명했는데, 이러한 주장은 경제체제가 어떤 가치를 실현시켜주지 못한다고 하는 도덕적 비판이며, 체제가 제대로 작동하지 않는다는 비판은 아니다(여기서 제대로 작동 또는 회전한다는 것은 일반균형의 상태가 실현되도록 기능한다는 것을 뜻한다). '가격변동 법칙'은 경제체제가 제대로 회전하는 것을 전제로 한 경우의 법칙이다. 하지만 도덕적 비판 말고, 그 이전에 자유경쟁 메커니즘은 제대로 작동하는가 하는 문제가 있다. 즉 어떤 재화든지 수요가 공급과 같으며 생산에 사용되지 않은 채로 방치된 기계(자본재)는 남아있지 않고, 노동자만이 아니라 토지도 완전히 고용(이용)되고 있다면, 그 메커니즘은 제대로 돌아가는 것이다. 그러나 자유방임 경제에서는 능력을 최대로 발휘하여 생산이 행해지면, 물자는 완전히 다 소비되지 못할 만큼 많이 생산된다(즉, 과잉생산, 과소소비가 발생한다)고 주장하는 사람은 자유경쟁 메커니즘은 원칙적으로 잘 돌아가지 않으며, 유휴자본과 실업은 불가피하다고 본다. 케인스가 경제학계 내에서 특별한 위치를 차지하고 있는 것은 자유경쟁 메커니즘의 작동상 결함을 지적하고 그 당시까지 경제학자들이 가졌던 이 메커니즘에 대한 신뢰를 무너뜨려 버렸기 때문이다.

자유경쟁 메커니즘이 제대로 돌아간다고 믿는 사람을 '신고전파新古典派'라고 부른다면, 잘 돌아간다는 (회전성回轉性의) 전제 위에서 앞의 "발전해가는 사회에서의 가격변동 법칙"을 주장한 발라는 그 점에 관한 한 신고전파다. 하지만 그는 신고전파 내에서 미묘한 위치에 놓여있다. 즉 이 법칙은 그의 모형으로부터 필연적, 불가피적으로 도출된 것이 아니라 특별한 가정(만약 지적을 받는다면 발라 자신도 비현실적이라고 인정할 그런 가정, 다시 말해 리카도가 경솔하게 전제한 '세이의 [판로] 법칙')을 도입함으로써 비로소 그 가격 법칙이 얻어진 것이다. 그렇지 않으면 그의 '자유경제' 모형은 잘 작동하지 않고 따라서 그는 케인스와 마찬가지로 유휴자본과 실업의 필연성을 당연히 인정했을 것이다. 그는 애석하게도 이처럼 케인스가 한 발견을 먼저 할 기회를 놓쳤지만, 그래도 거기까지 도달했다는 점에서 위대하다고 볼 수 있다.

2

발라의 이론은 복잡해서 설명하기가 유난히 어렵다. 그것은 독자 여러분의 비상한 노력을 필요로 한다. 발라 자신도 이 점을 자각했기 때문에 간단한 경우에서부터 설명하여 순차적으로 복잡한 체계를 만들어나갔으며, 체계가 제대로 작동하는지가 문제시되는 것은 복잡한 체계의 경우[22]이기 때문에 단순한 체계를 논하는 것은 우리에게 도움이 안 된다.

따라서 이하에서는 발라의 체계를 힉스식으로 재구성한 모형을 놓고 논의를 진전시킬 것인데, 여기서 관건이 되는 세이의 법칙이 만족된다면, 그 체계는 잘 작동하고, 이 법칙이 만족되지 않는 경우 작동하지 않는다고 하는

22) 발라는 이 시스템을 '자본형성과 신용의 일반균형 시스템'이라고 불렀다.

점에 관해서는 원래의 발라 모형과 완전히 똑같게끔 배려하면서 재구성을 하기로 한다. 또 문제 핵심 부분 이외에도 재구성한 후의 모형이 원래 발라의 의도를 크게 손상시키지 않도록 주의할 것이다.

우선 논의를 단순화시키기 위해서 무한정 넓은 국토를 가진 어떤 나라를 가정하자. 그러면 토지의 수급에는 문제가 없으며, 지대는 언제든지 0이기 때문에 지주계급도 존재하지 않는다. 사회는 노동자, 자본가 및 기업가들로 이루어져 있다. 다음으로, 그 사회에서 생산된 재화는 소비재와 생산재이며, 화폐와 증권이 유통되고 있다고 가정한다. 생산에는 노동이 투입된다. 여기서 생산재란 생산에 사용되는 재화(원료, 기계 및 기타)인데, 이것들 역시 그 사회 내에서 생산되어야 한다고 한다.

소비재에도 생산재에도 소모재와 내구재가 있다. 소모재는 일단 소비나 생산에 사용되었으면, 두 번째로 사용하는 것은 불가능한 재화이며, 내구재란 여러 차례 또는 여러 해에 걸쳐 반복적으로 사용할 수 있는 재화를 말한다.

생산재의 경우, 원료는 소모재지만, 기계 및 기타의 자본재는 내구재다. 근대사회에서는 내구재가 차지하는 역할이 점점 커져 왔기 때문에, 내구재를 무시한 자본주의 경제론은 무의미하다. 발라가 탁월한 점은 자본재의 내구성耐久性을 명확하게 고려한 일반균형이론을 만들었다는 점에 있다. 이하에서는 소비재에도 내구재(TV, 냉장고, 자동차)가 있다고 가정한다. 보통 소비재의 경우는 그 재화에 대한 수요가 공급과 같아지는 수준에서 가격이 결정된다.

가격이 너무 높으면, 수요는 적고 공급은 많기에 공급 과잉이 발생하고, 과잉공급자들이 판매 경쟁을 하기에 가격은 낮아진다. 또 반대로 가격이 너무 낮으면, 수요는 많고 공급은 적어서 수요 과잉이 발생하여 수요자는 가격을 끌어올려 손해를 보면서 구매를 한다. 이러한 메커니즘에 따라 수요가 공급과 같아지는 점에서 가격이 결정되는 것이다.

이상은 초급 교과서에서 가르치는 내용이지만, 내구재의 경우에는 이야기가 그리 간단하지 않다. 하나의 내구재는 적어도 둘 이상의 시장을 갖고 있기 때문이다.[23] 여기서 렌터카 예를 들어보자. 자동차는 구입할 수도 있고, 임대료를 내고 세낼 수도 있다. 이 두 가지 경우에 따라

23) 그 외에도 중고 내구재시장이 있다. 이하에서는 중고품 시장을 무시하는데, 이들 세 시장이 내구재가 취급되는 전형적인 시장이다. 도서 시장으로는 신간 서점, 책 대여점, 헌책방이 이에 해당한다.

두 가지의 가격, 즉 자동차의 가격 P와 임대료 p가 각각 존재한다. 지금 한 사람의 렌터카 업자가 있어서, P원 하는 새 차를 빌려준다고 하면, 1년 후에 반환될 때는 1년 동안 사용한 결과 자동차 가격은 떨어져 있게 될 것이다. 가치가 1할이 감소한다고 가정하면, 1년 후에 차가 반환될 때는 그 차는 0.1P 만큼의 가치를 상실할 것이다. 다른 한편으로 렌터카 업자는 p원의 임대 수입을 얻게 된다. 그렇기에 렌터카 한 대당 순수입은 p − 0.1P 이며, 순수익률은 (p − 0.1P)/P이다. 또한 P원의 현금을 갖는 사람이 있다고 할 때, 그는 그 P원으로 렌터카 사업을 시작하든가, 아니면 P원을 은행에 예금하든가 어느 쪽을 선택할지 궁리하고 있다고 하자. 이자율을 i라고 할 때, i가 앞서 말한 렌터카 사업의 순수익률보다 높으면 그 사람은 P원을 예금하는 쪽을 택하고 렌터카 사업을 시작하지 않을 것이다. 그렇기에 적어도 렌터카 사업이 존립하려면, 순수익률이 이자율과 같든지 그 이상이 되든지 해야 할 것이다. 반대로 이자율이 순수익률보다 낮으면, 아무도 은행예금 안 하고 은행업은 성립하지 않을 것이다. 결국 렌터카 사업과 은행업이 공존하기 위한 조건은

$$\text{``}i=(p - 0.1P)/P\text{''} \quad (\ast)$$

임을 알 수 있다. 똑같은 식이 렌터카뿐 아니라 각각의 내구재마다 성립해야 한다.[24] 재화 가격의 소모율 0.1은 내구재에 따라 달라지는 상수다(물론 엄밀하게 말할 것 같으면 내구재의 가치소모율은 그 재화를 사용하는 주체에게도 의존하지만, 여기서는 그것은 문제가 되지 않는다). 앞서 말한 균형 조건 ($\ast$)는

$$p=(i+0.1)P \quad (\ast\ast)$$

로 고쳐 쓸 수가 있다. 이 식은, 이자율 i가 주어지게 되면 임대가격 p는 자동차 가격 P에 비례할 수밖에 없다는 것을 보여준다. 이것으로부터 다음을 알 수 있다. 이제 P에서 자동차 시장의 수요·공급이 일치하고 있다고 가정하고 공식 ($\ast\ast$)에 따라 임대료를 계산했다고 가정하자. 그런데 또 한편으로 렌터카 시장에서는 수요·공급이 대치하고 있는데, 이 양자 간 균형을 이루는 요금은 반드시 공식으로 계산한 요금과 같지는 않다. 이와 동시에 그 역의 경우도 참이다. 여기서 p를 자동차 임대차시장을 균

24) 그렇기에 $\ast$는 내구재에 관한 이윤율 균등의 조건이다.

형 잡는 요금이라고 하고 앞의 공식으로 자동차 가격 P 를 계산하면 이 P에서 자동차 시장의 수요·공급이 꼭 균형을 이루는 것은 아니다. 이렇게 내구재의 경우에는 특별한 경우가 아니면 두 시장이 동시에 균형을 이루는 일은 있을 수 없다.[25] 이처럼 내구재가 도입되면서 가격의 시장조절 기능은 중대한 장애에 부딪히게 된다.

여기서 두 시장의 균형이 함께 성립하는 것은 어떤 경우인가? 지금 내구재 임대차시장의 수요·공급은 임대료로 조절된다고 보고, 이렇게 결정된 임대료 p를 기초로 하여 내구재 가격 P가 앞의 공식에 따라 주어진다고 하자. 이때 내구재(자동차)의 공급량은 자동차 제조업체가 생산한 새 차의 총 대수와 같은 것이다. 다른 한편으로 수요에는 두 가지가 있다. 첫 번째는 개인소비용 차 수요이고, 둘째는 렌터카 업자의 수요를 포함한 업무용 수요다. 개인의 수요는 소비 수요로 처리되고, 업자의 수요는 투자로 처리된다. 그렇기에 자동차의 수요·공급 균형이란 총공급량에서 소비 수요를 뺀 업무용 공급과 업무용

---

25) 특별한 경우란, 렌터카 시장과 새 차 시장에서 한편으로는 초과수요, 또 한편에는 초과공급이 있는 경우에 이를 두 시장 간에 재배분을 해주는 기능이 시장에 갖추어져 있는 경우다. 이러한 경우에는 두 개의 시장은 표면상으로 분리되어있지만, 내부적으로는 연계되어있어서 실질적으로는 하나의 시장일 뿐이다.

수요, 다시 말해 투자(그 가운데는 렌트 업자의 투자도 포함된다)와의 균형 바로 그것일 뿐이다.[26] 그리고 투자는 그 투자를 행하는 업자, 다시 말해서 렌터카 사업을 하는 기업가와 그 자본재를 구입하는 각 산업의 기업가에 의해 결정된다. 얼마만큼 투자하는가는 그 산업의 장래에 대한 전망에 의존한다. 이렇게 해서 결정된 투자량이 현재 생산되고 공급되는 양과 반드시 같은 것은 아니다. 투자가 생산량을 상회하는 경우도 있으며 그 반대 경우도 있다. 즉 자유경제에서도 내구재가 존재하는 경우에는 임대료 p 와 내구재 가격 P가 공식 (**)에 구속받지 않기 때문에 가격기능은 내구재시장에서 작동하지 않고 내구재의 재고가 발생하거나 품귀현상이 생기기도 한다. 일반적 내구자본재(기계)도 이상과 똑같다고 할 수 있다. 우선 기업은 기계를 신품시장에서 구입하여 보관함과 동시에, 다른 한편으로 보관 중인 기계를 생산해 사용한다. 기계가 생산에 대해서 하는 기여를 어떻게 평가하는가 하는 것은 기계 문제에서 가장 중요한 사항 가운데 하나인데, 이 문제를 해결하기 위해서 기업의 생산 부문과 기계 보관

---

26) 단, 이하에서는 렌터카 업자가 투자수요에 따라 들여놓은 새 차는 그 기의 영업에는 당장에 쓸모가 있는 것은 아니라고 가정한다.

부문 간에 기계의 생산적 용역에 대한 내부거래시장(임대차시장)—가격이 수요·공급 조절기능을 가지고 있는 그런 시장—을 임의로 상정하자. 생산 부문은 이 임대차시장에서 기계의 생산용역을 보관 부문으로부터 구입한다고 볼 수 있다. 각 기업은 보관 중인 기계가 그 기업의 생산 부문에서 완전히 이용되게끔 기계의 생산적 용역의 가격 p—회계 계산용 가격—를 정하고, 이 p를 기계의 사용비로 하여 생산물의 단가를 결정한다. 다른 한편, 신품 기계시장에서의 균형가격 P는 그 기계의 총공급(생산량)이 총투자수요와 같아지는 점에서 결정된다. 그러나 이 P와 이미 결정되어있는 p 간에는 공식 (**)가 반드시 성립하는 것은 아니다. 이처럼 조건 (**)가 전제되는 한, 일반적인 경우에 아무리 자유가 보장되는 경제라도 가격기구가 제대로 —전체의 균형 조건이 성립되도록— 기능하지는 않는다. 발라는 이러한 난제와 씨름했어야 했다. 그랬더라면 그는 "발전해가는 사회에서의 가격변동 법칙"을 도출하지 못하는 대신에 그의 경제학은 케인스의, 실업을 수반하는 불균형의 경제학[27]과 직접적인 관계를 가

---

27) 케인스는, 자본주의경제는 세이의 법칙을 충족하지 못하기 때문에 제대로 작동하지 않으며 노동시장의 불균형은 일반적으로 불가피하다고 본다.

졌을 것이다. 하지만 애석하게도 발라는 교묘한 방법으로 이 문제를 회피하고 말았다. 다시 말해서 다음에서 보는 바와 같은 부자연스러운 가정을 해놓음으로써, 그는 내구재시장의 수요와 공급을 균형시키고 그의 이론을 균형이론으로써 완결시켰던 것이다. 그 결과 '가격변동의 법칙'은 살려졌다. 그렇지 않았으면 균형이론은 성립하지 않았을 것이고 가격 법칙도 구해질 수 없었을 것이며, 따라서 경제가 발전하면 토지가격은 점점 높아진다는 것도 엄밀히 증명하지는 못했을 것이고, 그 결과 그의 토지국유론을 과학적으로 엄밀히 정당화하는 것도 불가능했었을 것이다. 그렇다면 그는 어떠한 방법으로 '내구재의 딜레마'—케인스의 문제—를 회피했던 것일까? 그 자신은 이 딜레마를 의식하지 못했으며, 따라서 그 회피책을 주의 깊게 생각하지 않았는데, 결국에 가서 그는 케인스가 거부한 "세이의 법칙"[28]을 구세주로 삼았던 것이다. 이렇게 그는 케인스에게 이르는 길을 이탈하여 내구재시장의 불균형을 간과하고 말았다.

그 법칙은 보통 "공급은 그 자신의 수요를 창출한다"

---

28) 이 법칙을 의식적으로 완전히 배제한 최초의 학자는 케인스다. 그조차도 이런 모형에 도달하는 데 긴 시간이 걸렸다.

라는 식으로 표현되는데, 그것이 리카도에 의해 신중하지 못하게 고전파 체계 내로 도입된 이후 경제이론에 대한 계속되는 재난의 화근이 되었다. 물론 통찰력 있는 학자들은 그 법칙에 대해 반대 견해를 취했지만, 그런 인물 가운데 하나인 맬서스조차도 재생산법칙을 논의하면서 무분별하게 이 법칙을 사용하고 있다. 결국 경제학자들이 이 법칙과 완전히 결별한 것은 케인스의 『고용·이자 및 화폐의 일반이론』[29] 이후였는데, 발라 역시도 마르크스와 마찬가지로 이 법칙에 대하여 중도적이고 어정쩡한 입장을 취했다. 그는 한편으로는 자본공급자로서의 자본가에 대립하여 그들로부터 독립적으로 행동하는 자본수요자로서의 기업가의 중요성을 역설했는데, 다른 한편으로는 세이의 법칙을 가정함으로써 공급이 되는 만큼의 수요는 반드시 발생한다고 보았다. 이것은 투자수요자로서의 기업가는 저축공급자(자본가, 지주)의 의지에 대하여 종속적이라는 것을 뜻한다. 발라는 세이의 법칙을 도입함으로써 기업가를 지주, 자본가, 노동자에 뒤이은 제

---

29) 세이의 법칙이 20세기에 들어와 점점 더 현실과 괴리되어온 데 관해서는 후술할 슘페터 2장을 보라. 그래서 드디어 케인스 혁명이 일어난 것이다. 그러나 아직 발흥기라고 할 수 있는 수많은 내구적 소비재 시장에 관해서는 지금까지도 세이의 법칙은 근사적으로 충족되고 있다.

4의 독립된 인격으로 취급한다는 자신의 근본 사상을 뒤집고 말았다.

3

그렇다면 현실 세계에서는 어떠한 조정이 이루어지는 것일까? 기업가가 장래의 경제 상태를 예측하고서 적당하다고 판단한 투자량보다도 생산량이 더 많으면, 현재 생산물이 지나치게 많이 제조되고 있는 것이기 때문에 생산자는 생산을 축소시킬 것이다. 또한 반대로 투자가 생산보다 많으면, 이 재화의 생산량은 확대될 것이다. 이처럼 현실 세계에서는 세이의 법칙에서 주장하는 것처럼 수요가 공급에 적응하는 것이 아니라, 반대로 생산(공급)이 투자(수요)에 적응한다. 이러한 적응이 행해지기 위해서는 생산량이 조절되어야만 한다. 즉 다시 말해서 생산이 투자를 웃(밑)돌 때는 생산축소(확대)가 행해진다.

따라서 투자가 충분하지 못한 곳에서는 생산량은 적으며, 실업이 생긴다. 발라는 이러한 경우에도 세이의 법칙을 가정함으로써 투자는 자동적으로 증대한다고 가정하여 생산량은 감소하지 않고 완전고용은 손상되지 않는다고 보았다.

　그렇지만 앞서 보았듯이 현실 속의 반-세이의 법칙의 세계에서는 완전고용의 일반균형은 생겨나지 않으며, 기껏해야 실업을 수반하는 불완전 균형이 성립하는 데 지나지 않는다. 발라가 세이의 법칙을 구세주로 삼은 것은 완전한 오류로서, 그는 세이의 법칙을 무시하고 실업失業의 경제학을 전개했어야 했다. 그랬더라면 발라는 케인스와 직접적인 관계를 가졌을 것이고, 좀 더 확실히 말하자면 케인스를 불필요하게 만들 수 있었을 것이다.

　이러한 어려움은, 근대사회에서 내구재가 차지하는 비중이 커졌다는 것과 생산력의 증대로 말미암아 내구재생산에서 과잉생산이 쉽게 발생할 수 있게 되었다는 것 때문에 생겨난 것이다. 따라서 이와 같은 실업—케인스형 실업이라 불린다—은 자본주의에 특유한 현상이 아니라 사회주의경제에서도 생산력이 증대되어 내구재생산에서 과잉생산이 쉽게 발생하게 되는 그런 기술발전 단계에서는 당연히 생겨난다. 그런데 그런 일이 사회주의경제에서 생겨나지 않고 사회주의경제가 완전고용 상태를 계속하여 구가해온 것은 다음에서 볼 수 있듯이 사회주의경제에서는 세이의 법칙이 타당했기 때문이다. 사회주의경제는 어느 한도 내의 저축을 투자에 사용했다. 그것은 투자의 효율을 무시한 것이었다. 불필요하게 거대한 댐이 건설되었으며, 불필요하게 중량이 큰 트럭이 만들어졌다. 효율성을 무시한 것이기 때문에, 생산되어야할 것은 무한정하게 있으면서 케인스형 실업의 염려는 없었다. 하지만 이와 같은 방만한 투자는 과실果實을 거의 가져다주지 못했다. 1~2년간의 단기에는 비효율적 투자의 폐해는 눈에 띄지 않지만, 10년 정도 지나면 과거에 행한 투자가 제 기능을 못한 것이 어떤 장애를 유발하는가 하는 것은 역력하게 드러난다. "사회주의에는 실업이 없다"라고 마르크스주의자들이 호언장담하던 때에 그들은 자신의 무덤이 열심히 파헤쳐져 가고 있음을 인식하지 못했던 것이다.

이상에서 보듯이 자유주의경제에서는 세이의 법칙은 성립하지 않고 실업이 발생하는데, 사회주의경제에서는 세이의 법칙이 성립하고 완전고용이 실현되는 대신에 경제의 장기적인 효율성이 떨어진다. 남아있는 길로서 자유주의경제에서는 다음과 같은 수정을 가하는 것이 고려될 수 있다. 그것은 사기업이 관심 가지지 않는 분야이지만 사회적으로 중요한 분야(교육, 환경정비 등)에 정부가 적극적으로 나서서 사업을 일으켜 고용을 창출하고 사기업 부문의 고용 부족분을 보충한다고 하는, 케인스가 주장한 길이다. 하지만 이 방법을 취하더라도 고용을 충분히 확대하려면 정부 사업의 경제적 효율성이 좋지 못하다고 하는 비판을 감수하지 않으면 안 된다. 이 모두가 과대한 생산력이 가져온 딜레마다.

4 장

슘페터 1

엘리트주의의 경제학

1

슘페터(Joseph Schumpeter, 1883~1950)는 네 살 때 아버지를 여의었다. 영국인인 어머니는 서른세 살 연상인 육군 장군과 재혼하였고, 슘페터는 의붓아버지 힘으로 빈 아카데미라고나 할 상류계급 자제를 위한 학교에서 공부했다. 학교에서 그는 계급적으로 별종이었기 때문에 교육은 그에게 복잡한 영향을 미쳤다. 능력 면에서는 그는 충분히 마르크스, 베버에 비견할 수 있는 넓이와 깊이를 갖고 있었지만, 베버가 강직하게 살았던 데 반해서 작은 베버라고 할 수 있는 그는 항상 남들을 의식하고 그 가운데서 두드러져 보일 필요를 느꼈다.

그는 사회과학적 분석의 배후에는 분석 이전에 분석자가 사회를 보는 눈이 존재한다는 것을 강조했기 때문에,

그의 학문 세계 전체는 소년 시기의 학교생활을 통하여 형성된 성격 및 비전과 관계를 갖게 되었다. 그는 뛰어나 보이고 싶어 했기 때문에 자기주장에는 강했지만, 뛰어나 보이기 위한 주장은 많은 경우에 논리를 가지고 놀기 때문에 불성실하다고 여겨져서 정치적으로는 손해를 보았다. 한때 그는 정치가와 사업가의 길을 걸었지만, 그의 이와 같은 성격 때문에 완전히 실패했다.[30] 발라에 의해 "가치의 자유"가 확립되어있던 경제학의 세계가, 슘페터가 궁리해낸 비전을 포용하고 그에게 안전한 터전을 제공했다.

슘페터의 주저는 (1)『경제발전의 이론』(이하에서는 『발전이론』이라 약칭한다) (2)『경제학설과 방법』 (3)『경기순환론』 (4)『자본주의, 사회주의, 민주주의』 (5)『경제분석의 역사』다.[31] 그중에서 (5)는 (2)의 확대판이고, (3)은 (1)의 착상을 통계적, 역사적으로 확인한 것으로 간주할 수 있기에 그의 주저는 사실상 세 권이 된다. 또한 (4)는 (1)이

---

30) 뒤에서 보게 될 12장 슘페터 2의 주석 8) 참고.

31) 이 책들은 각각 1912년, 1914년, 1939년, 1942년, 1954년에 출판되었다. 1914년과 1939년 사이는 긴 공백기였다. 그동안에 그는 여러 편의 논문을 썼다고는 하지만, 그 기간은 그가 재무부장관이 되었다가 은행장이 되어 실패를 경험한 기간이다. 『발전이론』 이전에도 그는 『이론경제학의 본질과 주요 내용』(1908년)이라는 처녀작을 출판했었지만 이자동태설―그것은 발전이론의 맹아이며 서곡이다―을 제외하면 그것은 오늘날에도 별로 중요한 책이라고는 말할 수 없겠다.

자본주의 발전기 분석인 데 대해서 그 퇴조기 따라서 (1)과 역순逆順인 과정에 대한 분석이라고 볼 수 있다. 그러므로 학설사를 제외하고 본다면, 그의 경제학 주제는 혁신innovation 하나였다고 할 수 있다. 하지만 (1)에서는 혁신이론을 경제학적으로 논하고, (3)에서는 그것을 역사적, 통계적으로 확충하고 (4)에서는 사회학적 분석을 전개하고 있기에 방법론적으로는 그의 학문은 충분히 혁신적이었다.

그는 『발전이론』에서 (a) 기업가를 강조함과 동시에, (b) 발라가 무시한 은행가의 움직임을 명확히 하고, 그러한 이론 설정을 토대로 (c) 경제의 동태 혹은 발전의 이론을 구축했다. 나는 이러한 공헌들 가운데서도 은행의 역할을 논한 (b)를 가장 높이 평가한다. 왜냐하면 기업가 그리고 동학이론이라는 생각은 어느 정도는 발라의 체계에 존재하지만[32] 은행가는 발라의 체계에는 전혀 존재하지 않기 때문이다.

내구재가 존재하는 한, 자유경쟁 경제에서도 가격기구가 제대로 작동하지 않는다고 하는, 앞 장에서 보았던 문

---

[32] 뒤에 가서 설명하겠지만, 발라의 기업가가 반드시 슘페터가 말하는 기업가와 같지는 않다. 슘페터 이론의 기본요소인 혁신의 사상과 엘리트주의는 오히려 파레토의 사상과 밀접한 관계를 가지고 있다.

제가 존재한다고 하는 것을 슘페터는 몰랐었기 때문에, 그에게서 이 문제의 해결책을 구하는 것은 무익하다. 그는 이 문제를 완전히 무시하고, 자유경제에서는 가격기능은 완전하다고 전제하고서 분석을 진행했다. 이러한 태도는 다음 장에서 서술할 힉스의 『가치와 자본』이 취한 태도이기도 하다. 힉스는 1960년대 중반에 이르러서 겨우 가격기능을 의문시하기 시작했을 뿐이다.

그런데 나는 동학이론에 관해서는 슘페터가 발라를 전적으로 답습하고 있다고 본다. 이러한 나의 주장은 발라에게는 균형이론은 있지만, 변동이론은 없다는 게 학계 상식이기 때문에 발라 연구가를 긴장시킬 것이며, 슘페터야말로 동학이론을 수립한 장본인이라고 생각하는 슘페터 연구가들도 만족시키지 못할 것이다. 하지만 발라에게는 동학이론이 있었으며, 그의 이론은 슘페터 이론의 반을 설명한 것이 될 정도로 후자는 전자에 토대를 두고 있다. 이런 관점에서 내구재 문제를 접어두고 발라의 이론을 한 번 더 설명해보기로 하자.

모든 재화에 대해서 수요와 공급이 일치하고 있는 상태(이러한 상태를 '일반균형'이라고 한다)는 발라에 의하면 다음과 같이 실현된다. 지금 어떤 재화에 대해서든지 완전히 조직된 시장(거래소)이 존재한다고 가정하고 그곳에서는 가격을 올렸다 내렸다 하면서 수요·공급이 일치하는 상태가 발견된다고 하자. 주식거래소를 보면 알 수 있듯이 이러한 상태를 발견하는 것은 어렵지 않으며, 몇 분만 지나면 하나의 재화 A에 관해서 균형점이 발견되고 가격이 결정된다. 아직 일반균형이 실현되고 있지 않기 때문에, 이러한 가격은 '부분균형 가격'이라고 말해진다.

이렇게 해서 재화 A의 가격이 결정되면, 다음으로 재화 B의 경매를 하게 된다. 그 가격도 결정되면 그다음에는 재화 C 차례가 된다.[33] 이렇게 해서 모든 재화의 가격이 결정된다. 하지만 부분균형 가격들을 한데 모아놓는다고 해서 일반균형 가격이 되는 것은 아니다. A의 부분균형 가격은 다른 재화의 가격들이 부분균형 가격이 아닐 때의 가격이므로, 그 가격들이 부분균형 가격으로 됨에 따라, A의 부분균형 가격은 불균형 가격이 되며 재조정을 필요로 하게 된다. 이렇게 해서 A의 가격은 재조정

---

33) 애로와 한은 『일반경쟁분석』에서, 발라의 이론에 있어서는 가격의 결정 순서가 재화 A, 재화 B, …의 순으로 결정되고 있는 점이 완전히 자의적恣意的이라고 하여 비판하고 있다. 또 그들은 이와는 다르게 모든 재화의 경매가 동시에 행해지는 그런 시장을 고찰한다. 하지만 이러한 동시적 경매는 현실적으로 불가능하며, 강행할 경우는 큰 소동만 일어날 것이다. 그렇다고 하면 경매는 자의적이라고 해도 어떤 정해진 순서에 따라 행해질 수밖에 없다.

된다. 그다음으로 B, C…가 재조정되고 또다시 A로 돌아와 또 재조정이 이루어진다. 그러는 동안에는 거래는 일절 행해지지 않는다. 모든 것이 보류된 상태가 계속되는데, 수백 가지, 수천 개나 되는 재화의 경매를 하는 것이기 때문에 보류상태는 수년, 아니 무한대의 연수만큼 계속될 것이다. 그런 것은 불가능하다고 말하는 사람도 있겠지만, 실제로 그럴 것이라고 말하는 게 아니라, 하나의 사고방식을 보여주는 것이기 때문에 지금은 일단 넘어가기로 하자.

어쨌든 이렇게 해서 몇 차례씩 조정을 반복하면, 조정은 점차로 미조정微調整이 되고 마지막에는 조정할 필요가 없어지고 일반균형 상태가 실현될 것이다. 이러한 일반 균형점을 찾아내는 과정을 발라는 모색 과정 tâtonnement이라 부르고, 이 과정을 가지가 쭉쭉 뻗어나가는 (그래서 드디어는 일반균형에 도달하는) 나무에 비교하고 있다.[34] 이 과정은 단지 그것만으로는 현실적인 중요성은 없지만, 후술하려는 것처럼 이용하기에 따라서는 이론적으로 중요한 역할을 할 수 있다. 이처럼 모색 과정에서는 모든 것이 일단 보류상태이고, 교환도 생산도 일절 행해

---

34)『요론』(久武 譯), 399쪽.

지지 않는다고 가정했는데, 이런 것은 불가능하다. 이제, 어느 시점에서 교환이나 생산이 행해졌다고 하자. 그러한 시점에서는 경제는 일반균형 상태가 아니지만, 부분적인 교환과 생산은 하려고 마음만 먹으면 가능하다. 그런데 만약에 이들 행위가 행해지게 되면, 나무는 그 지점에서 절단을 당한다. 또한 동시에 재화의 존재량과 분배가 변화하기 때문에, 이에 따라 앞서서 도달한 일반균형점도 이동한다. 나무는 절단당한 점에서부터 새로운 싹을 틔워서 새로운 균형점을 목표로 하여 뻗어나가기 시작할(모색이 행해지게 될) 것이다. 곧이어 그다음 시점에서 교환과 생산이 부분적으로 실행되고, 역시 다른 균형점을 향해 나아간다. 이렇듯 발라는 현실 속의 모색 과정을 "싹이 항상 잘려 나가고, 거기서 또 새로운 싹이 돋아나는 나뭇가지와 같다"라고 보았다.[35] 싹이 잘려 나간 곳에서는 경제행위(교환과 생산)가 행하여지므로 싹이 잘려 나간 점들의 궤적은 경제 상태의 움직임을 나타낸다.[36]

35) 같은 책. 이 부분에 대한 자폐의 영역도 히사다케久武 씨의 일어 번역도 완전히 맞는 것은 아니다.

36) 모색 과정인 일반균형으로의 수렴이 급속하다고 가정하면, 본문에서 서술한 경제 변동 경로는 대응하는 일반균형점의 이동과 비슷할 수 있다. 또한 발라의 '상설시장' 모형(『요론』 399쪽)에서는 '싹'은 시시각각 잘려 나가고 있다.

2

이상과 같은 발라의 변동이론을 모델로 하여 슘페터는 자신의 발전이론을 교묘하게 구성했다. 우선 그의 이론에서 주역으로 등장하는 주체 중 하나는 기업가인데, 그가 말하는 기업가는 발라의 기업가보다도 정선精選되어 있다. 발라에게 있어서 기업가란 "지주로부터 토지를 빌리고, 노동자로부터 인적 능력을 빌리고, 자본가로부터는 자본을 차입하여 이들 세 가지 생산용역을 농업, 공업, 또는 상업에서 결합하는 것을 직분으로 하는 제4의 인격"[37]이다. 그렇기에 결합이 날마다 똑같은 결합이더라도, 그가 결합의 의사결정자인 한, 그는 기업가다. 하지만 슘페터에게 있어서 이러한 기업가는 기업가가 아니며, 기업가란 생산요소를 전혀 새로운 조합으로 결합함으로써 새로운 생산물을 만들든가 기존의 생산물을 좀 더 효율적으로 만드는 일을 하는 사람이다.[38]

이러한 신 결합은 예를 들면, 가전 전기제품을 만들고 있는 기업에서 헤드폰 스테레오가 만들어진 것처럼, 관

---

37) 『요론』, 207쪽.

38) 슘페터, 『경제발전이론』(塩野谷, 中山, 東畑 譯, 岩波文庫) 상권, 198쪽. 신 결합은 단순히 제조업 부문에 한정된 것이 아니고 상업 부문에서도 이루어지기 때문에, 신 결합으로 판로가 개척된다든지 원료와 반제품의 신 공급원이 획득된다든지 새로운 산업조직을 짜내는 것도 슘페터가 말하는 의미에서의 기업가 활동이다. 『발전이론』 상권, 183쪽.

련된 생산물을 만들고 있는 기업에서 발견되는 것이 보통이지만 그와는 반대로 기존 기업의 관계자와는 어떠한 관계도 없는 사람들에 의해 신 결합이 도입되는 일도 자주 있다. 슘페터는 그 뚜렷한 예로 철도가 역마차 사업과는 아무런 관계도 없는 사람들로부터 시작되었다는 것을 지적하고 있다.

신상품, 신 생산방법, 새로운 시장, 새로운 자원공급원을 발견하기도 하고, 새로운 조직을 개발하기도 하는 그러한 활동을 슘페터는 혁신이라고 부른다. 혁신을 행하는 사람이 그가 말하는 기업가다. 발라는 앞에서 설명한 "발전해가는 사회에서의 가격변동의 법칙"을 도출하면서 생산재의 조합을 짜 맞추는 것에 의한 생산력의 증강—그는 이것을 "경제적 진보"라고 부른다—은 고려했으나 지금까지 알려지지 않았던 새로운 결합에 의한 생산—그는 이것을 "기술적 진보"라고 한다—은 무시했기 때문에[39] 발라의 체계에서는 슘페터의 기업가는 무시되고 있다.

슘페터가 말하는 기업가는 "기업가 영웅"(스탈린은 이런 영웅을 표창했어야 했다!)이며, 경제적 창조의 담당자다. 그들이 기술혁신을 감행하여, 경제에 새로운 상품이 출현하

---

39) 『요론』, 406쪽.

고 신기술이 생겨나며, 새로운 시장이 개척되는 것, 그것이 슘페터가 말하는 "경제발전"이다. 전자공학이 개발되어 계산기의 소형화가 성공하고, 자동제어 메커니즘이 고도화되며, 로봇이 실용화된 것은 최근에 있던 슘페터적인 경제발전의 두드러진 예다. 단, 기술을 능숙하게 사용한다든지 에너지 절약에 주의하는 것만으로도 1퍼센트 혹은 2퍼센트 경제성장을 이룩할 수 있지만, 이러한 성장은 슘페터가 말하는 "발전"은 아니다.

발라의 '가격변동 법칙'에서는 인구는 증가하는 것으로 가정되어있다.[40] 왜 증가하는가 하는 것을 그는 묻지 않기 때문에 증가는 여건與件이다. 인구가 증가하면 일반균형점도 이동한다. 그에 따라서 현실경제도 변천해간다는 것은 이미 서술한 바와 같은데, 그의 이러한 동학이론은 슘페터적인 기업 활동이 없는 세계에서의 변동이기 때문에 슘페터의 시각에서는 정학이론 또는 의사疑似 동학이론에 지나지 않는다.

하지만 그는 자기의 발전이론을 발라의 이론 위에다 구축한다. 논지를 명확히 하기 위해서 그는 순純 정학이

---

40) 어쩌면 그는 인구가 기하급수적으로 (즉 지수함수적으로) 증가한다고 보는 데 반대하지 않았을 것이다. 예를 들면 『요론』 408쪽을 보라.

론, 즉 인구가 증가하지 않을 때의 일반균형이론의 틀 속에서 어떻게 발전가능한지를 고찰한다. 균형으로 가는 이러한 모색 과정의 도중에 거래가 행해지면, 앞에서 말한 것처럼 '모색의 나무'는 거기서 절단되고 거기서부터 새로운 싹이 돋아난다. 이와 동시에 거래가 행해짐에 따라 재화의 분배는 변하고 균형점은 새로운 분배에 따라서 조정된다. 거래가 행해질 적마다 균형점은 미조정되는데, 그동안 인구는 가정에 따라서 일정하다. 그런데 이와 같은 세계에 슘페터적인 기업가가 나타나면 어떻게 될 것인가? 새로운 기업은 노동자와 간부 요원을 필요로 한다. 이때, 현재 노동력 인구에 속하지 않는 무경험자들(학생, 주부 기타)과 실업자들을 모아서 기업을 만든다면, 그 기업이 실패로 끝나리라는 것은 확실하다. 우수한 사람을 기존의 기업에 근무하는 모범 노동자와 직원들 가운데서 스카우트해올 필요가 있다. 그러기 위해서는 임금과 봉급을 높여주지 않으면 안 된다. 마찬가지로 그 밖의 다른 생산재에 대한 쟁탈전도 현존 기업과 새로운 기업 간에 행하여진다. 이것도 인플레이션의 한 요인이 된다. 이렇게 해서 새로운 기업이 설립되고 그 기업은 신종 생산물을 생산하기도 하고 새로운 생산방법을 사용하기 때문에, 신균형은 구균형을 미조정한 그런 것이 아니라, 구균형과는 질적으로 크게 다른 것이다. 구균형은 역마차의 세계이지만, 신균형에서는 철도가 교통수단으로 이용되고 있다. 철도회사는 아직 하나밖에 없으므로 그 회사는 독점기업이고 경쟁이윤을 초과하는 독점이윤을 누리고 있다. 따라서 반드시 추종자가 나타나게 된다. 철도회사는 여러 개가 되고, 이와 함께 독점이윤은 작아진다. 다른 한편, 역마차는 철도와의 경쟁에서 패배하고 그 운행 규모는 축소되며, 드디어는 완전히 사라져 버린다. '나무'는 역마차를 철도로 완전히 교체한, 완전히 다른 일반균형을 향해 가지를 뻗기 시작한다. 도중에 거래가 행해질 때마다 가지는 베어지고 새로운 균형은 그만큼의 미세한 변동을 한다. 이렇게 해서 일단은 발라적 조정이 행해지는데, 곧이어 슘페터적 기업가가 다시 나타나면 경제는 또 새로운 일반균형을 향해 약진한다.

3

지금까지는 인구가 일정하다고 가정했었다. 슘페터는 발라가 말한 완전정지의 상태에서도 그가 말하는 동태, 발전이 있을 수 있음을 보여주기 위해 일부러 인구가 일정하다는 가정을 한 것이다.

하지만 다카타 야스마高田保馬는 이러한 가정을 공격했다.[41] 다카타의 주장은 다음과 같이 해석할 수 있다. 역마차가 철도로 교체된 것은 교통업계의 자본 장비가 커진 것을 의미하는데, 이러한 자본의 고도화가 가능하게 된 것은 국민이 소비하고 난 나머지(잉여)를 투자했기 때문이다. 그 결과 자본량이 증가한다. 다른 한편, 가정에 의하면 인구는 일정하므로, 1인당 자본량은 증대해간다. 이러한 움직임은 잉여가 있어도 무위도식하지 않는 국민의 태도가 있을 때 비로소 가능하다. 만약에 국민들이 잉여를 모두 탕진하고 그 결과 인구가 급속히 증가하게 되면, 어떻게 되었을 것인가? 저축은 0이기 때문에 슘페터적인 기업가가 활약할 여지는 전혀 없고, 인구가 증가하기 때문에 1인당 자본량은 감소한다. 이러한 지적을 한 다음에 다카타는 인구가 일정하다는 것 또는 인구성장률

41) 高田保馬, 『勢力說論集』 일본평론사, 1941년, 102~105쪽.

이 낮다는 가정은 슘페터적인 기업가의 출현이 가능해지기 위한 전제조건이며, 이러한 전제조건이 어째서 선진 제국에서 충족되는 것인지를 먼저 분석할 필요가 있다고 주장한다(다카타의 주장을 더욱 발전시키면, 설사 인구수가 일정하다고 해도 워낙 인구수가 많다면 잉여는 생기지 않으며, 슘페터적인 기업가는 출현할 수 없게 된다. 인구가 일정하다는 것은 슘페터 이론의 전제조건으로서 불충분하며, 절대 인구수가 적다는 조건이 있어야 한다. 기업가의 자질이 어느 정도 풍부한 사회에서도 경제의 구조적 여건이 그들을 활동할 수 있게 해주는 그러한 게 아니라면, 슘페터적인 발전은 불가능하다). 인구가 왜 증가하는가 하는 것은 자연법칙이 아니라 사회법칙에 관한 문제다. 이것은 일찍이 마르크스에 의해 지적되었는데도, 그 이후에는 발라까지도 포함해서 인구는 기하급수적으로 증가한다고 보았다.[42] 현대 경제학은 인구론은 경제학의 영역이 아니라고 보고 있다. 리카도의 경제학은 한정된 토지에 인구가 적응하는 것을 논하는데, 최근의 이론은 일정한 비율로 증가해가는 인구에 자본이 어떻게 적응하는가 하는 문제가 되고 말았다. 또한 인구문제는 양적인 문제일 뿐 아니라, 질적인 문제이기도 하다. 뒤에 가서 설명하겠지만 다카타는 사

---

42) 솔로의 성장론을 비롯하여 대부분의 신고전파 성장이론이 그러하다.

회학자로서 인구의 질과 양을 연구의 과제로 삼고 베버는 역사사회학자로서 인간의 질적인 변화를 연구과제로 삼았다.

새로운 기업은 새로운 결합을 실현하기 위해서 노동과 기타 생산재를 다른 기업으로부터 구입하였는데, 그것은 어떻게 가능한가? 기업가 자신이 구매력을 가지고 있지 않다면, 그는 많은 사람에게서 자본을 모아들이든지 은행으로부터 차입을 하지 않으면 안 된다. 전자의 방법을 취하면 주식을 발행하여 주식회사를 설립하게 되는 반면, 후자의 방법을 택하면 기업가가 은행에 가서 은행가에게 자신의 계획을 설명하게 된다. 미국과 영국에서는 전자의 방법에 따라 자금 마련이 성행하는 반면에 독일과 일본에서는 후자의 방법으로 자금 획득이 성행하고 있다. 슘페터는 독일·일본식 자금조달 방식을 전제로 한다. 이런 자금조달 방법에서는 은행가의 힘은 대단히 강하게 된다. 은행가는 은행에 제출된 수많은 투자안을 비교하고 취사선택을 할 수 있다. 투자안을 거부당한 기업가는 날개가 꺾인 새처럼 날 수 없다. 어떤 기업가를 날게 하고 어떤 기업가를 날지 못하게 할 것인가 하는 선택은 전적으로 은행가의 마음에 달렸다. 유능한 은행가라면 선택에 실수가 없지만 무능한 은행가는 틀린 선택을 해서 혁신을 그르치기도 하고, 지체시키기도 한다.

다음의 말은 기업가와 은행 간의 이상과 같은 관계를 명료하게 보여준다고 하겠다. 지난날(1928년), 마쓰시타松下幸之助는 생산 규모를 크게 늘리기로 결심하고 대공장을 건설하려는 계획을 세웠다. 마쓰시타松下가 거래하는 은행에 담보로 제공할 수 있는 물건은 극히 미미했다. 그는 무조건 신용대출을 바랐고 그것은 마침내 은행의 용단으로 승인되었다. 그 은행이 마쓰시타라는 청년의 장래를 꿰뚫어보고 기업가로서 능력을 발휘해 신용대출을 해주었던 것이다.

이렇게 본다면 새로운 결합을 행하는 비범한 기업가, 그리고 그 배후에서 많은 기업가 가운데 진짜 기업가를 가려낼 안목이 있는 은행가가, 슘페터가 말하는 자본주의의 정正·부副 조정사다. 발라식의 완전경쟁적 시장경제에서는 이름 없는 수많은 경기자의, 눈에 띄지 않는 일상 행동이 집적되어 그 힘으로 경제가 운영되고 있다. 그것은 마르크스적인 무명주의無名主義와 대중주의大衆主義의 세계다. 이에 반해서 슘페터의 자본주의 사회는 비범한 기업가와 은행가가 경제를 이끌어가는 니체적 영웅주의의 세계다. 이들은 혁신을 행하여 낡은 세계를 타파하고 지금까지와는 전혀 다른 물질세계를 만듦으로써 신문화를 형성한다. 자본주의 사회는 과거의 궤도로부터 불안정하게 이탈해가서 전혀 새로운 세계에 다다른다.

5장

힉스

시장 형태론

1

앞에서 설명한 것처럼 이 책에서는 '발라의 이론'이라는 것을 이해하기 쉽도록 약간의 수정을 가하고 있다. 우리는, 수요와 공급이 가격을 조절함으로써 같아진다고 말할 수 있는데, 명백히 이런 식으로 보았던 것은 힉스(John Richard Hicks, 1904~1989)의 『가치와 자본』(1939)이며, 뒤에 가서 보겠지만, 발라의 이론에서는 가격은 정상 이윤을 포함한 비용방정식에 의해 결정된다고 간주하고 있다.

그런데 이미 살펴본 것처럼 힉스화된 '발라 이론'에서도 '내구재의 두 시장 간의 모순'이 존재했었다. 따라서 힉스 자신이 이 문제—케인스와 관련이 있는 문제—를 고찰했었는지가 당연히 알고 싶겠지만, 불가사의하게도—발라와는 달리 케인스 이후의 인물이건만—힉스에

게는 이 문제에 관한 의식은 처음에는 거의 없다시피 했다.[43]

그것은 다음에서 보게 될 이유 때문이라고 생각된다. 힉스는, 소비자는 효용을 극대화하고 기업은 이윤을 극대화한다고 본다. 그런데 기업에는 산업에 따라서 또는 그 밖의 이유로 유리한 기업과 불리한 기업이 있다. 유리한 기업은 이윤율이 높고 불리한 기업은 이윤율이 낮다. 이윤이 낮아져서 음수가 되면, 일부러 손해를 보면서 생산할 기업은 없으므로 그러한 기업은 휴업 또는 폐업을 하게 되지만, 그렇지 않다면 설사 이윤율에 차이가 있어도 그것이 그 기업으로서 달성할 수 있는 최고의 이윤율인 한 생산을 행한다고 힉스는 보았다.

그러므로 힉스의 균형상태에서는 기업들 간 반드시 이윤율이 균등한 상태가 실현된다고는 할 수 없다. 오히려 실현되지 않는 것이 정상이다. 이처럼 기업에 관하여 이윤율이 균등한지 여부를 문제시하지 않는다면, 기업이 사용하는 개개의 내구적 자본재에 대해서도 이윤율이 균등화될 필요가 없다. 이제 어떤 기계 한 대를 가지고 있는 기업을 생각해보자. 그 기계의 자산가치는 P원이다.

---

43) 적어도 그의 『가치와 자본』에 관한 한 그렇다.

그 기계를 생산에 사용할 경우, 여기서 나오는 수익을 p 원이라고 하자. 기계는 생산에 사용하면 손모損耗된다. 손모율(감가상각률)을 0.1이라고 하면 손모액은 0.1P이다. 때문에 기계의 순수익은 p - 0.1P가 되고, 순수익률 r은 앞에서 계산한 것과 같이 r=(p - 0.1P)/P이다.[44] 힉스는 이 r이 각 기계마다 달라도 상관없다고 보았다. 그런데 이 책 3장 발라 2에서 살펴본 것처럼 기계의 이윤율 r은 은행이자율 i와 같지 않으면 안 된다. 즉 i=(p - 0.1P)/P 가 성립한다. 이것이 발라의 이론이다. 이러한 이윤율 균등의 조건이 각 내구재에 대해서 성립하면, '두 시장 간의 모순'이 생겨난다. 이와는 달리 힉스의 이론에 따르면, 기계의 이윤율이 균등화될 필요가 없다고 하여 앞에서 쓴 공식을 무시하면 모순은 발생하지 않는다. 이것이 힉스의 입장이다.

이렇게 본다면 나의 '힉스화된 발라 모형'에는 모순이 있어도, 힉스의 이론에서는 그러한 문제가 발생하지 않았음을 알 수 있을 것이다. 그뿐만 아니라 힉스 자신의 모델에서는 기업에 대해서도, 내구재에 대해서도 이윤

---

44) 기업이 소유한 기계를 보관하는 부문이 생산 부문에서 임대료를 받고 임대를 하고 있다고 가상적으로 생각한다면, 기업 내부에 3장에서 설명한 바와 같은 '임대차시장'이 내재하며 내부거래의 가격(계산가격 또는 회계상 가격)으로 p가 결정된다.

율 균등의 조건을 가정하고 있지 않기 때문에 수미일관한 체계를 이루고 있는데, '힉스화된 발라 모형'에서는 내구재에 대해서는 이윤율 균등의 조건을 가정하고, 기업에 대해서는 가정하지 않기 때문에 일관성이 없다고도 할 수 있다. 하지만 이러한 일관성의 결여는 내가 발라를 이해하기 쉽도록 어중간하게 힉스화시킴으로써 생겨난 것이며, 원래의 발라 이론은 자본재에 대해서도 기업에 대해서도 이윤율이 균등하다고 가정하기 때문에 모순이 없다. 어쨌든 원래의 발라 체계든 힉스화된 발라 체계든 자본재에 대해서 이윤율이 균등하다고 가정되고 있는 한, '내구재의 딜레마'를 회피할 수 없다. 거듭 말하지만, 이윤율 균등을 아예 무시하는 힉스의 이론에서는 그것이 좋은지 나쁜지는 별도로 하고 그런 문제는 없다.

원래의 발라 모형에서는 각 기업마다 이윤율 균등(또는 가격=정상 이윤을 포함한 생산비)의 방정식이 존재한다. 이러한 조건 방정식이 있다면 가격은 수요·공급과는 상관없이 이 방정식에 의해 결정되며, 그런 가격은 수급 조절 능력을 상실하고 만다. 따라서 수요·공급이 일치하기 위해서는 공급량이 수요에 적응한다고, 즉 가격의 인상·인하가 아니라 수량의 증감이 시장의 과잉공급과 품귀현상을 없애버린다고(수량 조정) 가정하지 않으면 안 된다. 가장 간단하지만, 가장 부자연스러운 수량 조정은 세이의 법칙에 따른 수량 조정이다.

발라는 경쟁이 완전하면 이윤율은 균등화된다고 보았지만, 힉스는 그렇지 않다고 보았다. 이 점은 발라의 완전경쟁이 힉스의 그것보다 엄밀함을 의미한다. 힉스는 어떤 시점의 균형을 다음 시점, 또 그다음 시점의 균형에 접합시킴으로써 경제변동 과정을 분석했지만, 경제변동 과정에서도 이윤율 균등화를 논하지 않았다. 그러므로 힉스의 모형은 이윤율에 대해서는 경쟁이 없는 모형이었다. 하지만 1963년경에는 그는 어느새 『가치와 자본』의 모형을 올바른 모형이라고 보지 않게 되었다. 1963년 이후 그는 새로운 모형을 모색하고 있었는데, 이들 새 모형에서는 가격 조정뿐만 아니라 수량 조정까지도 감안했던 것이다.

2

그렇다면 경제는 어떠한 구조로 되어있다고 볼 수 있는가? 우선 분명한 것은 『가치와 자본』에서처럼 시장이 많이 있어도 어느 시장이나 같은 종류라면 현실의 설명 이론으로서 부적당할뿐더러 많은 부문 이론이라고조차 말할 수 없다. 경제학에서 추구되는 것은 현실의 시장을 관찰하고 그 시장들을 유형에 따라 분류하여 그 각각을 모형화해서 분석 도구를 풍부하게 하는 작업이다. 그는 이런 일을 『경제사 이론』(1968)과 『화폐의 시장이론』(사후에 출판됨)을 통해서 행했다. 그의 결론은, 흥정에 의해 가격이 결정된다고 하는 경제학 교과서에서 전형적으로 볼 수 있는 시장은 근대사회에서는 정말로 소수라는 것이다.[45] 아시아 여러 나라의 장터(노천시장)를 그 전형으로 하는, 값을 깎기도 하는 바가지를 씌우기도 하는 시장은 근대적 산업혁명을 거친 나라들에서는 거의 존재하지 않는다. 생선 시장과 길거리의 딸기 장수는 아직 '가치와 자본'의 모형으로 설명할 수 있지만, 이들 재화도

---

45) 힉스는 대학 시절 수학과에서 경제학과로 전과했다. 경제학은 이론이 아니라 노동사 연구에서 시작했다. 그래서 그의 연구 분야는 대단히 넓다. 나는 수많은 그의 저서들 가운데 여기서 든 두 책이 특히 마음에 든다. 『경제사의 이론』을 읽었을 때 "앞으로 베버와 같은 작업을 할 것인가?" 하고 그에게 물었는데, "그럴 생각은 없다"라고 대답했다. 하지만 훗날에 "저 책으로 노벨상을 받았으면 더 좋았을 텐데" 하고 말하곤 했기 때문에 그는 『가치와 자본』보다도 이런 작업을 스스로 높이 평가했었음은 확실하다. 힉스를 베버와 비교하면 베버의 학풍이 독일적이어서 중후하고 고심한 흔적이 보이는데, 힉스는 경쾌하고 대단히 영국적이다. 따라서 "베버가 한 것 같은 작업은 하지 않는다"라고 한 대답은, 자기는 그렇게 난해한 논문을 쓸 생각은 없다는 의미였는지도 모른다.

냉동보존이 가능해지면, 팔고 남은 물건은 상인 스스로가 다음날 또 팔기 위해서 거두어가든지 다른 생선 장수, 딸기 장수가 나중에 팔아먹기 위해서 사갈 것이다. 저녁 시간의 몽땅 떨이 판매는 자취를 감추고 그 대신에 곡물 시장에서처럼 전문 투기꾼이 날뛰게 된다. 이러한 재화는 한 번 소비하고 나면, 두 번째는 소비할 수 없는 소모재지만, 곧바로 소비하지 않으면 부패한다는 의미에서의 부패재는 아니다. 이러한 재화에 대해서는 투기가 따라붙기 때문에, 투기이론을 빼놓고는 이 재화에 대한 수요·공급의 분석을 할 수가 없다. 제조공업에서 생산되는 거의 모든 생산물의 가격은 시장에서의 흥정으로 결정되는 것이 아니라 공장에서 출하될 때 이미 판매가격으로 결정되고 있다. 물론 이러한 재화 중에서도 시장에서의 팔림새가 좋지 않은 경우에 염가로 판매되는 경우가 있다. 그러나 이 경우에도 공장이 지정한 '이 가격에서 판매해달라고 하는 권장가격recommended price'을 기초로 저렴한 판매가격이 결정되는 것이다.

이러한 재화의 가격은, 그것을 생산하는 데 필요한 생산요소의 가격을 기초로 하여 비용을 합산하는 식으로 계산하여 산출된다. 이때 기업 또는 공장이 요구하는 마진을 포함하여 가격계산이 이루어진다. 기업은 이렇게 결정된 가격으로 생산물을 판매하는데, 가구와 가전제품과 의류는 주식시장에서 주식을 파는 것처럼 판매하는 것이 아니다. 마진은 경쟁의 결과 거의 똑같은 최저한의 비율로 낙착落着되기 때문에 계산된 가격은, 이윤율이 똑같아지는 것을 보증한다.

이렇게 볼 때 『가치와 자본』의 방식보다도 원래의 발라 이론이 택한 방식이 제조공업 생산물의 가격을 설명하는 데 더 적절함을 알 수 있다. 게다가 제조업 제품만이 아니라, 대부분의 서비스 산업 제품도 비용계산에 따라 요금이 청구된다(변호사, 세무사 등). 과거에 택시는 운전사와 승객 간 홍정으로 가격이 결정되었는데, 미터기를 사용하게 되면서부터는 모두 비용계산으로 가격이 결정된다. 수도 요금, 전기 요금도 마찬가지다. 이제 사람들은 비용계산에 따라 가격을 결정하는 게 가장 공평하다고 믿게 되었다. 이렇게 해서 가격은 고정되고, 수많은 시장에서 가격기능이 작동하지 않게 되어 시장은 수량 조절에 의해 균형이 이루어지게 된 것이다. 근대의 농업국에서는, 국민총생산GNP의 거의 80퍼센트가 비용방정식에 따라 가격이 결정되고, 그 나머지, 주로 농산물과 광산물이 가격의 상하 운동에 따라 수급균형이 이루어지고 있을 뿐이다.

그렇다면 금융시장은 어떠한가? 주식 가격이 시장에서의 경쟁적인 높은 값 부르기와 낮은 값 부르기에 의해 결정된다고 하는 것은 말할 것도 없다. 주식시장은 마지막까지 가격기능이 유효한 시장일 것이다. 화폐시장에서는 이자율(공정公定 이자율)은 중앙은행이나 재무부에 의해서 인플레이션 억제 및 기타의 목적으로 조작되는 일이 많다. 이럴 때 이자율은 화폐 수요·공급의 균형을 잡는 기능을 갖지 못하며, 화폐의 수량이 조절되어야 비로소 화폐의 수요·공급 균형이 이루어진다. 화폐 수요가 과다한 때에는 이른바 대출 초과overloan 상태가 되어 화폐가 증발曾發되게 된다. 이 경우에는 인플레이션이 발생하는데, 이와는 달리 이자율이 높게 고정된다면, 화폐 수요는 적어지고 화폐량은 수축해 디플레이션이 발생한다. 이러한 화폐시장은 많은 경우에, 적어도 단기적으로는, 이자율이 고정되고 화폐공급량이 신축적이다. 주식시장은 이것과는 완전히 대조적이다. [46]

46) 따라서 주식시장에서 자금을 조달하는 것과 은행으로부터 자금을 빌려오는 것(화폐시장에서 자금을 조달하는 것) 중에 어느 쪽이 낫나 하는 문제가 남는다. 이것은 중요한 문제지만 여기서는 문제 삼지 않는다.

"노동시장과 토지시장은 대단히 사회학적인 시장"이라고 힉스는 생각했다. 산업혁명이 진행되고, 공장에서 기계가 돌아가기까지는 인간에게는 매일 규칙적으로 노동을 하는 습관은 없었다. 하루를 일했다고 해도 몇 시간을 일했는지 하는 의식은 없으며, 따라서 어느 정도 기간이나 실업 상태로 있었는지에 대한 의식도 없었다. 그러한 시대에는 고용 문제는 전혀 존재하지 않았다.

근대적인 고용은 인간을 시간 단위로 매매하는 행위이며, 노예매매의 경험이 있던 나라에서는 노동시장의 대체물 혹은 근대판이라는 의식이 있다. 따라서 이들 나라에서는 노동시장이, 노사관계가 될 수 있는 한 노예제에 대한 기억을 불러일으키지 않게끔, 만들어져 있다. 그러므로 노동자의 자유를 보장하는 것이 지상명령이다. 이와는 달리 일본처럼 노예매매의 경험이 없는 나라에는 노예제적 요소가 무신경無神經하게 도입된다. 예를 들면 종신고용은 일본에서는 노동자의 충성심과 기업가의 자애심을 나타내는 미덕—봉건적인지는 모르겠지만, 하여간 미덕—이라고 여겨지는 경향이 있지만, 유럽에서는 이러한 일생에 걸친 속박은 노예적이라고 여겨진다. 노동시장은 인간적 혹은 사회적인 시장이기 때문에 윤리적인 요소가 개입해 들어오는 것은 부득이한 일이다. 서구사회의 노동자들에게 주된 행동 동기가 되는 것은 자기를 남들보다 우대해달라고 하는 이기심이 아니라 모든 노동자를 공평하게 취급해달라고 하는 공평성의 요구다. 모든 사람은 이러한 요구가 충족되는 사회를 바라고 있다. 부하에 대해서 불공평unfair하다고 여겨지는 사장 아래에서는 아무도 일하지 않을 것이다. 공평성의 원칙은 회사 내의 동일 직종 직원들 사이에서뿐 아니라 다른 직종의 직원과 다른 기업체 직원과의 사이에서도 적용되어야만 한다. 이러한 경우에 남과 비교하여 형평을 잃지 않게끔 노동자들을 대우하는 것이 그들을 공평하게 취급하고 있다는 데 대한 증거가 된다. 임금은 직종별로 수요·공급 관계에 따라 자유롭게 결정되는 것이 아니며, 임금의 상대적 비율은 윤리적으로 타당한 비율이 아니면 안 된다. 상대적 비율이 일정하다는 조건에서는 설사 임금의 절대 수준이 자유로이 조절된다고 해도, 모든 직종에서 완전고용이 이루어진다는 것은 불가능하다.

3

이처럼 노동시장은 대단히 인간적이다. 하지만 경제학에서 전통적으로 가정해온 노동시장은 대단히 몰인간적이고, 경제학자들은 임금에서 얻어지는 한계효용이 노동이 유발하는 한계비효용非效用과 같아지는 점까지 노동한다는 원리를 적용하여 노동 공급을 분석해왔다. 이러한 세계에서는 과로사過勞死 등이 생겨날 수 없다. 하지만 남들이 노동하면 자기도 노동을 하지 않을 수 없다고 하는 인간적 조건을 전제로 하면, 노동의 한계비효용이 아무리 높아도 노동자는 부림을 당하며 또 일하는 것이다.

인간관계는 과거 역사에 의존하기 때문에 노동시장에 대한 윤리적인 구속조건은 과거에 의존하고 있다. 마찬가지로 역사 전개의 결과인 토지 소유관계의 지배를 받는 토지시장 역시, 지주와 농민 간의 역사적 세력 관계에 다분히 영향을 받고 있을 것이며, 마피아와 폭력단이 눈을 부라리고 있는 곳에서는 지가와 지대는 그들에 의해 조작이 될 것이다. 어쨌든 노동과 토지라는 최종적인 생산재(생산요소 또는 '원생산재'라 불리고 있다)의 시장은 사회적인 사정에 크게 의존하고 있다.

이러한 관점은 다카타에 의해서 1930년대, 아니 이미 그 이전부터 주장되어왔다. 서구세계 경제학자들은 일관되게 이러한 고찰방식을 무시해왔는데, 힉스는 1980년대에 이르러 다카타의 생각에 상당히 접근했다. 힉스뿐이 아니다. 미국에서도 솔로는 노동시장에서는 제도적인 요소가 강하게 작용하고 있음을 힉스와 거의 같은 시기에 인정했다.[47] 다카타가 주장한 것처럼 임금 변동은 가격도 변동시키므로 변동이 파급되는 결과 전체 가격이 직간접적으로 인간적 요구의 영향을 받게 된다. 그렇다면 이러한 각양각색의 시장을 어떤 식으로 접합시켜서 전체 경제가 구축되어있는 것일까? 힉스는 이 문제를 논하지 않고 죽었기 때문에 그의 생각은 영영 알 수가 없다. 나 역시 힉스와 병행하여 똑같은 문제를 생각해왔기 때문에[48] 나름대로의 시안은 있다.

그것은 이러하다. 생산물 시장은 두 개의 큰 범주로 나눌 수 있다. 첫째는 힉스의 『가치와 자본』에서와 같이, 가격의 상하 움직임에 의해 수요·공급이 조절되는 그러한 범주며, 둘째는 발라와 같이 가격이[49] 비용방정식에 의해 결정되고 공급량의 조정으로 균형이 이루어지는 그러

---

47) 솔로, 『사회제도로서의 노동시장』, 1990.
48) 모리시마, 『無恣原國의 經濟學』, 岩波文庫, 1984.
49) 이 책의 3장에서와 같은 힉스화된 발라가 아니라 원래의 발라다.

한 시장 범주다. 전자는 '가격조절적 시장 집단', 후자는 '수량조절적 시장 집단'이라고 부를 수 있을 것이다. 농산물과 광산물 시장이 전자에 속한다면 제조업 생산물 시장과 제3차 산업의 생산물 시장은 후자에 속한다. 현실 경제에서는 이들 두 유형이 공존하고 있으므로 양자가 혼합된 체계를 나타내는 모형을 만들면 이 모형이 어떻게 작동할 것인가 하는 것은 지금까지의 단순 모형(첫째 유형의 시장만으로 성립되고 있는 모형)—전체 시장이 가격으로 조절된다고 가정한 힉스의 일반균형 모형과 전체 시장이 수량으로 조절된다고 가정하는 레온티에프의 산업연관 모형—의 분석을 복합시킴으로써 해결할 수 있을 것이다. 산업연관론의 모형에서는 제조공업뿐 아니라 농업과 광업도 수량 조정이 된다고 가정하고 있지만, 이러한 단순 모형보다도 앞에서 이야기한 혼합 모형 쪽이 훨씬 더 현실적이라는 것은 말할 것도 없다. 그러나 이런 모형에서도 제조업 부문은 수량 조정이 된다고는 하나, 세이의 법칙을 가정하지 않는 한, 완전고용과 (자본재의) 완전이용은 실현되지 않는다. 다시 말해서 내구재의 딜레마는 극복되지 않은 채로 남게 되는 것이다. 또 이러한 복합모형에서는 연구의 첫째 단계에서는 토지, 노동시장에 대해서 전통적인 모형에서와 마찬가지로 사회적 요소를 일체 무시하고 분석한 다음, 제2단계에서 사회적 요소를 도입하여 결론이 어떻게 변화하는지를 관찰하는 것이 좋을 것이다. 이것은 다음 장에서 보게 되겠지만 다카타가 취한 방법이다. 제2단계는 다카타의 이른바 세력 경제학적 분석—그는 가장 본질적인 인간적·사회적 요소는 인간의 권력의지라고 보았다—이다. 힉스는 마지막에 가서 세력 경제학에 아주 가까운 것에까지 도달했다고 할 수 있다.

뒤에 가서 보게 될 베버가 그런 것처럼, 힉스는 자신의 전 생애의 작업을 하나의 커다란 체계 속으로 수용하고, 그 안에서 각각을 적당하게 위치시키려는 노력을 아끼지 않았다. 그의 업적은 경제분석의 도구를 제공하기 위한 기술적, 수학적인 작업의 분야에서부터 경제체계의 분석 (미시분석, 거시분석, 역사적 분석에 걸친) 영역에 이르기까지 막대한 수를 헤아린다. 그는 자신의 과거 업적 어떤 것도 빼버리지 않고, 대가족으로 포괄할 수 있도록 체계를 확장했었다. 베버와 마찬가지로 처음부터 대大구상이 있었던 것은 아니다. 방심하지 않는 노력의 결과로서 장엄한 탑을 쌓았다.

6 장
다카타 야스마
인구와 세력

1

다카타 야스마(高田保馬, 1883~1972)는 젊은 시절에 사회 개혁에 뜻을 두고 인종, 촌락문제를 논한 사람이다. 나는 그에게서 경제학 원론[50]과 경제철학 강의를 들었다. 그의 원론은 발라를 중심으로 한 1부(교환, 생산, 균형), 뵘 바베르크와 빅셀을 중심으로 한 2부(분배, 경기변동) 및 미제스를 중심으로 한 3부(경제통제)로 이루어져 있었다. 그는 자기 자신의 학설을 가지고 있는 사람이었으나, 통설을 폭넓게 가르쳤으며, 앞에서 그 이름을 열거한 인물들 이외에도 많은 학자의 학설을 강의에서 논평했다. 내가 강의를 들은 것은 1942년이었는데, 이미 그 수년 전부터 케인스의 『고용, 이자 및 화폐의 일반이론』(1936)은 물론 힉

50) 우리가 사용한 교과서는 그의 『제2 경제학개론』이었다.

스의 『가치와 자본』(1939)까지도 강의 제목으로 올랐다.

내가 그에게서 '경제철학' 강의를 듣게 된 것은 뜻밖의 행운이었다. 그 강의는 이시카와 고지石川興二 교수의 담당 과목이었는데, 우리는 그의 니시다西田 아류의 철학 강의를 약 반년간 들었다. 당시에 이시카와는 과격한 우익사상의 지주支柱로서 우국지정憂國之情이 점차 강의에 탈선을 가져왔다(하지만, 탈선이라고 생각한 것은 학생 쪽이며, 선생 입장에서는 그 부분이야말로 강의의 진수라고 생각했는지도 모른다). 하루는 그는 "이세신궁도, 교토대궐도 한번 소이탄 공격을 받으면 잠시도 버티지 못하고 불타버리고 말 것이다. 이것이 도대체 웬 말인가? 종묘사직에 어떤 이유를 대도 그것은 변명에 불과하다. 도대체 육군에게는 존황정신尊皇精神이 있는 것인가?" 하고 격노하여 외쳤다. 우리 학생들은 "요즈음 멋있는 말을 하는 사람도 있구나"라며 감탄했던 것은 물론이다. 그로부터 몇 주일 동안 이시카와 교수의 강의는 휴강이 계속되었는데, 그 후 경제철학 강의는 다카타에 의해 계승되었다. 학생들 사이에 나도는 소문에 의하면 이시카와 교수는 육군을 비판한 것이 특고特高(특별고등경찰, 일본의 구 경찰제도로 세계 2차대전 이전에 주로 정치, 사상관계를 취급했다–역주), 헌병대의 비위를 건드려서 이들 당국의 압력으로 휴직 명령을 받았다는 것이다.

강의는 다카타 교수의 다음과 같은 개강 인사로 시작되었다.

"내 강의가 이시카와 교수의 강의 후반부로 하는 것은 아닙니다. 지금까지의 강의는 일절 없었던 걸로 해주십시오. 반년 동안에 1년분의 강의를 할 것이므로 속도를 배로 빨리해야 하므로 강의안을 프린트해서 나누어드릴 테니, 매번 반드시 예습하고 강의에 출석해주시기 바랍니다."

그 강의안은 전쟁 후에 출판된 『사회과학통론』의 골자가 되었다고 볼 수 있다.

강의에서는 이시카와식의 니시다西田 철학과 같은 특이한 학설이 아니라 신뢰할 만한 통설이 다루어졌다. 따라서 강의에서 다루어진 중심인물은 베버였고, '가치판단논쟁', '이념형', '이해의 방법' 등을 가르쳤다. 어떤 가치판단이 옳은가 그른가, 또 그 밖의 가치판단 중에서 어디에 그보다 더 나은 것이 있는가 하는 점은 과학적으로 결정될 문제가 아니다. 다카타 교수는 그런 이유로 모든 가치판단을 교실로부터 추방했다. 이것은 베버가 『직업으로서의 학문』에서 한 주장인데, 다카타 교수 역시 이와 똑같은 작전을 써서 황국사상과 나치즘을 흉내 낸 세계관, 이시카와식의 우국사상을 마르크스주의와 함께 내쫓았다. 특별고등경찰, 헌병대의 눈은 이시카와 교수만을 감시한 것이 분명하지만, 육군을 매국노賣國奴 취급한 이시카와보다 이들을 '무시한' 다카타 쪽이 더 위험인물일 리가 없다고 보았던지 강의는 중단되지 않고 무사히 끝났으며, 우리에게는 **베버의 정신**(강조표시는 역자)이 문을 두드리고 들어왔다.

2

이처럼 강의에서는 정설을 존중한 다카타였지만, 연구 방면에서 그만큼 독창성을 강조한 사람도 일본의 사회과학계에서는 없었다. 그는 『사회와 국가』(1992)에서 다원적 국가론—국가는 국내에 존재하는 모든 사회를 포괄하고 그 위에 선 전체 사회가 아니라 국가의 통제는 개인 생활과 단체활동 일부밖에 미칠 수 없다고 하는 국가 부분 사회설—을 주장했는데, 그가 이 일을 끝마쳤을 때 해롤드

라스키의 『다원적 국가론』이란 책[51]이 출판되었다. 다카타의 책은 일본어로 출판되었기 때문에 구미의 학계에서는 이러한 학설은 라스키의 것으로 되어있지만, 그렇다고 해서 이것이 다카타의 독창성을 조금도 훼손하는 것은 아니다.

　다카타의 공헌으로서 특기할 만한 것은 사회학적 사관史觀과 세력 경제학이다. 사회학적 사관은 유물사관(마르크스) 및 관념 사관(헤겔)과는 다른 제3의 사관이기 때문에, 처음에는 그 자신에 의해 '제3사관'이라고 불렸다.[52] 이런 종류의 사관들은 통상 말하는 경제변동론이 취급하는 시야를 훨씬 뛰어넘는, 장기간에 걸친 경제의 변화를 논하기 때문에 그런 종류의 논의에서 인과관계를 발견하기란 대단히 힘들다. 하지만 새가 땅 위로 높이 날아올라서 내려다보듯이 먼 과거와 먼 미래를 내다보는 고상한 연구는 마르크스, 엥겔스 이후로 많은 경제학자와 사회학자들에게 매력 있는 작업이었다. 그것은 엄밀히 말하면 일종의 장난—사회과학 가상소설social scientific fiction—이상의 아무것도 아니지만, 이러한 전망bird's eye view

---

51) H. J. Laski, *Authority in the Modern State*, 1919, Yale University Press, 高田保馬, 『조세와 국가』, 岩波書店, 1922.

52) 高田保馬, 『階級と第三史觀』, 改造社, 1925. 『國家と階級』, 岩波書店, 1934.

을 가짐으로써 비로소 사회에 대한 그 사람의 비전이 형성되는 것이다. 땅 위를 기어 다니며 사회를 조사하는 사람들의 앙시도worm's eye view와 함께 조감도bird's eye view가 사회과학에는 필요할 것이다.

따라서 수많은 위대한 사회과학자들이 사관이라는 주제에 도전했다. 이 책에서 다루고 있는 인물 가운데는 베버의 『프로테스탄티즘의 윤리와 자본주의의 정신』, 파레토의 『엘리트의 흥망』, 슘페터의 『자본주의, 사회주의 민주주의』가 그런 종류의 업적으로 손꼽아진다. 이것들은 모두 뒤에서 설명할 마르크스, 엥겔스의 유물사관에 대항하는 것 혹은 그것을 보완하고 바로잡는 것으로서 고안되었는데, 다카타의 제3사관도 사회학자로서의 다카타가 주창한, 유물사관에 대한 이론異論이다.

유물사관에 관해서는 뒤에 다시 상술하겠지만 간단히 말해서 그것은 다음과 같이 정식화할 수 있다. 물질적 생산력 혹은 생산기술이 변화함에 따라서 생산관계, 즉 경제구조가 변화한다. 이것은 사용하는 무기(무력武力)가 변화함에 따라서 군대조직과 전투 양식이 변하는 것과 똑같다. 생산력 여하에 따라 가장 합리적인 생산구조 혹은 생산양식이 있으며, 그 생산양식에는 생산의 사회적 관계가 있으므로, 생산력의 변화는 생산양식뿐만 아니라 일반적인 사회구조와 생활양식상 변화도 불러일으킨다. 법률적·정치적 제도와 사회의식으로부터 학문예술에 이르기까지 모든 정신 활동들은 각각의 생산양식마다 그것에 적응하여 정해지며 생산양식이 변화하는 데 따라서 변화한다. 그러므로 그것들은 역사를 움직이는 원동력은 아니다. 생산력이야말로 근원적인 역사의 원동력이다. 이에 대해서 마르크스, 엥겔스 이전의 관념적 (유심론적) 사관은 인간의 정신이 궁극적으로 역사를 결정한다고 본다. 마르크스 이후의 신新관념사관은 유물사관의 장점을 취하고 있으므로 그렇게 단순하지 않다. 예를 들어 베버의 종교사회학적 역사분석은 일종의 신관념사관인데, 이것은 유물사관만으로 역사를 바라보는 데 따르는 위험을 보여주고 있다. 또한 베버의 분석은 루터, 칼뱅 등의 위대한 개인에 의한 종교 개혁을 강조하기 때문에 기술혁신innovation을 행하는 '기업가'를 강조하는 슘페터와 함께 영웅사관, 혁신사관이란 면모를 갖고 있다. 그것은 '기업가'의 정신을 경제발전의 요인이라고 보기 때문에 기질ethos사관이라고도 할 수 있다.

다카타의 제3사관은 영웅사관이 아니라는 의미에서

마르크스적이지만, 무엇을 발전의 근원적인 동력이라고 보는가 하는 점에서 마르크스와 대립된다. 마르크스는 생산력→생산관계→상부구조(법률, 정치 등의)의 순서로 변동의 파급이 일방적이지만, 마르크스도 경우에 따라 인정하고 또한 다카타도 주장하는 것처럼, 파급은 반드시 일방적인 것은 아니며, 회귀적回歸的이기도 하다. 생산력은 '노동자의 평균 숙련 정도, 과학 및 그것의 기술적 응용의 발달, 생산공정의 사회적 결합' 등의 상부구조에도 의존하기 때문에 회귀적인 영향을 받고 있으며, 따라서 그것은 궁극적으로 자생적인 운동요인인 것은 아니다. 다카타는 제3의 이론으로서 인구→사회관계→마르크스적인 상부구조 및 경제라는 도식을 생각했다. 인구가 양적으로 변화할 때 그것은 동시에 그 질적인 구성의 변화를 수반한다. 또다시 그것은 여러 사람이 공존하기 위한 사회관계의 변화를 가져온다. 생산관계는 이런 일반적인 사회관계에 적응하는 것이다. 일반론으로서는 생산과 경제만을 강조해서는 안 된다. 원시적인 생활에서 천연자원이 대단히 풍부하게 주어져 있는 경우에는 향락적인 생활은 있어도 생산적인 생활은 없으며, 장차 생산력이 발달하여 직접노동을 거의 필요로 하지 않게 되면 향락과 문화 활동이 생활의 전부가 될 것이다.

하지만 이러한 다카타의 학설에 대해서는 다음과 같은 반론이 제기될 것이다. 다카타 자신도 인정하고 있는 것처럼 인구변동은 순수한 자연현상이 아니라 사회현상이다. 이미 4장에서 설명한 것처럼 그에 의하면 공산혁명 이전에 중국에서는 다음과 같은 현상이 있었다. 즉, 중국 산둥성에서는 생활 수준이 생존에 필요한 최저한의 수준 이하인데도 급격한 인구증가가 있었던 것이 발견되었다. 그 인구증가는 인민의 극빈화와 빈민의 다른 지방으로의 유출을 가져왔을 뿐, 산둥 지방의 경제 상태와 문화 수준에는 영향을 미치지 않았다.[53] 이것은 인구압력이 있다고 해도 그 인구의 기질에 따라서는 사회관계의 영향이 없을 수도 있다는 것을 보여주고 있다. 이 예는 다카타의 학설보다도 에토스(민족 기질)를 강조한 베버의 학설에 유리한 자료가 된다고 할 수 있겠다.

그런데도 다카타에게 유리한 증거가 많다. 만약 그리스에 인구압력이 없었다면 그리스인은 바다를 향해 진출하지 않았을 것이며, 그랬을 경우 지중해 문명은 훨씬 저급한 것이었을 것이다. 이와 마찬가지로 유럽에 인구압

---

53) 高田保馬, 앞의 책, 『勢力說 論集』 95~99쪽.

력이 없었다면, 콜럼버스의 신대륙 발견이 있었다고 해도 미국 이민은 없었을 것이며, 따라서 미국의 발전도 없었을 것이다. 청교도의 북미 이주는 그야말로 다카타가 말하는, 인구의 질적 구성에 따라 쫓겨 나간 사람들의 쾌거였다.

이렇게 본다면 사관의 문제는 어떠한 사관이 옳은가 하는 문제는 아니다. 어떤 경우에서는 제1사관이 가장 적절한 설명을 제공하고, 다른 경우에는 제2, 제3의 사관이 더 나을 것이다. 마치 경기변동의 문제에서 어떤 상승 국면은 과잉투자설로, 그다음의 상승국면은 화폐적 경기론으로, 제3의 상승국면은 심리설로 설명이 되는 것처럼, 역사의 설명도 어떤 경우에는 유물사관에 따르고 다른 경우는 다른 사관에 따른다고 보는 것이 사관 문제를 대하는 현명한 태도다. 경제학에서는 분석 도구로 제반 이론이 있고, 경우에 따라 사용되는 도구가 달라지는 것인데, 사관 역시 도구로서 임기응변으로 취사 선택되어야 할 것이다. 생산력에 급격한 변화가 없이도 체제가 변화한 소련의 성립과 그 붕괴는 유물사관으로는 설명할 수 없을 것이다. 이것들을 설득력 있게 설명하려고 한다면, 그것이 아닌 다른 사관을 따라야 한다.

3

지금까지의 수많은 경제학자는 빅셀을 예외로 하면, 인구를 여건으로 간주하고 그것에 대한 분석에 거의 손을 대지 않았다. 하지만 인구의 양적, 질적인 구성의 변화를 사회의 궁극적인 변동요인으로 보는 다카타에게는 그것을 여건으로 방치해두는 것은 불가능했다. 그것이 왜 변동하는지가 문제다. 다카타는 다음과 같이 보았다.[54] 첫 번째 집단에서는 산아제한이 행해지고 자식의 수가 조절되지만, 두 번째 집단에서는 그러한 제한은 행해지지 않으며, 따라서 출산율이 높다. 첫 번째 집단은 자본주의의 발달과 함께 생활 수준과 교육 수준이 어느 정도 이상으로 높아진 집단이다. 그런 사람들은 자기 자신이 높은 생활 수준을 누리기 위해서도 자녀를 적게 두기를 바라며, 또한 자녀에게 높은 수준의 교육을 받게 하기 위해서도 적은 수의 자녀를 두고 싶어 한다. 그런데 사회에는 첫 번째 집단에 속하는 사람들을 수용할 수 있는 최대한도(산업의 크기 및 기타 요인으로 결정된다)가 있으며, 현실에서 첫 번째 집단의 구성원 수가 그 최대한도보다 적으면, 두 번째 집단으로부터의 이동이 있게 된다. 첫

54) 앞의 책, 64~65쪽.

번째 집단 쪽이 두 번째 집단보다 생활 수준이 높기에 이동은 원활하게 이루어진다. 게다가 그 최대한도의 수준은 경제가 성장함에 따라 상승하는 것으로 보인다. 그렇다면 다음과 같은 두 경우의 일이 생겨날 수 있다.

(1) 경제성장률이 낮은 경우에는, 첫 번째 집단에 흡수되는 두 번째 집단의 인구는 두 번째 집단의 증가한 인구보다 적고, 두 번째 집단은 이동인구를 빼더라도 계속해서 증가한다. 이와는 달리 (2) 경제성장률이 높고 인구가 두 번째 집단으로부터 첫 번째 집단으로 대량 유출하는 경우, 두 번째 집단은 시간이 갈수록 감소하고 결국에는 0이 된다. 그뿐 아니라 그 이후에는 첫 번째 집단에서는 노동 공급이 더는 안 되어 경제성장률 또한 떨어진다. 특히 첫 번째 집단에서 산아제한이 철저하게 진행되는 경우 두 번째 집단이 고갈되는 시점은 일찍 찾아오고 그 이후 전체 인구는 감소하기까지 할 것이다.

이상과 같은 다카타의 이론은 전후 일본의 고도성장이 일본 인구의 정체를 가져온 과정을 잘 설명해준다. 또한 이 이론에 있어서는 인구는 이제 외생적으로 정해지는 여건이 아니며, 그 변화는 이론 자체에 의해서 내생적으로 설명이 된다. 그 이론에서 불가결한 가정은 첫 번째 집단의 인구가 두 번째 집단과는 달리 산아제한을 한다고 하는 것인데, 그 배후에는 가정의 생활 수준을 높이기 위해 가족 규모를 합리화하려는 의도가 있다. 생활 수준 향상은 그 사람의 사회적 지위의 상승을 의미한다. 첫 번째 집단은 사회적 지위의 상승에 눈 뜬 사람들의 집단이며, 이러한 의욕의 배후에는 다카타에 따르면 그들의 향상심向上心, 권력의지가 있다.

다카타는, 인간은 단순히 효용만을 추구하는 것이 아니라 권력에 대한 욕구도 가지고 있다고 본다. 인간의 권력욕이 두드러지게 나타나는 곳은 생산요소(토지, 노동)시장이다. 따라서 권력을 강조하는 학자들은 주로 분배론 분야에서 세력의 작용을 논했다. 이들도 경제이론을 무시한 것은 아니지만, 그 통달의 정도가 경제학의 전문가보다 못하기 때문에, 뵘 바베르크의 '세력이냐, 경제법칙이냐' 이후로 세력 이론은 경제학 내에서 저급한 것으로 여겨졌다. 이러한 흐름 속에서 다카타의 세력론은 달랐다. 앞부분에서 서술한 것처럼, 그는 통설에 대해 폭넓게 이해하고 있었으며, 또 그것들을 존중했다. 그는 경제이론을 세력론으로 대체하려고 한 것이 아니라 경제이론에 세력론을 접합시키려고 한 것이다. 그러므로 그것은 앞장의 힉스가 전개한 '화폐의 시장이론'에서의 노동시장관과 완전 양립이 가능하다.

더욱이 이 점과 관련하여, 세력의 작용이 없다면 케인스의 이른바 '임금의 하방경직성에 의한 비자발적 실업'은 성립하지 않을 것이라고 다카타가 주장한 것은 주목할 만하다. 노동자가 효용분석만으로 행동한다면 비자발적 실업이 있는 한 임금은 낮아져야 하고 실업은 흡수되어야 한다. 그런데도 케인스는 왜 임금 인하가 없는지, 임금은 왜 하방 경직적인지에 관해서 설명하지 않는다. 다카타에 따르면 어느 수준 이하의 임금은 노동자의 품위를 위해서라도 감수할 수 없으므로, 단결하여 임금이 그러한 수준을 밑도는 것을 저지한다.[55] 그 결과 노동시장에는 불균형이 생겨나는데, 저항에 따른 희생자—비자발적 실업자—는 노동조합의 원조와 실업보험에 의해서 구제를 받는다. 실업보험 제도의 정비 정도는 그때까지의 노동자계급의 정치적, 사회적, 경제적 세력에 의존한다. 어쨌든 세력(힘)에 의한 저항은 임금하락에 제동을 걸어서 하한선을 설정하고 그 결과 이 하한선에 접한 상

---

55) 세력은 노동조합, 자본가단체 등으로 단결함으로써 목적을 실현하려고 하는데, 그 밖에 사상, 여론 등과 같은 막연한 형태의 세력 표현도 무시할 수는 없다. 다카타는 후자를 "집단형성을 기다리지 않는 야생적 세력"이라고 불렀다.

태에서 노동시장의 불균형이 생겨난다. 세이의 법칙이 충족되고 있어도, 그것은 변함없는 사실이다. 즉 반-세이의 법칙뿐만 아니라 세력 또한 비자발적 실업의 원인이 된다. 다카타는 발라의 일반균형을 "노동시장의 불균형을 포함하는 균형"으로 대체할 것을 주장했다.

이렇게 해서 일반균형 수준 이상의 고임금에서 임금하락이 저지된다면, 노동시장의 불균형은 다른 시장에도 파급된다. 소비재에 대한 수요는 이제 완전고용일 때의 수요가 아니라 실업이 있는 상태에서의 적은 수요에 불과하다. 생산은 적고 따라서 자본재에 대한 수요도 적다. 게다가 고임금이기 때문에 소비재, 자본재 모두 고가격이며, 그 결과 각 재화에 대한 수요는 다시 축소된다. 세력 작용의 파급효과는 다카타가 분석한 이러한 케인스의 '풍요 속의 빈곤'과 대단히 비슷한 현상을 초래한다.[56]

다카타의 이론은 전후 일본의 경제구조를 설명하는 데

---

56) 앞에서 설명한 것처럼 경제학에서는 세력론은 계속해서 무시되어왔지만, 사회학에서는 최근의 동향을 살펴본다면, '세력' 개념을 사용하고 있는 듯이 보이는 교환분석이 행해지고 있음을 알 수 있다. 예를 들면, P. Kappelhoff, *Soziale Tauschsysteme*, Oldenburg Verlag, 1933에는 Wert und Macht in Gleichgewicht(균형에 있어서의 가치와 세력)이라는 제목이 붙은 절이 있다. 그러나 그가 말하는 가치라는 것은 가격이며, 세력이란 구매력(소득)이기 때문에, 그 절에서 분석하고 있는 것은 '균형에서의 가격과 소득'에 불과하며, 경제학자가 보기에는 어떠한 신선한 맛도 없다. 다카타의 세력론과 관계가 없음은 물론이다.

대단히 효과가 크다고 볼 수 있다. 전후 일본에서는 자본가(주주)의 세력이 약화되고 그 대신에 고용되어서 일하는 중역이 큰 힘을 가지게 되었다. 그들은 대주주도, 재산가도 아니다. 그들은 자금력을 배경으로 하지 않고 경제적으로 큰 힘을 획득했는데, 전후 일본의 기업집단[57]과 하도급제, 이중구조 등을 설명할 때는, 돈만이 힘이라고 보지 말고 돈 이외에도 경제에 영향을 미치는 것이 있음을 인정하고 그것이 무엇인지를 밝혀서 그것을 분석해야 할 것이다. 여기에 세력 경제학의 새로운 분야가 있다고 하겠다.

---

57) 奥村宏, 『法人資本主義의 構造』, 日本評論社, 1975, 『新日本の六大企業集團』 다이아몬드社, 1983, 기타.

7 장

빅셀

자본이론과 인구

1

빅셀(Johan Gustaf Knut Wicksell, 1851~1926)은 과격한 자유주의자였다. 언론의 자유, 선거권의 확대, 남녀평등권은 말할 것도 없고, 군비 철폐, 대對 러시아 유화정책, 군주제 반대를 주장하고 무신론을 외쳤으며, 정부, 군대, 왕실, 교회, 이 모든 권위에 대해서도 반항을 했다. 경제 면에서는 일단은 사기업私企業파에 속했지만, 자유방임주의는 절대 아니었으며, 경제 부문과 사회 부문에서의 개혁을 강력하게 주장했다. 소득과 자산의 분배를 공평하게 하는 그러한 재정정책을 펼 것을 주장하고, 인구 제한이 필요함을 강경하게 주장했다. 그가 만일 요즘 사람이었다면, 환경문제와 씨름하는 과격한 활동가였을 것임은 말할 나위도 없다.

이렇게 본다면 그는 그를 둘러싼 모든 것에 대하여 분을 터뜨린, 마음먹은 그대로 행동하는 사람인 것처럼 보인다. 시간적 순서로 말하자면, 그는 처음에는 인구문제에 흥미가 있었고, 그것이 인연이 되어서 경제학을 공부하고 정책 문제와 사회개혁 문제로 관심을 넓혀갔는데, 그의 거침없는 반항에도 물론 사상적 줄기가 당연히 있을 것이다. 나는 빅셀이 '모든 사람은 평등해야 한다'라고 하는 것을 첫째가는 원칙으로 삼고 살아간 사람이라고 보는데, 그렇다면 군주제 반대, 군비 반대, 러시아 적대시 반대, 남녀평등, 언론의 자유, 노동자의 복지 향상은 그 어느 것이든 자명한 주장이 된다.

그가 제창한 무신론도 그런 식의 발상에서 나온 것이다. 그는 성모 마리아만이 원죄의 때가 묻지 않았다는 생각(Immaculate Conception, 무염시태無染始胎)─그것은 명백히 일종의 차별대우다─을 불합리하다고 단정했다. 그 당시에 교회의 힘이 아직은 대단히 강했다. 1908년 ─그는 벌써 쉰일곱의 나이였다─ 성모를 모독했다는 죄목으로 두 달 동안 투옥당했을 정도로 그의 정신은 젊었다. 투옥당한 학자들 가운데 다수가 옥중에서 연구 생활을 즐겨한 것처럼 그 또한 그곳에서의 연구 생활을 즐겼다.

따라서 투옥은 그에 대한 징벌이 되지 못했으며, 그는 자기 죄를 뉘우치지 않고 일생을 과격하게 살았다.

빅셀이 경제학에 공헌한 바는 간단명료하다. 첫째는 자본이론, 그리고 둘째는 화폐이론에 관한 공헌이다. 그는 이것들을 자신의 저서인 『가치·자본 및 지대』(1893), 『이자와 물가』(1898)에다 각각 발표했는데, 나중에 다시 그 문제들을 입문서로 쓴 『국민경제학 강의』(상, 하, 1901~1906)에서 논했다. 이것이 그가 쌓은 주요 업적의 전부다.

자본이론에 대한 그의 공헌은 뵘 바베르크의 우회생산이론[58]을 간결 명료하게 정식화한 데 있다. 생산에 자본이 필요한 것은 생산하는 데 시간이 걸리기 때문이다. 제조업을 예로 들면, 우선 공장을 세우지 않으면 안 되고, 공장이 완성된 다음에는 생산물을 최종적으로 생산하는 단계 직전까지의 '생산 파이프라인'을 채워 넣어야만 한다. 그때부터 매년 생산물을 출하하게 되며, 공장의 수명이 다하면, 그 공장의 생산은 끝난다. 그러므로 여기서는 세 가지 기본적 시간이 관계된다. 첫째는 공장의 건설 기간이며, 둘째는 파이프라인의 충전 기간이다. 이제부터

---

58) E. von Böhm-Bawerk, 『자본의 적극이론』, 1889.

는 이 둘을 합쳐서 우회 기간이라고 부르자. 세 번째는 공장의 수명 기간이다. 그런데 건설 기간도 충전 기간도 모두 기술적으로 일정불변한 길이를 갖는 것은 아니며, 신축적이다. 예를 들어서 물품을 생산할 때 공장을 짓지 않고 마당에서 곧바로 생산을 시작할 수 있다. 이 경우에 건설 기간은 0이다. 하지만 보통은 공장을 먼저 짓고 거기서부터 물건을 생산하는 일로 작업을 옮긴다. 즉 우회 생산을 한다는 것인데, 비가 내려 마당에서 생산할 수 없는 날도 있다는 것을 고려하면 계속 생산하는 경우 공장을 먼저 짓고서 생산하는 우회생산이 유리하다. 게다가 추가로 공장에 전등 설비를 하는 일은 한층 더 우회생산을 하는 것인데, 이러한 우회생산을 해놓으면 야간작업도 할 수 있으므로, 물건을 대량으로 매일 생산하지 않으면 안 되는 경우에 전등을 만든다고 하는 우회생산은 대단히 유리한 것이 된다.[59]

그러나 어디까지 우회생산을 할 것인가 하는 것은 우회하기 위한 비용에 달린 문제다. 비용이 적게 들면 우회생산을 진행한다. 이렇게 본다면, 우회화에 따라서 건설 기

---

59) 또한 기계생산을 하는 경우에는 많은 기계들 역시 기계로 생산된다. 따라서 기계를 만들기 위한 기계가 만들어지고 또 그 기계를 만들기 위한 기계가 만들어진다. 이처럼 기계화 심화에 따라 경제 전체의 생산 메커니즘은 점차 우회적으로 되어간다.

간 및 충전 기간의 길이는 기술적인 상수가 아니며, 기업가의 의지로 결정되는 경제 변수임을 알 수 있다. 이상이 뵘 바베르크와 빅셀의 기본적인 착상인데,[60] 그들, 특히 빅셀은 이 문제를 다음과 같이 정식화했다. 이하에서는 논의의 단순화를 위해 건설 기간과 충전 기간을 합한 전체, 즉 우회 기간에 관하여 이 문제를 고찰하기로 한다.

지금 두 가지의 생산계획안 A와 B가 있다고 하자. A보다 B 쪽이 우회 기간이 길지만, 그 대신에 생산이 시작되면 A보다 B 쪽이 생산활동의 수명이 더 길다고 하자. 논의를 단순화하기 위해서 우회 기간 중 동일한 베이스(매년 10,000원의 비율)로 자본이 투입되고, 생산물이 출시되면 매년 똑같은 이윤(10,000원)이 얻어진다고 가정한다. 총생산비—공장건설 기간 및 파이프라인 충전 기간 중 투자한 금액—의 현재가치를 계산하기 위해서는 이자를 고려해서 매년의 투입액을 할인하여 총계를 내어야 한다. 총이윤의 현재 가치를 얻는 데도 마찬가지의 할인 조작이 필요하다.

A의 우회 기간을 T라고 하고, B의 그것을 U라고 하자. 가정에 따르면 B 쪽의 우회 기간이 더 길다. 또 A 안에 따

---

60) 만년에 힉스가 쓴 『자본과 시간』(1973)은 빅셀의 뚜렷한 영향을 받았다.

르면, 공장의 수명은 우회 기간이 끝나고부터 Q년이고, B 안에서는 R년이다. Q보다 R이 더 큰데, 단순히 그것만이 아니라 단위 우회 기간당 존속기간도 A보다 B가 더 길다. 즉 다시 말해서 다음의 식이 성립한다고 가정한다.

$$\frac{Q}{T} < \frac{R}{U}$$

이렇게 본다면 곧바로 다음을 알 수가 있다. 즉, 할인이 없는 경우(그것은 이자율이 0인 경우다)에 A 안의 총생산비는 T만 원이고, 총이윤은 Q만 원이다. 그러므로 이윤율은 Q/T인데, 마찬가지로 이 경우에 B 안의 이윤율은 R/U이다. 앞에서 가정한 바와 같이 우회 기간당 조업 기간(수명)은 B 쪽이 길기에 할인되지 않은 이윤율은 B 안이 A 안보다 더 높다. 즉 이자율이 0인 경우에는 A 안이 아니라 B 안이 채택된다.

다음으로 이자율이 아주 높은 경우를 생각해보자. 장래에 투자될 우회 기간 내의 비용은 높은 할인율의 적용을 받기 때문에, 우회 기간이 더 긴 B 안에서의 우회 기간 중의 총생산비의 현재 가치는 A 안의 그것과 거의 비숫하다. 이에 반해서 이윤은 B 안에서는 A 안보다 나중에 발생하기 때문에, A 안보다 더 많이 할인되고 따라서 총이윤의 현재 가치는 B 안이 A 안보다 더 작다. 그러므로 이자율이 대단히 높은 경우에 할인된 이윤율은 A 안이 B 안보다 높아진다. 즉, 이자율이 높은 경우에 우회 기간이 짧은 A 안 쪽이 채택되는 것이다. 따라서 어떤 양陽의 이자율에서는 A와 B가 무차별하게 되고, 그보다 더 높은 이자율에서는 A가, 더 낮은 이자율에서는 B가 더 높은 이윤율을 가져다줌을 알 수 있다.

좀 더 긴 우회 기간을 들어서 생산하는 것은 "좀 더 우회적인 생산을 한다"라고 말하기로 하자. A, B, C, D의 생산계획안이 있다고 하고, 나열순서가 뒤로 갈수록 더 우회적인 계획안이라고 하자. 앞에서 한 설명에 의하면 이자율이 대단히 높을 때는 A가 채택되고 이자율이 어느 정도 낮아지면 B, 좀 더 낮아지면 C, 아주 낮아지면 D가 채택된다는 것을 알 수 있다. 즉, 다시 말해서 이자율이 높으면 높을수록 더 짧은 우회생산이 이루어지는 것이다. 게다가 생산을 좀 더 우회적으로 하게 되면, 한층 커다란 고정자본이 필요하므로 고정자본에 대한 투자는 이자율이 하락할 때 증대된다. 투자에는 우회생산 이외의 동기에서 행해지는 투자도 있는데, 그것까지도 포함하여 전체 투자가 이자율의 하락과 함께 증가한다고 보아도 좋을 것이다.

2

빅셀은 이상에서 본 우회생산 이론을 다음과 같은 물가변동론으로 발전시켰다. 이것이 그의 두 번째 공헌이다. 지금 저축과 투자의 균형을 잡는 이자율을 정상 이자율이라고 부른다면, 현실의 화폐이자율이 정상 이자율보다 높은 경우에는 우회 생산기간은 짧아지며, 투자는 저축 이하로 떨어진다. 반대의 경우에는 과잉투자가 발생한다. 거기서 만약 투자가 저축과 같지 않은 때 그 차액은 무엇으로든 보충되어야만 한다. 이 문제는 다음과 같이 생각할 수 있다. 우선 저축은 어떤 형태로 행해질지를 생각해보자. 첫째로 그것은 실물의 형태로 행해질 수 있는데, 실물의 형태로 행해진 저축은 투자다. 다음으로 그것은 화폐, 증권(임대차증서), 주식 보유의 형태로 행해진다. 만약 현재 수중에 가지고 있는 화폐보다 더 많은 화폐를 가지려고 하면, 그것은 화폐의 형태로 하는 저축이다. 그와는 반대로 현재 수중에 가지고 있는 화폐를 감소시키는 것은 음陰의 저축을 하는 것이 된다. 마찬가지로 증권이나 주식 보유의 형태로 양이나 음의 저축이 행해진다. 그런데 만약에 주식시장에서 가격기능이 완전히 작동하고 있고, 주식의 수요·공급이 항상 일치하도록 주가가 신속하게 적응한다면, 경제 전체로서는 주식에 의한 저축은 없는 것이다. 이제부터는 그렇다고 가정하기로 한다.

지금 사회 전체가 가지고 있는 화폐량을 M이라고 하고, 가지려고 하는 화폐량을 L이라고 하자. 화폐의 형태로 하는 저축은 L - M이다. 다음으로 증권의 수요를 D, 공급량을 S라고 하면, 증권 형태로 하는 저축은 D - S이다. 총저축은 이들 형태로 하는 저축과 실물로 하는 저축, 즉 투자로 성립되기 때문에 '저축 = (L - M) + (D - S) + 투자'라는 식을 얻는다. 이른바 '빅셀의 누적 과정'은 다음과 같은 경로로 발생한다. 지금 화폐이자율이 정상 이자율보다 낮게 설정되었다고 가정하자. 그렇다면 위의 식에서 투자는 저축보다 클 것이다. 화폐의 수량 M은 주어져 있기에 화폐수요 L이 M과 같아지게끔 물가수준 p가 정해진다. 그렇다면 위의 방정식 우변의 첫 번째 괄호는 0이 된다. 방정식이 성립하기 위해서는 두 번째 괄호 속(증권의 초과수요)은 음수값이 되어야만 한다. 즉 투자가 저축보다 큰 경우에는 자금의 부족분을 조달하기 위해서 임대(증권 수요) 이상의 임차(증권 공급)가 생겨난다. 이러한 증권의 초과공급은 중앙은행이 그것을 매입함으로써 해소된다. 그래서 S - D와 같은 크기의 화폐 금액이 중앙은행으로부터 민간은행으로 유출된다. 화폐시장에는 창출된 새로운 화폐가 나타나며, 물가가 p로 머무는 한, 화폐시장은 공급과잉에 빠져들 것이다. 위의 식은

$$저축=(L - M - dM)+투자$$

가 된다. 여기서 dM은 창출된 새로운 화폐의 양, 즉 S - D이다. 화폐의 공급과잉은 화폐가치를 낮추고 물가를 상승시킨다. 화폐수량설에 따른다면, 화폐가 증가하는 것과 같은 비율로 물가등귀가 발생하고 또한 동시에 임금도 이에 비례하여 상승할 것이다. 물론 말할 것도 없이 이러한 비례적 상승은 실물 상태의 경제에는 어떠한 영향도 미치지 않는다. 저축액도, 투자액도 모두 화폐 수량의 증가율 및 물가수준의 등귀율과 같은 비율로 명목적

으로 비례하여 상승한다. 그러므로 상승 후의 저축과 투자와의 관계는 상승 전과 달라지지 않는다. 즉 투자는 저축을 초과하고 있다. 그래서 제2기에도 제1기와 같은 경과를 거쳐 화폐가 증가하고 물가, 임금이 상승하며, 그 결과 제3기에도 과잉투자가 발생한다. 이러한 상태는 화폐이자율이 고정되어있는 한 계속된다. 드디어는 중앙은행이 화폐를 증가시킬 수 없게 되어 화폐이자율이 인상된다.

이상이 빅셀의 누적 과정인데, 그 자신은 이러한 상승 과정보다도 화폐이자율이 지나치게 상승함으로써 생겨나는 아래 방향으로의 누적 과정에 흥미를 갖고 있었다. 그뿐만 아니라 그는 이러한 과정을 단기, 중기의 과정이라고는 보지 않았으며, 장기의 과정이라고 보았었다. 그렇지만 미제스, 하이에크 그리고 그 밖의 빅셀 이후의 학자들은 누적 과정을 단기, 중기의 과정으로 보고, 화폐이자율이 제대로 적응하여 변하지 않기 때문에 상방 누적 과정과 아래 방향으로의 누적 과정이 번갈아 가며 나타난다고 하는 화폐적 경기론을 전개하기 위해서 누적 과정의 논의를 이용했다.

하지만 빅셀 자신은 마르크스나 케인스와 마찬가지로

장기의 문제를 생각하고 있었다. 자본주의가 무르익어서 저축액은 커져 있는데도 투자 기회가 적어져서 투자액은 크지 않다. 이러한 상황에서는 결정적인 이자 인하를 해야 하는데도 화폐이자율은 높은 상태로 유지되고 있다. 그 결과 물가는 하락하고 화폐량은 줄어들어 경제는 회복되지 못한 채 계속 밑으로 굴러떨어진다. 그는 이러한 과정을 밑으로의 누적 과정으로서 정식화했다. 그것은 마르크스의 이윤율의 경향적 저하 논리와 케인스류의 장기 정체론에 대응하는, 자본주의의 장기적 전망에 관한 논의다.[61]

이 책에서 지금까지 개관한 제반 경제이론들을 종합하면 다음과 같은 근대경제학의 자본주의관이 얻어진다. 우선 첫째로 슘페터가 역설했듯이 자본주의는 안정적이지 않다. 자본주의의 발전경로는 '기업가'의 창의와 '은행가'의 용단에 크게 의존하고 있으며, 이들이 행하는 경제적 혁신이 경제의 새 시대를 가져온다. 경제의 운명은 그들의 힘에 크게 의존하고 있으며, 자유기업 제도는 그들의 창의와 용단에 의존해서 과거의 궤도로부터 불안정하

---

61) 이처럼 빅셀의 이론은 미제스와 하이에크의 화폐적 경기론과는 의도하는 바도, 대상도 다르다. 현재 영국에서는 대처, 메이저 정권이 인플레이션 대책의 명목으로 고이자高利子 정책을 취해왔는데, 그것은 아래 방향으로의 빅셀의 과정을 부추기는 것이다.

게 이탈하여 비약적인 대발전을 이룩한다.[62] 둘째로 자본주의는 또한, 빅셀이 그렇게 본 것처럼 화폐 측면에서 대단히 불안정하다. 큰 혁신이 고갈되고 생겨나지 않으면 수확체감의 법칙에 따라 자본주의의 생산력(따라서 정상 이자율)이 저하되기 때문에, 화폐이자율은 높은 수준에 그대로 머물게 되어 밑으로의 누적 과정이 발생한다. 이것을 시정하여 화폐이자율을 낮추면 지나치게 위쪽으로의 전환과 진행이 생겨나서 물가등귀가 발생한다. 화폐 측면의 불안정성을 제어하는 것이 자본주의의 운영상 가장 중요한 일이 된다. 게다가 또한 슘페터, 힉스, 빅셀 그 누구도 발라가 남긴 '내구재의 딜레마'를 직시하지 않고 있다. 그들은 발라와 마찬가지로 완전고용 균형이 성립할 수 있다고 보았는데, 그러기 위해서는 비현실적인 세이의 법칙을 가정하든가 아니면 이윤율 균등화의 경향을 무시해야만 한다. 그런데도 빅셀은 한편으로는 세이의 법칙이 비현실적이라고 하여 그것을 말로는 부정하면서도 이와 동시에 다른 한편으로는 완전고용 균형, 따라서

---

62) 그런데도 일본에서 슘페터의 최고 제자인 나카야마中山伊知郎는 '안정과 진보'를 일본 경제발전의 슬로건으로 제시했다. 진보와 안정은 모순된다고 하는 것이 스승의 생각인데도.

세이의 법칙을 가정하여 모순에 빠져들었다.[63]

3

빅셀은 경제학자가 되기 전부터 인구문제에 열중했었다.[64] 그는 다음 두 가지 이유에서 인구제한론자였다. 첫째는 전쟁 방지를 위해서고, 둘째는 노동자의 복지 향상을 위해서다. 전자에 관해서는 그는 전쟁과 인구증가 간에는 악순환이 있다고 보았다. 예를 들어서 일본은 인구의 배출구를 찾아서 중국을 침략했는데, 전쟁이 계속되면—일본 정부가 전쟁 중에 '낳아서 불려라' 하고 외친 것처럼—인구증가를 권장한다는 모순을 범한다. 따라서 세계를 평화롭게 하기 위해서는 인구억제가 필요하다. 둘째는 그는 노동자 1인당 생산물을 증가시키기 위해서는 노동시간을 단축할 것이 아니라 인구를 감소시켜야

---

63) M. Morishima and G. Catephores, *Anti-Say's Law versus Say's Law: A Change in Paradigm*, in *Evolutionary Economics*, ed by H. Hanusch, Cambridge University Press, 1988, p. 48.

64) 인구론을 중시하고 있는 빅셀은 『국민경제학 강의』를 인구론에서부터 시작했다. 그는 그 후에 그 장을 팸플릿 형태로 따로 떼어내서 출판했기 때문에 이 책의 제2판에서는 그 장은 본문에서 빠지고 말았다. 하지만 목차에서는 1장은 인구론으로 되어있다. 현재 서구의 학자들이 이용하고 있는 영역판에서는 목차에서도 인구론이 빠져 있다. 그 인구론의 영역본은 *Some Unpublished Works by Knut Wicksell*, Nationale-konomiska Institutionen Lunds Universitet, 1977, No. 36에서 찾아볼 수 있다.

할 것이라고 주장했다.

그는 최적 인구정책을 지지했다. 즉 인구가 포화상태인 경우는 인구를 억제하고 포화상태가 해소되어 인구증가의 여지가 생기면 억제를 완화한다는 것이다. 그러나 인구계획은 계획경제를 운영하기보다 훨씬 힘들다. 우선 그 행위는 비밀스러운 일이기 때문에, 보사부가 일일이 가정마다 '올해의 목표'를 지령하는 것은 불가능하다. 그런데도 빅셀은 다음과 같은 새로운 맬서스주의를 권장한다. 결혼은 일찍 하여, 한 가족 평균 두세 명의 자녀를 낳으면 그 후에는 자발적으로 자녀를 낳지 않도록 한다. 즉, 그는 중국의 '1가정 1자녀' 정책과 같은 종류의 정책을 주장한 것이다.

하지만 그 후 그의 조국 스웨덴에서는 그의 정책과는 완전히 반대로 가는 현상이 실제로 생겨났다. 즉 많은 서구제국, 특히 스웨덴에서는 결혼은 늦어지고, 프리섹스가 횡행했다. 프리섹스는 정식 결혼보다 생식률이 낮기에 인구증가율은 감소하기는 하지만, 이것은 그가 이론가로서 기뻐할 일이 아니다. 돌아가는 형세를 잘못 읽어 조혼早婚을 주장했기 때문이다.

이 오류의 원인은 빅셀의 인구론이 단순한 수량적 인

구론이며 그 인구가 어떠한 기질과 성향을 지니고 있는가는 완전히 무시하고 있다는 데 있다. 사람들이 어떠한 결혼 형태를 원하고 있는지에 대한 질적, 사회학적인 논의는 전혀 없다. 앞 장에서 살펴본 다카타高田와 비교하면, 빅셀의 사회학적인 단순성—물론 그도 역시 생식률과 사망률에 영향을 주는 사회적 제반요인을 지적하고는 있지만—은 분명하다. 다카타가 말한 바와 같이 인구론은 물론이고 노동시장에 대한 분석 역시 사회학적 고찰이 필요하다. 이렇게 해서 경제학은 필연적으로 사회학에 접속된다.

8장

마르크스

경제학적 역사분석

1

마르크스(Karl Heinrich Marx, 1818~1883)의 경제학은 말할 것도 없이 웅장하다. 그의 경제이론에 관해서는 내가 전에 쓴 책[1]을 참조하기로 하고, 이제부터는 그의 또 하나의 커다란 업적인 역사분석에 대한 공헌인 사적 유물론에 관해서 논하고자 한다.

역사학은 원래 과거의 사건을 정확하게 재현하는 역사기술歷史記述의 학문이었는데, 19세기 초부터는 단순히 역사적 사건에 대한 연대기적 기술만이 아니라 그에 대

---

1) M. Morishima, *Marx's Economics*, Cambridge University Press, 1973, 『マルクスの經濟學』高須賀義博 譯, 東洋經濟新報社, 1974. M. Morishima and Catephores, *Value, Exploitation and Growth*, McGraw Hill(UK), 1978(『價値, 搾取, 成長』高須賀義博他 譯, 創文社, 1980)에서 우리는 '역사적' 전형 문제가 유의미한 문제인지를 논하고 있는데, 거기서 논한 것은 가치체계가 가격체계로 바뀌는 역사적 전형이지, 이 장에서 문제로 삼고 있는 경제체제의 역사적 변천은 아니다.

한 이론적 분석도 하게 되었다. 그렇게 한 최초의 학자는 헤겔인데, 그의 역사분석은 관념론적이고 형이상학적이었다. 그런데 거기서 힌트를 얻은 마르크스와 엥겔스(1820~1895)는 사회과학의 중심과목인 경제학에 기초한 역사분석, 다시 말해서 사적 유물론을 확립했다. 이들은 이 분석에서 헤겔과 마찬가지로 여기저기서 변증법을 사용했다. 헤겔의 변증법이 관념변증법이었던 데 대해 마르크스, 엥겔스의 그것은 유물변증법이었기 때문에, 그들의 역사이론은 헤겔의 역사철학을 거꾸로 뒤집어놓은 데 불과하다고 곧잘 이야기되고 있다. 유래의 측면에서는 확실히 그렇지만, 여기서는 이 점을 일체 문제로 삼지 않고 변증법을 덮어두고서 그들의 경제학적 역사이론을 설명하려고 한다. 그렇게 하는 것이 앞서 설명한 다카타의 사회학적 역사이론과 뒤에서 보게 될 베버, 슘페터, 파레토의 제반 이론들과의 비교를 쉽게 해줄 것이다.

마르크스, 엥겔스의 역사이론의 주된 목적은 인간사회의 역사적 발전, 즉 부족사회, 고대 노예제, 봉건사회를 거쳐 근대 부르주아 사회로의 발전을 이론적으로 설명하는 데 있다. 그때 이들은 로빈슨 크루소와 같은 고립된 사람들이 서로 접촉함으로써 사회를 형성하기에 이르렀다고 보지 않고 인간은 태어나면서부터 인간사회 속에 있다고 본다. 그렇다면 어떤 지역사회가 어떻게 변천하였으며, 그 변천은 어떠한 메커니즘에서 유래하는가에 대한 이론적 규명—즉 다시 말해서 인간사회의 동학動學 이론—이 연구의 주요 대상이 된다. 또한 다른 장소에서는 형태를 전혀 달리하는 변천이 있게 될 것이다. 마르크스가 말하는 아시아는 오늘날 우리가 생각하는 동양과 같은 것은 아니지만 아시아적 생산양식에 관한 그의 논의와 러시아 공동체에 관한 연구는 서구와 다른 메커니즘을 가진 사회에 대한 그의 흥미를 보여주는 것이다. 만약 그렇다면 사회발전의 궤도는 복선複線인가, 단선單線인가? 만일 복선이라면 평행선은 장차 어딘가에서 한 줄기가 될 것인가 하는 것이 문제가 된다.

넓게 본다면 마르크스, 엥겔스의 동학적 역사이론은 이 많은 문제에 관계될 수 있지만, 통상적으로는 좀 더 좁은 범위로 한정하여 다음과 같이 정식화되고 있다. 앞에서 설명한 것처럼 유물사관에서는 운동의 원점은 생산력에 있다. 생산력이 주어져 있으면, 그 생산력을 실현하는 데 가장 적절한 생산관계가 사람들 사이에서 형성된다. 정치체제와 법률도 이 생산관계를 유지하고 지켜

나가는 데 적절한 형태와 내용을 가진 것이 되며, 사람들의 의식과 문화 활동도 그러한 생산관계에 상응하는 것이 된다. 법률, 정치, 문화, 사회의식 등을 한데 통틀어서 상부구조라고 부른다면, 생산관계, 나아가서는 생산력이 바로 상부구조를 결정한다.

물론 상부구조도 또한 거꾸로 생산력에 영향을 미칠 수 있다.[2] 과학은 명백하게 상부구조의 한 요소인데, 기계의 발명이 있고서야 비로소 생산력이 발전했기 때문에 상부구조인 물리학이 바로 생산력을 발전시킨 것이다. 방적기계가 발명되자마자 곧바로 산업혁명이 일어난 것은 분명하지만, 뉴턴의『프린키피아』(자연철학의 수학적 제원리, 1387)의 발표와 방적기계의 발명 사이에는 70년 이상이나 시간이 흘렀다. 다시 말해서 기간을 극단적으로 길게 잡지 않는 한, 동일 기간 내의 과학적 진보가 생산력에 미치는 효과는 0이며, 기간을 길게 잡아도 기간 내의 어느 시점에서 발명이 생겨날 것인지는 확률론적으로조차 전혀 알 수 없다. 또 새로운 작시법作詩法, 새로운 화풍畵風, 새로운 철학 (그리고 또 경제학 연구!) 등의 문화는 생산력에 아

---

2) 상부구조의 한 요소인 종교의 근로 윤리가 생산력에 주는 영향(뒤에서 보게 될 베버의 문제)를 마르크스는 간과하고 있다.

무런 공헌도 하지 않을 것이다. 그래서 마르크스와 엥겔스는 일반적으로는 상부구조로부터 생산력에 미치는 역逆의 영향은 없다고 보았으며, 생산력에 영향을 줄 경우에도 상부구조의 변화(발명)가 주는 영향은 불규칙적이고 따라서 생산력의 변화는 외생적으로 생겨난다고 보았다.

2

마르크스와 엥겔스 두 사람이 각각 독립적으로 유물사관의 착상에 도달해가고 있었다는 것은 1844년 엥겔스가 영국에서 독일로 귀국하던 도중에 파리에 망명 중인 마르크스를 방문했을 때 확인되었다. 엥겔스는 이듬해 『영국에서의 노동계급의 상태』(이하에서는 『노동계급』이라고 약칭한다)를 출판했고, 또 그들 두 사람은 그 이듬해부터 1년간에 걸쳐서 『독일이데올로기』를 공동 집필했다.[3] 마르크스가 1857년~1858년에 집필했고 1939년~1941년에 출판된 『경제학비판 요강』—통상 『그룬트리세』로 알려져 있다—에도 유물사관에 기초를 둔 역사분석이 있다.[4]

---

3) 엥겔스, 『영국에서의 노동계급의 상태』 武田隆夫 譯, 新潮社版. K. Marx and F. Engels, *Die Deutsche ideologie*, Dietz Verlag, 1932.
4) K. Marx, *Grundrisse, Foundations of the Critique of Political Economy*(Rough

그밖에 『자본론』의 유명한 「이른바 본원적 축적의 장章」
도 유물사관의 장章이다.

　유물사관이 유효하려면, 자본주의적 생산체제가 어느
정도 갖추어져 있다는 것, 사람들이 합리적으로 경제활동
을 하고 있다는 것이 그 조건이다. 마르크스 자신도 인정
하는 것처럼 이들 조건이 충족되고 있지 않은 나라와 시
대에서는 "역사가 다양한 단계를 거쳐 가는 그 순서도 시
대도 나라에 따라서 다른"[5] 것이며, "그것이 전형적인 형
태를 가지고 나타나는 것은 단지 영국뿐"[6]이다. 하지만
사람들은 유물사관을 자본주의 이전의 시대와 이후의 시
대에도 적용할 수 있다고 흔히들 보고 있다. 예를 들어서
마르크스 자신은 『그룬트리세』에서 자본재 생산에 선행하
는 제반 형태(아시아적, 고대적, 봉건적인 모든 사회)의 역사적 변
천을 분석하고 있는데, 이들 시대에 관한 경제이론은 존
재하지 않기 때문에, 그의 분석은 단순한 역사적 연구로
끝나고 있다. 엄밀한 의미에서의 유물론—경제이론에 의
한 역사의 해명—에는 아직 도달하고 있지 못한 것이다.

Draft), Penguin Books, 1973.
5) 마르크스, 『자본론』 16, 『マルクス·エンゲルス全集』 제23권, 岡崎次郎 譯, 大月書
店, 936쪽.
6) 위의 책.

마르크스는, 농노제가 14세기 말에는 영국에서 거의 소멸했고, 15세기 말에는 인구의 상당 부분이 스스로 생산수단을 사유私有하는 자립적인 자영농민이 되어있었다고 보고 있다.[7] 그들 가운데 일부는 거기에 추가하여 또 차지借地를 하고 임금노동자를 고용하여 자본가적 차지농업가로 성장했다. 그리고 많은 농민이 농촌 가내공업, 방적과 직물업을 운영했던 것이다. 16세기 말 영국은 이러한 상황이었는데, 그렇게 되기까지는 여러 가지 폭력적인 방법으로 착취가 행해지고 있었다. 마르크스는 이 방식들 가운데서 가장 주목할 만한 것을 '자본의 본원적 축적방식'이라 하여 고찰했다. 그것은 공동 경작지에 울타리를 치는 것을 포함한 여러 가지인데, "아무런 사정도 봐주지 않는 야만 행동으로서 가장 파렴치하고 더럽고 너절하고 치사한 욕심의 충동으로 행해졌던 것이다." 그러나 이렇게 해서 성립된 "부유한 자본가적 차지농업자"와 가내공업을 경영하는 농가는 자본제 생산 그 자체가 갖는 내재적 제법칙의 작용에 따라 밀려나게 된다.[8] 그리하여 그 결과 가내공업 경영은 공장 경영으로 전화된다.

7) 위의 책, 그러나 마르크스는 소생자만으로 성립되는 이른바 '단순상품생산'의 경제는 역사상 결코 실현된 적이 없다고 보고 있다. Morishima, Catephores, 앞의 책, 241쪽.
8) 앞의 책, 『자본론』1b, 994쪽.

이상은 유물사관이 적용될 수 있기 위한 전제조건이 어떻게 성립되었는지에 관한 마르크스의 역사적 고찰인데, 엥겔스는 『노동계급』에서 그러한 사회에 대하여 유물사관을 적용해서 가내공업의 해체 과정과 소상품 생산자로서의 농민의 붕괴 과정을 분석했다.

18세기 후반, 증기기관과 방적기계가 발명되면서 영국에서 산업혁명이 일어나고 그 결과로서 경제사회는 급격히 변화했다. 기계생산이 행해지기 전에는 면화와 누에고치를 자아서 실을 만들고 그것을 짜서 옷감을 만드는 일은 모두 다 가정에서 행해졌었다. 그래서 남정네들뿐 아니라 부인과 어린이들도 생산에 동원되었다. 당연히 그들 사이에서는 분업이 행해졌다. 가장家長이 생산을 지휘·감독하고 생산물을 도시에서 판매했다. 도시 근교의 농촌은 이러한 가내공업 덕분에 부유했고, 직물을 짜는 농촌 가정의 생활은 풍요로웠다.

이러한 생산관계는 그에 상응하는 문화생활과 도덕을 만들어내었다. 어린이는 생산에 종사하기는 했어도 부모 밑에서 일을 하기에 하루에 불과 몇 시간을 일했을 뿐이고, 노인도 능력 이상으로 일하기를 강요받는 일은 없었다. 농촌에는 봉건적 토지 소유를 기초로 한 질서, 즉

출생 신분이 있었으며, 농촌공업은 과거로부터 내려오는 질서와 양립하였고 결코 그것을 파괴하지는 않았다. 당시에 도시 근교의 전원생활은 따분하지만 평화롭고 풍성하고 경건했다. 처음에는 방추차는 수동식이었는데, 후에 그것은 1764년 발명된, 소의 힘으로 돌아가는 제니방적기로 교체되었다. 그와 동시에 방적업에서의 생산력은 비약적으로 발전하여 그때까지는 한 사람의 직공이 한 개의 방추를 처리했었지만, 이제 한 사람이 스무 개가량의 방추를 처리할 수 있게 되었다. 또 1785년에는 증기기관으로 움직이는 뮬 방적기가 발명·도입되었다. 생산력이 한층 더 비약적으로 발전한 것은 당연하다.

이러한 생산력의 변화는 생산관계의 변화를 가져왔다. 생산력의 향상은 생산비 따라서 가격의 하락을 가져오고 그 결과 직물에 대한 수요를 격증시켰다. 단가單價는 낮아졌지만, 농가는 이러한 생산물을 지금까지의 몇 배라도 생산할 수 있었기 때문에 소득은 대폭 증가했다. 그 당연한 결과로서 아무도 농사를 안 짓게 되고 방적업 겸업농가는 급격히 감소하여 대부분은 방적을 전업으로 하게 되었다. 이와 동시에 그들 가운데 소작농은 소작지를 잃고 노임만으로 생활하는 무산자—프롤레타리아—

가 되고 말았다. 하지만 농가에서 영위하는 규모의 생산으로는 수요를 충족시켜줄 수 없으므로 방적업 전용건물(공장)이 드디어 도시에 세워졌다. 공업이 농촌을 탈출하여 도시로 집중한 것이다.

우선 농촌에서는 방적업이 도시로 나가버린 결과, 대량의 공한지空閑地가 생겼으며, 이 땅을 이용한 농업의 대규모화가 진행되었다. 그들은 경작법을 개량하고 좀 더 싼 가격에 더 많은 양의 농산물 공급에 성공했다. 이리하여 농촌 자체에도 경쟁이 도입되고 농가 역시도 합리적 생활을 하게 되었다. 그들은 대차지농이 되어 대규모 농업을 하든지, 도시로 나가서 방적업을 하는 기업가나 노동자가 되든지 하였다.

3

생산력에 대한 생산관계의 이와 같은 적응으로 인해 손으로 하는 노동이 전부 기계 노동으로 교체되어버렸다. 똑같은 기계화가 직물업 내의 다른 부문에서 발생했을 뿐 아니라 다른 공업 부문에서도 차례차례 생겨났다. 그 때문에 공업과 밀접한 관계의 다른 산업, 즉 광업과 철도, 하천 운수, 원양 항해업에서도 대개혁이 행해져서 그 결과 방대한 프롤레타리아 계급이 전국에서 생겨나고 수많은 거대 공업도시가 탄생했다.

고도의 생산력에 대응하는 새로운 생산관계—자본주의적 생산양식—는 그것과 상응하는 새로운 생활양식—부르주아적 생활양식과 프롤레타리아적 생활양식—을 가져왔다. 한편은 사유재산을 소유하고 다른 편은 무산자이기 때문에 생활의 수준과 양식 모두 아주 달라지고 말았다. 마르크스, 엥겔스가 『공산당선언』에서 쓴 것처럼 당시의 부르주아 계급에는 가정家庭이 있었으나, 프롤레타리아 계급에는 가정다운 가정이 없었다. 전자는 자기 재산으로 자녀를 교육할 수 있었지만, 후자의 프롤레타리아 계급에 속한 부모는 자기 자녀에게 장시간 일을 시켜서 그들을 착취했다.[9] 이렇게 극단적으로 대비가 되는 생활양식은 계급의식을 격화시키고 서로에 대한 이해심과 동정을 갖는 것을 대단히 어렵게 만들었다. 기계화

---

9) K. Marx and F. Engels, *The Communist Manifesto*, New York, Washington Square Press, 1964.
사실 마르크스 자신도 자기의 친자식(딸들)은 부르주아 가정의 처녀로 교육했고 하녀와의 사이에 태어난 아들은 노동계급의 자식으로서 무교육상태 그대로 방치했다(모리시마, 「マルクス—彼の人間性と學問」, 《朝日ジャーナル》, 1992년 4월 24일 5월 1일~8일 호) 그는 어쩌면 그렇게도 『공산당선언』에 충실했던 것인가?

에 의한 생산력의 비약적인 상승이 과거의 계급제와는 전혀 이질적인 근대적 계급제를 가져온 것이다. 그리고 법률과 정치기구가 개편되어 새로운 계급제를 유지하는 역할을 맡게 되었다. 교육제도도 같은 목적에 부합되게 정비되고, 마지막으로는 상부구조 전체가 새로운 생산관계에 적응하여 완전히 이질적인 것으로 변한 것이다.

일단 이러한 자본주의화의 과정이 시작되면, 자본가들 간의 경쟁은 격화되고, 경쟁에서 이긴 기업은 진 기업을 흡수하여 점점 더 거대한 기업이 된다. 의식적으로 행해진, 과학의 기술적 응용, 토지의 계획적 이용, 대규모 생산에 의한 생산수단의 절약 등에 힘입어서 대기업은 점차로 거대해졌다. 그 결과 필요한 생산수단은 모두 회사 내에서 자급자족하게 되고, 생산수단과 중간생산물의 시장은 존재하지 않게 된다. 당연히 그것들의 가격도 시장가격이 아닌 것으로 되고, 회사 내의 계산가격에 의해서 그 재화들의 효용성이 판정되게 된다. 사회주의경제에서는 모든 생산수단은 국유화되고 생산수단 시장은 존재하지 않게 되는데, 자본주의에서도 거대한 사기업이 각 산업을 독점해버리는 단계에서는 거의 비슷한 상태로 된다. 그것은 사회주의적 국유화의 일보 직전 단계며, 그

점에 관한 한 자본주의로부터 사회주의로의 이행에는 어떠한 큰 장애도 없다.[10]

이상은 영국에서의 자본주의의 성립과 발전에 관한 마르크스와 엥겔스의 유물론적 분석을 개략한 것이다. 이런 식의 분석이 어떤 나라, 어떤 시대에도 유효하다고 단정할 수 없다고 마르크스가 보았던 것에 관해서는 이미 설명했지만, 엥겔스 역시 다음과 같이 기술하고 있다.

"산업혁명은 영국에게는 정치상의 혁명이 부르주아에 대하여 가지는 의의, 철학상의 혁명이 독일에 대해 가지고 있는 의의와 같은 의의를 지니고 있다."[11]

다시 말해서 그는 여기서 영국에 대하여 유물사관의 유효성을 주장하는 동시에, 다른 한편으로 프랑스와 독일에 대해서는 역사에 관한 경제적 설명보다도 상부구조의 변화, 즉 정치 및 사상의 변화에 따라 설명하는 편이 유효하다고 주장하는 것이다.

앞부분에서 서술한 바와 같이 유물사관에 의하면 생산

---

10) 앞의 책, 『자본론』 1b, 995쪽. 이러한 거대기업 단계의 자본주의와 사회주의적 국유화에 대한 마르크스의 평가를 16장의 미제스 2의 그것과 비교해보라.

11) エンゲルス, 『勞動階級』(武田 譯), 40쪽.

력→생산관계→상부구조라는 경로를 거쳐서 역사가 전
개된다고 주장하고 있는데, 마르크스와 엥겔스가 이러한
정식화를 맹종하고 있지 않다는 것은 그들의 저작이 보
여준다. 지금 이러한 정식화에 따르는 역사적 고찰이 그
이외의 어떠한 역사분석보다도 나은 경우에만 이런 정
식화를 주장한다고 하는 입장을 '겸허한 유물사관'이라
고 부르며, 시공을 초월해서 유물사관이 옳다고 보는 입
장을 '판에 박힌stereo-type' 또는 '오만한 유물사관'이라 부
르기로 하자. 전자는 객관적 사실과의 대조·검토를 거쳐
옳고 그름을 판정하는 과학적 입장이며, 항상 다른 사관
과 경쟁 관계에 있음을 인정하는 입장이다. 경쟁에서 이
긴 경우에만 그것은 역사에 대한 1차적 접근이론이라는
지위에 오르며, 다른 사관은 기껏해야 2차적 접근의 경
우에 사용할 수 있는 이론에 지나지 않는다. 인류 역사상
있었던 모든 체제 변혁을 유물사관으로 설명하려고 하는
'오만함'이 마르크스와 엥겔스에게—『독일이데올로기』
『공산당선언』『그룬트리세』[12)]가 보여주는 것처럼—없었
던 것은 아니다. 하지만 그들이 주의를 기울여 쓴 『자본

12) 『독일이데올로기』와 『그룬트리세』는 마르크스와 엥겔스가 죽은 후에야 비로소 전
문이 출판된 초고(그들이 공개적인 출판에 동의했을지는 알 수 없다)이기 때문에 그것들을 가지
고서 '오만'의 증거로 삼는 것은 엄격히 말해서는 삼가야 할 일이다.

론』과 『노동계급』에서는 그들은 충분히 겸허했다고 하지 않을 수 없다.

마르크스주의에서 치명적이었던 일은 마르크스주의에 의한 혁명이라고 생각되었던 러시아혁명을 유물사관이 '겸허'하게 설명하지 않았다는 것이다. 당시 러시아는 마르크스주의 혁명의 3대 조건[13] 가운데 어느 것도 충족되어있지 않았으며, 이를 입증해주는 사실로서 러시아에는 대단히 비자본주의적인 구조(독재적 국가권력, 압도적으로 거대한 농민계급, 그리고 지식계급으로 구성된 비非마르크스적 구조)가 정착되어있었다. 마르크스와 엥겔스가 영국의 산업혁명을 설명했을 때의 그 전제조건이 러시아에서는 성숙해있지 않았다. 가장 안 좋았던 것은 소비에트 연방이 붕괴할 때도 그랬지만, 생산력의 현저한 변화가 전혀 생기지 않았는데도 체제가 바뀌었다는 것이다.

그러므로 『자본론』의 시각으로 러시아혁명을 바라보는 경직적인 태도는 완전히 잘못된 것이다. 사실 마르크스 자신은 "원시적 축적에 관한 장은 서유럽에서 자본주의적 경제 제도가 봉건적 경제 제도의 태胎 속에서 출산

---

13) 1. 자본주의가 고도로 발전해있을 것. 2. 강력한 자본가계급이 존재할 것. 3. 산업 프롤레타리아가 대량으로 존재할 것.

해 나온 경로를 보여주려고 한 데 지나지 않는다"[14]고 생각했었다. 하지만 그가 또 다른 한편으로, 러시아는 서구적 조건을 결여하고 있어도 러시아 공동체로부터 직접 사회주의로 이행하는 특별한 길이 있을 수 있다고 생각한 것도 사실이다.

이와는 달리 엥겔스는 마르크스가 죽은 후에 러시아에서 자본주의의 발전이 있어야 할 필요를 인정하여 공동체로부터의 직접 이행을 공상적이라고 하면서 자본주의를 경유하는 정당한 코스를 밟아야 한다고 주장했다.[15] 아무튼 이들의 '러시아'론은 그들이 겸허하고 과학적이었으며, 경직된 사고를 하지는 않았음을 보여준다.

---

14) 이 말은 「《祖國雜記》 편집부에게 보내는 편지」로부터의 인용으로 다나카 마사하루田中眞晴의 『러시아경제사상사』, 미네르바 서방, 13쪽, 1967에서 지적되었다.
15) 田中, 앞의 책, 9~18쪽 참고.

9장

베버 1

합리적 행동의 사회학

1

보통 백과사전에 의하면 막스 베버(Max Weber, 1864~ 1920)는 사회학자, 경제학자, 역사가, 철학자라고 되어있다. 하지만 그는 이들 영역의 학문에 흥미를 느껴 아무것에나 손을 대었던 것은 결코 아니다. 그에게 있어서 이들 영역은 따로따로 존재했던 게 아니라 훌륭한 통일성을 유지했던 것이다. 그는 경제학과 사회학을 주요 요소로 하는 장대한 사회과학 체계를 구상했으며, 역사적 연구를 그러한 과학적 인식에 도달하기 위한 수단과 재료로 삼았다. 그리고 철학과 방법론을 통해서 이렇게 얻어진 인식이 분산되지 않고 통일을 유지하도록 하기 위한 구조를 만들었다.

나는 여기서 이 점을 설명하겠지만, 이러한 학문의 구

상은 그의 인생 초기 단계에 확실하게 설정된 것이 아니
며, 또한 그 목적을 실현하기 위해서 그가 한평생을 부지
런히 노력한 것도 아니다. 그의 사회학에서 중심 주제가
되는 것은 인간의 합리적인 행동인데, 그 자신의 일생은
결코 학문이라는 목적에 맞게 합리적인 것으로 설계되지
않았다. 이 점은 그 자신이 자기를 군인 타입이라고 생각
했었다는 것과 정치가가 되려는 희망을 항상 하고 있었
다는 것 —그의 부친은 정치가다— 또 그가 "나는 본래적
의미의 학자가 아니다"라고 말했었다는 것을 보아도 명
백하게 알 수가 있다.[16]

　인생이란 것은 장래의 가능성을 모두 내다보고, 그 가
운데서 최선을 선택하는 식으로 합리적으로 설계되는 것
이 아니다. 어느 정도의 전망을 세워서 결단하고 그것에
기초하여 행동이 이루어진 결과를 기정사실로 하고 그다
음의 전망을 세워 새로운 결단을 하는 형식으로 인생은
시행착오적으로 전개된다. 따라서 누구를 보든지 간에
쓸데없는 일을 하던 시기가 있는 법이다. 학자도 마찬가
지다. 따라서 과거의 업적을 어떻게 하면 하나로 잘 정리

---

16) 마리안네 베버, 『막스베버』 I, 大久保和郎 譯, 미스즈 書房, 1963년, 132쪽 이하. 이
장과 다음 장에서의 베버의 생애에 관한 서술을 특별히 밝히지 않은 경우에도 거의 모
두 마리안네가 쓴 전기에 따른 것이다.

할 수 있는가 하는 문제가 어느 학자에게나 생겨난다. 특히 베버같이 격정적인 사람의 경우에는 시행착오 편차가 크고 따라서 체계화는 대단히 어렵다.[17] 그러나 그는, 제3자가 볼 때는 어떠한 부자연스러움도 느끼지 못할 정도로, 자기 일생의 작업을 훌륭하게 하나로 정리해내었다.

그의 작업은 경제사에서부터 시작되었다. 역사는 초등학교, 중학교 시절 이후 그가 좋아하던 과목이었고, 그때부터 이미 성인이 하는 연구를 했었다. 그가 25세 되던 해에 쓴 학위논문은 중세의 상업 사회에 관한 역사적 연구다. 곧이어 그는 동독 지방의 농업노동자에 관한 조사를 위촉받았다. 당시 폴란드인들은 저임금을 무기로 하여 동독 지방에 진출해오고 있어서 농민 문제는 커다란 정치문제였다. 그는 이 연구를 통하여 실태조사의 방법을 배움과 동시에 농업사, 농업경제학, 농업정책에 관하여 전문가가 되었다. 하지만 이 단계에서는 베버는 역사학파의 유능한 일원에 불과했었다고 해야 할 것이다.

---

17) 베버보다 훨씬 더 냉정하고 격정을 폭발시키지 않는 사람이었던 힉스의 경우에도 초기의 작업과 말기의 작업은 서로 이질적이었다. 그래서 그 역시 말년에는 베버처럼 평생의 작업을 체계화하는 데 많은 시간을 보냈다.

2

　1897년 막스 베버는 갑자기 정신병을 앓았다. 그것은 돌연히 찾아온 것이지만 결코 청천벽력 같은 일은 아니었다. 당시에는 정신의학이 아직 발달해있지 않았고 그의 외할아버지(G. F. 파렌슈타인)의 가계에서는 누구나 정신장애의 소지가 있었고, 정신질환은 유전되는 것이라고 여겨졌기 때문에 막스도 그렇게 될 위험이 있다고 여겨졌다. 막스의 사촌 동생 하나는 정신병을 앓다가 자살했고, 또 사촌 형 한 명은 파렌슈타인의 전 부인과의 사이에서 태어난 자식의 딸(막스의 외사촌 누이)과 결혼했는데, 그녀 또한 신경장애를 앓았다.

　그뿐 아니라 막스가 한때 결혼 상대로 생각했던 사촌 누이는 신경장애를 앓고 있어서 그녀의 청춘은 우울하고 허탈한 상태에 빠진 답답한 것이었다. 막스는 결국 그 때문에 그녀와의 결혼을 단념했지만, 그 대신 결혼한 마리안네도 정신질환과 무관하지 않았다. 그녀는 당고모의 딸이었는데, 그녀의 아버지는 심한 추적망상에 시달렸다. 어머니 사망 후에 마리안네는 친할머니댁에서 자라났는데, 친할머니 가문에는 중증인 정신착란을 앓고 있는 두 명의 숙부가 있었다. 이러한 슬픈 과거를 가진 두 사람이 신혼살림을 하이델베르크에서 차렸다. 막스의 병은 다음과 같은 경위로 생겨났다. 신혼 5년째 되던 해에 양친이 베를린에서 와서 이들의 집[18]에 묵고 있었다. 막스 부부는 남녀평등주의자feminist로 두 사람은 대등하게 행동을 했지만, 아버지는 가장의식家長意識이 대단히 강한 사람이었기 때문에 어머니는 자기를 억누르고 아버지에게 순종함으로써 부부간의 화합을 도모했었다. 그렇게 해서 그들은 적어도 표면상의 평온을 유지했었는데, 아들인 막스는 그것을 비난했었다. 결국에는 몹시 흥분하여 아버지에게 대들었다. 아버지는 괴로워하고 어머니는 가슴 아파하면서 베를린으로 돌아갔는데, 이 사건 때문에 부모 사이의 관계는 악화되었다. 그때까지는 어머니가 양보함으로써 문제를 해결해왔는데, 그 후로는 어머니도 자식이 말한 것처럼 '숙이고 들어가는 것은 잘못된 것'이라고 생각하게 되었다. 부모의 관계는 최악의

18) 이 집은 지금은 하이델베르크대학의 '막스 베버 하우스'가 되었는데, 그것은 본래 막스의 외할아버지인 파렌슈타인이 지은 것이다. 그 집은 네카강을 끼고 고성과 마주 본 하이델베르크의 가장 좋은 터에 세워진 집으로서 웅장하고 모양낸 데가 없는데도 아름다운 건물이다. 게다가 대학과는 가까운 곳에 있다. 따라서 막스의 집이 학자들의 살롱이 된 것은 당연한 일이며, 이러한 자산적 배경이 오랜 기간에 걸친 막스의 요양 생활과 휴직 생활을 지탱해주었던 것이다. 발라는 가난했기 때문에 사상을 과학으로부터 분리하지 않을 수 없었는데, 베버는 자기 재산이 있었기 때문에 과학으로부터 벗어나서 사상을 자유분방하게 전개할 수 있었다.

상태가 되고, 아버지는 친구와 함께 여행을 떠났는데, 여행 도중에 사망했다. 자살은 아니었지만, 아버지가 여행을 떠난 원인이 아들 막스의 격분에 있었다는 것은 명백하다. 이 일로 인한 죄의식이 막스에게 얼마만큼이나 있었는지는 확실하지 않지만 적어도 그 당시에는 '잘못했다'라고 하는 뚜렷한 사죄 표명은 없었던 것 같다. 그러니만큼 그는 마음속으로 한층 괴로워했을 것이다. 정신적인 고뇌가 반년 후에 정신장애를 일으켰다고 보는 것은 충분히 납득이 간다.

병세는 오래가서 그해에는 강의를 쉬었고, 이듬해에는 대학에 사표를 제출했다. 결국 요양에는 여행이 으뜸이라고 해서 막스는 병중에 6년 동안 스위스, 코르시카, 로마, 남이탈리아, 피렌체, 네덜란드, 벨기에 등지를 여행했다. 제일 긴 기간을 잡았고 또한 몇 번씩이나 방문하여 체류한 곳은 로마다. 병세가 회복되자마자 그의 최대 걸작이라고도 할 만한 『프로테스탄티즘의 윤리와 자본주의의 정신』(이하 『윤리』로 약칭)의 집필 작업에 착수한다.

이러한 경위는 다음과 같은 점을 시사한다고 하겠다. 『정치가의 조건』(岩波新書, 1991)에서 나는 괴테가 이탈리아를 여행하던 때 (그것은 베버보다 약 120년 전의 일이다) 이탈리아인의 생활 태도는 독일인의 그것과 대단히 다르다는 것을 발견하고 그것을 종교의 차이(프로테스탄트[신교도]와 가톨릭의 차이)로 설명하려 했던 것을 지적했는데, 베버 또한 이탈리아에서 비슷한 사실을 발견하고 남유럽 경제와 북유럽 경제와의 차이를 종교의 차이에 의한 에토스(민족 기질)의 차이로 설명하려고 한 것은 아닐까? 이렇게 본다면 『윤리』는 결코 역사서가 아니며, 그 논리의 무게중심이 관찰된 사실의 이론적 처리에 있다는 것을 알 수 있다.

사실, 베버는 그 당시에 사회과학 방법론을 만드는 작업을 병행하고 있었는데,『윤리』의 논리는 뒤에 가서 다시 보겠지만, 그의 방법론과 완전히 일치하고 있다. 더욱이 『윤리』는 아버지에 대한 사죄의 뜻을 담은 책이면서 동시에 베버의 집안에서 대립하는 두 가지 정신(속물인 아버지와 종교적인 어머니의 정신)의 융합을 기원하는 책이란 측면도 가지고 있다. 그것은 사회과학적인 외양을 갖추고 있지만, 자기 영혼의 고뇌를 고백한 책이며, 그의 철학, 인생관을 보여주는 것이다.

그것은 이러한 의미다. 막스는 격렬하게 서로 싸우는 두 조류의 틈바구니에서 태어났다. 막스의 아버지[19]는 정

---

19) 그 또한 막스라는 이름을 가졌다.

치가였지만 그의 할아버지 대까지는 대대로 이어온 명문 아마포 업자였다. 할아버지는 막스의 기억 속에 선량하고 인품이 훌륭한 노신사로 살아있고, 할머니는 신교도로서 도덕적으로 엄격한 생활방식을 갖고 있었다. 외할아버지 피렌슈타인은 군청 공무원 등을 지내다가 마지막에는 베를린에서 재정부에서 근무했다. 또 피렌슈타인의 할아버지는 고등학교 교감이고, 그의 아버지는 사범학교 교장을 했기 때문에 지적인 가문이라고 할 수 있으며, 그 자신은 문필가이자 시인이었다. 그의 아내(막스의 외할머니)는 프랑크푸르트, 맨체스터, 런던의 넓은 시장을 무대로 장사를 하던 부유한 집안에서 태어났는데, 그녀는 대단히 신앙심이 두터운 사람이었다. 외할아버지는 청렴하고 정직한 사람이었지만 격정적이고 애증의 감정이 과격한, 극단으로 치닫는 양자택일의 사람이었다. 그는 아들에게 보낸 편지에서 "평생토록 하느님을 경배하고, 항상 독일인의 명예를 생각하라"고 교훈을 주었다. 그리고

"정직하고 자기의 양심에 충실하고 근면하고 정직할 뿐만 아니라 또한 도덕적으로 순결하지 않으면 안 된다", "가족에게는 친절하게, 우의는 두텁게, 하느님과 이

웃을 사랑하라", "항상 어머니의 일을 생각하고 부인을 존경하라", "아무리 큰 이익도 성실하고 정직하다고 하는 명예 이상의 가치를 갖지는 않는다."

그리고 이러한 교훈 뒤에 그는 다음과 같이 기술했다.

"너는 피렌슈타인 집안의 일원이다. 너에게는 훌륭한 이름이 주어졌으니 그 이름을 더럽히는 일이 없도록 주의하거라. 너로 인해서 그 이름이 존경받도록, 그리고 사람들이 결코 그 이름을 저주하거나 욕하는 일이 없도록 하느님께 기도한다. 아비의 소원을 저버리지 않도록 노력하면서 살아라. 그리고 그렇게 할 수 없다면 죽어버려라."

그는 아들에게 도덕적 요구를 부과하고, 그것을 엄격하게 완수하든지 그렇지 못하겠으면 죽든지 양자택일할 수밖에 없다고 자식에게 가르쳤다.
마리안네에 의하면 막스는 이런 피렌슈타인의 성격을 농후하게 계승하고 있었다. 준엄하고, 격정적이고, 무슨 일을 하든지 지나치게 되기 쉽고, 중용을 유지하는 원만

함과는 거리가 먼, 순수하지만 폭발의 위험이 항상 있는 사람이었다. 막스는 윤리적으로 결백하고, 이익을 계산하여 타협하는 것을 치사하게 여겼다. 그뿐 아니라 남에 대해서도 자기에 대한 것과 마찬가지로 엄격한, 보통 사람에게는 지나치다고 할 만한 윤리적 요구를 부과했다. 당연히 애증의 감정은 과격하고 처세의 기본방침은 사생결단적—고결한 인생의 길을 계속 걷거나 그렇지 않으면 명예로운 죽음을 택한다고 할 정도로 극단적인 방침—이었다.

당연한 일이지만 막스에게는 자기와 같은 사고방식으로 속세에서 잘 살아나갈 수 있을 것인지는 큰 문제였다. 그에게 속세란, 친할아버지와 외할머니 집안이 종사했던 실업계와 아버지가 몸담고 있고 자신도 그렇게 되고 싶어 했던 정치가의 세계, 외증조할아버지가 몸담고 있었고, 그 자신 역시 관계하고 있었던 학계, 교육계였다. 그는 결국 이들 모두를 논의의 소재로 삼았는데,[20] 『윤리』에서는 우선 실업계가 고찰되었다. 자신이 어머니와 외할아버지로부터 물려받은 뜨거운 종교성이 속세에 적합

---

20) 분량은 다르지만, 그의 『윤리』는 『직업으로서의 정치』 『직업으로서의 학문』과 함께 '직업'에 관한 3부작을 이룬다.

한 것이겠는가를 연구한 것이다. 이와 동시에 그는 실업가의 혈통을 이어받은 아버지와 종교적으로 순수한 어머니가 잘 어울린다는 것을 확인하려 했다고도 볼 수 있다. 『윤리』는 막스가 학자로서 정성을 다하여 만든, 아버지를 위한 진혼가라고 볼 수는 없을까? 또 그렇게 본다면 『윤리』가 학문적인 작업으로서는 대단히 낭만적이라는 것도 납득할 수 있다.

3

하지만 『윤리』는 표면상으로는 어디까지나 역사분석 작업이다. 역사분석과 역사기술은 다른데, 베버는 『윤리』에서 역사분석을 예시함으로써 역사학을 단순한 역사기술 이상의 사회과학의 하나로 승격시키려는 시도를 했던 것이다. 과거에 일어난 일을 정확하게 재현하는 것이 역사기술이라면 역사기술로부터는 깊은 이해도 일반성을 띤 지식도 얻을 수 없다. 단지 과거에 일어난 그 일만이 잘 이해될 뿐이며, 그러한 이해는 그 밖의 역사적 사건에 대한 이해에는 아무 도움도 주지 못한다. 역사기술이 쓸모 있는 것이 되게 하려면, 여러 사건의 공통성이 무엇인지를 밝혀야만 되며 이를 위해서는 중요하지 않은 세부사항은 무시해버린다는 추상화가 필요하다. 이렇게 해서 많은 구체적 사건을 설명하는 데 사용할 추상적 개념이 고안되는데, 후자는 아무렇게나 만들어진 것이 아니라 전자로부터 추출한 진액이며, 그래서 '이상형理想型'이라고 부른다.

『윤리』에서는 신교新敎도, 자본주의 정신도 모두 이상형이다. 그렇다면 다음으로는 이들 이상형 간에는 어떠한 관계가 있는가 하는 문제가 생긴다. 신교는 자본주의에 적합한가 아니면 그것을 억지하는가 하는 것이 판정되어야 하는데, 그러한 논의는 역사분석의 분야에 속한다. 이렇게 본다면 『윤리』의 방법론은 역사학의 방법론이라기보다는 경제학의 방법론과 비슷해진다. 경제학에서는 가계도, 기업도 이상형인데, 그것들 간의 연관관계를 밝히는 경제분석의 방법과 『윤리』에서의 역사분석의 방법은 아주 흡사하다.

하지만 베버는 개신교라는 정신을 불변의 것으로 보았고 자본주의도 일정한 형을 가진 것으로 보았다. 따라서 양자 사이에 적합한 관계가 있는가 하는 데 대한 그의 분석은 정학적靜學的이다. 현실 세계에서는 정신도, 체제도 유동적으로서 그 형태가 항상 변화하기 때문에, 현실의 분석은 체제가 유동적인 정신에 대응하여 어떤 식으로 적합하게 변화하는가를 분석하는 것—동학적 분석—이 아니면 안 된다. 베버 사후에 편집·출판된 그의 최종 강의 『일반 사회경제사요론』[21]의 마지막 쪽에 "이런 '18세기 말엽부터 19세기 초까지의' 경제윤리는 금욕적 이상의 지반 위에서 발생한 것이기는 하지만, 오늘날 이 '금욕적 이상'이라는 종교적 의미는 탈색된 것이다"라고 기술하고 있는데, 이것은 사람들의 금욕적 정신의 변질에 직면하여 금욕적 정신과 자본주의의 적합 관계도 변질할 것이라고 하는 그의 동학적 사고를 예견하는 것이었다. 만일 그런 식의 분석이 완성되었더라면 그것은 후술하게 될 슘페터의 자본주의 몰락론과 파레토의 계급 순환론과 비교할 수 있는 동학 이론이 되었을 것이다.

어쨌든 이와 같은 역사의 이론화에 대하여 역사가들은 반감을 표시했다. 추상화가 지나가면 '역사이론'은 역사에 대해서 아무것도 가르쳐주는 바가 없게 되기 때문이다. 그러므로 역사분석을 위한 추상화는 역사기술을 소재로 하고 귀납법적인 절차로 추출한 이상형을 기초

---

21) 베버, 『일반사회경제사요론』 하권, 黑正嚴, 靑山秀夫 譯, 이와나미서점, 1955년.

로 한 역사에 관한 분석이어야만 한다. 이리하여 베버는 『윤리』에서 역사가로부터 역사이론가로 전향했음에도 불구하고 역사연구를 내팽개치지는 않았으며, 오히려 그 것을 역사이론의 필요불가결한 소재 제공자이면서 동시에 그 대상으로서 중요시했다.

역사이론은 마르크스의 유물사관이라는 선례가 있기는 했지만 새로운 학문이었다. 베버는 그것을 철학으로서가 아니라 과학으로서 확립하려 했었기 때문에 이러한 시도가 과연 가능한 것인지 여부가 먼저 문제시되어야 했다. 다시 말해서 역사이론의 방법론을 확립할 필요가 있었다. 당연한 일이지만 이러한 방법론은 경제학 및 사회과학 일반의 방법론이기도 했다. 그가 정신장애에서 회복된 1903년 후반부터 1909년에 이르기까지 5년 반 동안은 한편으로는 역사와 농업 문제 연구를 계속하면서 동시에[22] 다른 한편으로는 역사이론인 『윤리』를 완성(1905년)하고 역사학파의 경제학을 비판적으로 발전시킴과 동시에 사회과학 방법론에 관하여 숙고를 한[23] 기간이다.

---

22) 「프로이센의 세습재산문제」 「고대 게르만인의 사회제도」 「고대농업사정」
23) 「로셔와 크니스, 그리고 역사학파 경제학의 논리적 제문제」 「사회과학 및 사회정책적 인식의 객관성」 「문화과학의 논리 분야에서의 비판적 연구」 「루돌프 슈타믈러의 유물사관의 극복」 「한계효용이론과 심리·물리적 근본 법칙」 등.

그것만이 아니다. 1905년에 러시아에서 혁명이 일어나면서 그는 러시아어를 공부하고 그 이듬해에는 '러시아어에서의 부르주아 민주주의'에 관한 연구를 발표하는 이외에도 역사학파의 대가였던 슈몰러를 비롯하여 많은 학자와 다양한 문제를 놓고 논쟁을 벌였다. 조울증 환자는 병에서 회복된 시기나 조기躁氣에는 보통 사람에게는 불가능할 정도의 초인적인 활약을 한다고 하는데, 베버에게 있어서 이 기간은 정말로 그러한 기간이었다. 그는 어느새 역사연구의 귀재가 아니라 사회과학의 거인으로서 학계를 주름잡기 시작했다.

하지만 얼마 안 있어서 두 번째 돌아오는 신경장애가 시작되었다. 병 치료를 위해서 1910년 봄에는 이탈리아, 여름에는 영국, 1911년 봄에는 이탈리아, 여름에는 뮌헨과 파리, 1912년 봄은 프로방스, 여름은 뮌헨, 1913년에는 봄여름에 걸쳐 이탈리아를 여행해야만 했다. 그 기간에 방법론 연구에서의 성과인 「이해사회학의 카테고리」를 발표한 것 말고는 그는 거의 아무 일도 하지 않았다.

10장

베버 2

윤리와 경제

1

19세기는 과학의 시대였기 때문에, 베버 또한 발라와 마찬가지로 무엇이든지 과학적으로 생각하려고 했다. 베버는 『유교와 도교』에서 과학을 다음과 같이 규정하고 있다.

"수학을 사용하는 서구의 자연과학은 고대 그리스철학
으로부터 발전한 합리적 사고법과 르네상스에서 비롯
된, 기술적으로 실험을 한다고 하는 사고방식 이 두 가
지를 조합시킴으로써 성립한 것이다."

아인슈타인도 사적인 편지 속에서 이와 완전히 똑같은

말을 쓰고 있다.[24] 하지만 사회과학의 경우에 실험은 불가능하기에 합리적 사고와 실험이 사회과학의 기둥이 되는 것은 아니다. 노이만은 경험의 원천을 실험이 아닌 현실의 관찰에서 찾는다.[25] 현실에 대한 관찰이 불충분하면 수학적 사변만이 자체 번식하여 결국 그 학문은 퇴화해버린다고 노이만은 생각한다. 베버의 사회과학 방법론은 이러한 노이만의 정신과 합쳐지는 형태로 전개되고 있다.[26] 베버 자신은 역사연구와 실태조사를 정력적으로 행하고 그러한 관찰을 기초로 하여 이론을 구축했는데, 그의 시대에 계량경제학이 있었더라면, 숫자 처리의 학문이 아닌 현실 관찰 처리의 학문으로서의 계량경제학을 그는 틀림없이 환영했었을 것이다. 그런데 또 하나의 이론적 기둥—합리적 사고법—은 베버의 경우에 어떤 식으로 만들어졌던 것일까? 그의 사회학은 이해사회학이라고 불리는데, 동시에 그의 사회학은 경제학도 포함하는 방대한 것이기 때문에, '이해사회과학'이라고 부르는 것이 적당할 것이다. 그런데 이러한 학문은 '동기에 기초를

---

24) 나는 이것을 S. G Redding, *The Spirit of Chinese Capitalism*, Walter de Gruyter, 1990. p. 75에서 알았다.

25) J. 폰노이만, O. 모르겐슈테른, 『게임이론과 경제활동』제1장 2절 참조.

26) 노이만은 대수학자인데, 그만큼 20세기의 과학(양자물리학과 수리경제학)을 잘 알고 있었던 사람도 없을 것이다. 그는 경제학자의 현실 관찰이 대단히 빈곤함을 한탄했었다.

두고 행동하는 인간의 사회적 행동'을 이해적理解的으로 (이해가 가도록) 해명하는 것을 주된 목적으로 하지만, 특별히 명백한 동기가 없고 따라서 '이해'의 대상이 되지 않는 병적이고 충동적인 행위와 관습과 전통에 기초를 둔 행위를 결코 무시하는 것은 아니다. 이해의 주된 대상이 되는 것은 어떤 목적을 의식하고 그것의 실현을 목표로 하여 행동하는 '목적합리적 행동'과 어떤 가치에 대한 신앙(예를 들면, 기독교 신앙)의 결과 그렇게 행동하지 않을 수 없다고 하는 '가치합리적 행동'의 두 가지다. 베버는 주로 이들 두 종류의 행동을 관찰하고 행동의 동기와 관계시켜서 행동을 이해하려고 했는데, 행동은 합리적이기 때문에 그의 사회과학은 합리성의 사회과학이라고 할 수 있다. 이런 점에서 탈脫합리성의 사회학을 구상한 파레토와는 큰 대조가 된다.

그런데 사회과학에는 자본가, 기업, 봉건제, 관료제, 제국주의, 자유주의 등의 많은 개념이 나오지만, 이들 개념은 명확하게 규정되지 않는 한, 분석 도구로서의 구실을 하지 못한다. 하지만 다른 한편으로 개념 규정을 함과 동시에 원래의 그 개념에 얽혀있던, 뉘앙스가 각기 다른 인상은 사라져버린다.

예를 들어서 현실 속의 자본가는 경제학에서 이야기하는 자본가와는 상당히 다른 행동을 할지도 모른다. '자본가'는 현실 속의 여러 자본가를 참조하여 자본가의 진수(엑기스)를 추출하고 그것을 응결시켜서 만들어낸 모델에 지나지 않는다. 베버는 이러한 모형을 이상형理想型이라고 불렀는데, 사회과학의 제반 개념들은 모두 어느 정도씩은 이상형이다. 따라서 사회과학의 대상이 되는 세계는 이상형적인 구조를 가진 사회 속에서 다양한 유형의 인간이 저마다 모델적인 가치관을 가지고 합리적—가치합리적 및 목적합리적—으로 행동하고 있는 세계다. 이러한 세계는 '기하학적'으로 분석할 수 있다. 왜냐하면 각각의 유형에 속하는 인간에게는 저마다의 목적과 가치관이 지정되고 이 인간들은 자기의 가치관에 합리적으로 적합한 형태로 자기의 목적을 실현하려고 행동한다고 가정하기 때문인데, 그러한 경우에는 이들 인간의 행동은 공리적公理的으로 처리할 수 있다. 마치 기하학이 공리로부터 도형적인 정리를 이끌어내는 것처럼 인간의 행동에 관한 공리로부터 사회 정리를 도출하는 것이다.

현대의 경제이론은 베버의 이러한 설계대로 만들어지고 있다고 해도 과언이 아니다. 공리적인 이론이라고 하면 선진 과학의 극치인 것처럼 생각되겠지만, 형이상학과 신학일지라도 엄밀하게 공리적으로 전개될 수 있다는 것은 스피노자의 『윤리학ethica』이 보여주고 있는 그대로다.[27] 그는 "일체의 존재하는 것은 그 스스로 존재하든지 그렇지 않으면 다른 것에 의지하여 존재하든지 한다"라고 하는 공리를 비롯하여 일곱 개의 공리를 설정하고 "신은 필연적으로 존재한다"라는 것을 증명했는데, 이 증명은 유명한 애로, 드브뢰의 경제 균형의 존재에 대한 증명[28]과 완전히 일치한다. 과학은 논리적으로 모순이 없을 뿐 아니라 현실적 설명력을 가지고 있지 않으면 안 된다는 사상이 이러한 공리적 접근방식에는 결여되어있다.

사회 또는 경제에 관한 이러한 기하학을 어느 정도 적절한 현실의 설명원리로까지 발전시키기 위해서는 설명을 위한 기본개념을 좀 더 현실적으로 만들 필요가 있다. 그것은 여전히 이상형 개념인 한에 있어서 현실 그 자체가 아니라 현실로부터 유리되어있지만, 지금까지의 이상형이 어느 한 면만을 이상화한 개념이라면 다른 측면도 고려해서 두 측면에 대한 이상화를 수반하는 개념을 구

---

27) B. 데 스피노자, 『에티카』(윤리학), 畠中尚志 譯, 岩波文庫.
28) 예를 들어서 드브뢰, 『가치이론』, 1959년 참조. 신의 존재마저 증명할 수 있는 마당에 균형 해를 증명한다는 것이 과연 얼마나 의미가 있을까?

성하여 앞의 단순한 이상형 개념으로는 처리할 수 없었던 현상을 새로운 이상형 개념을 사용하여 분석하는 것이다. 예를 들면, 이상형으로서의 '영리'를 '합리적(탐욕적) 영리'와 그 이외의 영리로 나누어, '합리적 영리'는 어떠한 사태를 불러일으키는지를 분석하면, 비합리적 영리를 포함한 단지 영리만으로 움직이는 경제와는 다른 경제—베버의 자본주의—의 실태가 밝혀지게 될 것이다. 이러한 과정—이것을 제2차적 접근이라고 한다—을 몇 번이고 반복함으로써 기하학적 이론으로 하여금 현실분석의 도구로서 역할을 감당하도록 복잡화하는 것은 가능하기도 하고 필요하기도 한 일이다.

2

이러한 의도로 쓰인 『윤리』에 대하여 나는 경제학자로서 다음의 세 가지 점에서 흥미를 갖고 있다. 첫째로 현대경제학의 주요 문제의 하나로서 '인적 자본'의 문제가 있는데, 그것은 인간에게 기술을 습득시킨다는 문제를 취급한다. 하지만 그 이론에서는 전수할 사람이 반드시 인간일 것을 요구하지 않는다. 양치기 개의 경우에도 양을 모는 기술이 뛰어난 개는 고가에 팔리기 때문에, 인적 자본의 이론은 그 형태 그대로 견적犬的 자본의 이론으로서 통용된다. 사람이 사람 된 까닭은 정신에 있는데, 인적 자본의 이론은 혼魂의 문제를 전혀 고려하지 않는 것이다.

이렇게 본다면 『윤리』는 혼魂의 경제적 역할을 논한 연구—나는 그러한 연구를 경제기질론economic ethology이라고 부르고 있다—로서 대단히 흥미가 있다. 베버는 프로테스탄티즘新教의 윤리가 자본가에게 미치는 영향을 주로 논했는데, 노동자 중에서도 프로테스탄트(신교도)가 있으므로 그러한 노동자와 불교도 또는 유교도인 노동자 가운데 어느 쪽이 일을 잘하고 어느 쪽이 과격한 노동운동을 행하는가 하는 것 역시 경제 기질론ethology의 문제가 된다. 이와 동시에 인간에 대하여 탐욕 또는 영리 욕구만을 가정하고 그러한 인간의 기술적 고급화를 논하는, 이른바 시카고학파의 인적 자본론은 천민賤民 인적 자본론the pariah theory of human capital이라 할 수 있다.

둘째로 베버는 개신교는 자본주의에 적합하지만, 가톨릭은 적합하지 않다고 했다. 하지만 이들 양자는 성서를 공유하며, 그들은 결코 서로 다르지 않다. 단지 성경의 해석이 달랐을 뿐이다. 베버는 이 동일 종교 내부의 교리

해석상의 차이라는, 어떻게 보면 사소한 차이가 한쪽은 자본주의에 적합하고 다른 한쪽은 부적합하다는 커다란 세속적 차이를 가져온다고 하는 불안정성(칼날 위의[knife edge的] 불안정성)의 문제를 『윤리』에서 고찰하고 있다.

그는 1915년 이후 『윤리』와 똑같은 고찰을 다른 종교 (유교, 도교, 힌두교, 불교, 고대 유대교)에 대해서도 시도했다. 그러나 그 종교들에 대해서는 그것들이 자본주의에 적합하지 않다고 하는 결론을 얻었을 뿐, 그들 종교의 교리해석을 조금 달리하면 어떠한 세속윤리(노동윤리)상의 변화가 생길까 하는 문제는 고찰하지 않고 끝냈다. 힌두교와 고대 유대교는 현세 부정적이기 때문에 경제를 움직여가는 정신적 동인이 아니며, 현세의 문제에 대한 합리적 관심을 가지는 종교—신교新教와 유교儒教—만이 경제윤리를 제공할 가능성이 있다고 하는 것이 그의 결론이었다.

또한 그는 신교의 합리성은 현세를 합리적으로 변혁한다고 하는 적극적인 합리성인 데 반해서, 유교의 합리성은 현세에 합리적으로 적응한다고 하는 소극적인 합리성이라고 보았기 때문에 유교 사회에서는 근대자본주의가 적극적으로 융성하게 되는 일은 있을 수 없다고 결론지었다. 하지만 일본식의 유교 교리해석의 영향 아래 자본주의가 융성했듯이 유교라는 '소극적인 의미에서의 합리적 정신' 속에서도 자본주의가 융성하는 일은 있을 수 있다. 만약 이렇게 본다면, 교리의 해석이 조금 달라지면 세속윤리가 어떻게 영향을 받는가 하는 '불안정성 정리'의 검토는 기독교의 경우와 마찬가지로 유교에 대해서도 이루어질 수가 있다.[29)]

베버는 자유주의자였지만 도덕적으로는 엄격한 신교도였다. 동시에 그는 애국자이며, 남녀평등론자(페미니스트)이기도 했다. 금방 알 수 있듯이 이러한 주의主義들의 조합은 모순을 안고 있으며, 거기서부터 동적動的인 발전이 생겨난다. 그것은 '성性의 공산주의' 또는 '성性의 자유주의'에 어떻게 대처하는가 하는 문제로 나타났다. 그는 물론 처음에는 이것들을 부정했지만, 결국에는 "그 사람의 진실된 노력에도 불구하고 일부일처의 도덕성을 지키지 못한 경우에, 그 사람을 부도덕한 자로 배척하는 따위의 일은 하지 않는다"라는 입장을 인정했다. 그렇다면 '신교新敎→자본주의資本主義→자유주의自由主義'라는 베버의 연쇄는 '자유주의→어느 정도의 성性의 공산주의→

---

29) 나의 *Why has Japan "Succeeded"?*, Cambridge University Press, 1982(『왜 일본은 성공하였는가?』, TBS 브리태니커)는 이러한 의도로 쓰였다.

한층 더 관대한 신교'라는 식으로 발전하여 신교의 변질을 가져온다.

이러한 변질의 연쇄가 여러 번 반복되면, 신교도는 초기의 정신을 상실하고 데카당스(퇴락)의 시대로 접어들어, 완전히 썩어버리고 말 것이다. 『윤리』의 다음 편으로 해야 할 일은 신교 이외의 종교들에 대한 분석이 아니라 신교가 변질해가는 동학적 과정의 분석이어야 했다. 앞장에서도 서술한 것처럼 베버는 동학 분석을 예고했지만, 세계대전이 예정을 빗나가게 했던지 그 자신은 그 일을 해내지 못했다.

3

베버는 군인 체질이라고 스스로 인정한 데다가 정치가가 되기를 희망했었다. 그는 또한 애국자였다. 정부의 명령에 순순히 따른다는 의미에서가 아니라, 독일 민족국가의 영광을 가치서열의 최고 자리에 두고, 그 영광을 실현·유지하기 위해서는 한몸을 바쳐도 여한이 없다고 하는 의미에서의 애국자였다. 따라서 세계대전이 시작되자 곧바로 종군을 자원했다. 그때까지 장교훈련을 몇 번씩이나 받아서 예비역 육군 대위의 지위에 있었지만, 쉰 살이나 된 데다가 말을 타지 못했기 때문에 전선 근무에 부적격하다는 판정을 받아서 육군병원에 근무하게 되었다. 병원을 확충시키고 또 많은 병원을 신설하는 것이 그의 임무였다.

그는 크게 활약했지만, 결국에는 쓸모없는 퇴물이 되고 말았다. 젊은 현역 장교가 그보다 앞서 승진하여 상관이 되어서, 행동의 입지가 없어졌기 때문이다. 그는 사표를 제출하고 앞에서 말한『유교와 도교』및 그 밖의 종교사회학 연구에 몰두했다. 그와 동시에 대전 전부터 쓰기 시작했던 대저『경제와 사회』의 집필을 서둘렀다. 베버는 강화조약 조인 후 1년이 채 못 되어 사망했기 때문에 그의 주저인『경제와 사회』와『종교사회학 논문집』세 권은 모두 그의 일생에서 최후의 몇 년간 그것도 대부분이 전쟁 중에 이룬 업적이다. [30] 이것들은 앞에서 서술한 이해 사회과학의 방법론을 기초로 쓰였다. 특히 후자는 단순한 종교사회학적 연구가 아니라 마르크스의 유물사관을 보완하고 근대사회의 움직임에 대한 베버식의 전망 bird's eye view을 제시한 책이었다. 육군에서 퇴역하자마

---

30) 이 책들은 모두 그의 사후에 출판되었다.

자 그는 정치적인 문필활동을 시작했다. 영국이 참전하면 전쟁은 장기화하고 미국이 참전하면 독일이 이길 가망은 없어진다고 보았던 베버는 황제의 전쟁 지휘를 호되게 비판했다. 황제는 잠수함에 의한 무차별 공격을 공언했지만, 이러한 작전으로 영국을 봉쇄하는 것은 곤란할 뿐 아니라 오히려 독일에 대한 봉쇄가 강화된다고 주장하고 잠수함 작전 강화 반대운동을 전개했다. 그것만이 아니다. 제국 헌법의 개정을 제안하고, 선거법을 개정하여 정치체제를 의회주의화해야 한다고 주장했다. 황제 빌헬름 2세의 거듭되는 실정失政을 규탄하고 군대가 정치에 관여하는 것을 비판했다. 베버는 정권의 최상층부를 정당들 간 정쟁의 영향권 밖에 둔다고 하는 의미에서 군주제를 지지했었으나, 프랑크푸르트 신문 지상에서 "빌헬름 2세는 얼치기 정치를 집어치우라"라고 준엄하게 비판했다. 하지만 이러한 활동—이것은 그의 애국심에서 나온 행동이며, 적어도 독일의 국익을 위해서 한 것이다—은 무엇 하나 열매를 맺지 못하고, 겨우 그 활동 경력을 인정받아 독일 강화대표단(80명)의 일원으로 선발된 데 불과했다. 그리고 강화회의에서 경험한 것은 굴욕과 실망, 격노 이외에 아무것도 없었다.

이와 같은 베버의 사람 됨됨이를 생각하면 그가 쓴 어느 논문이나 어떠한 저서에도 베버 자신의 실상이 나타나 있음을 쉽게 알 수 있다. 어떠한 저작에서도 그 자신이 주제였다. 따라서 그의 가치관과 분리된 작업은 그에게는 있을 수 없다. 그렇기에 저자의 작업의 객관적 정당성을 보증하는 일이 그의 경우에는 다른 학자 어느 경우보다도 중요하게 된다.

이것이 그가 일생을 걸고 사회과학 방법론, 가치판단 논쟁에 매달린 이유일 것이다. 그는 경험과학적 인식과 가치판단을 혼합시켜서는 안 된다고 주장하고 양자를 준별한다. 사회과학에서는 가치판단이 빠진 논리 전개는 대단히 곤란하며, 정책론에서는 불가능하다. 객관적으로 논할 수 있는 것은 정책 수단이 (가치판단에 의존하는) 정책 목적에 적합한지 아닌지를, 정책 실행이 가져오는 제반 효과를 객관적으로 분석함으로써 논증하는 것뿐이다. 가치판단에는 그 사람의 정신 전체가 걸려있기에 자신의 가치판단도 타인의 가치판단도 모두 신성불가침이다. 가치의 선택은 자유라고 생각하는 베버는 학문을 객관적인 적합 관계의 분석과 객관적인 효과분석에 한정하고, 학문적 추론의 부분에는 가치판단의 개입을 엄금한다는 방법론을 수립함으로써 가치 자유와 학문을 조화시켰던 것이다.

다른 한편으로 그의 일생은 학회 활동에서도 정치 활동에서도 투쟁으로 일관되었다. 가치는 자유이기 때문에 가치와 가치의 싸움에서 결판을 짓는 것은 경쟁 또는 투쟁밖에 없었기 때문이다. 그는 다행히도(?) 1920년에 쉰여섯 살의 많지 않은 나이에 죽었는데, 만약 그 후 20년을 더 살았더라면 그런 생활 태도와 인생관 때문에 아마도 파멸적인 만년을 보냈을 것이다. 히틀러가 나타났기 때문이다. 그는 히틀러에게 어떻게 대응했을까? 가지가지의 억측이 가능한데, 첫째로는 히틀러에게 처형당하거나 활동을 금지당하거나 했을 가능성이 있다. 이 경우에는 베버의 명예는 보전되었을 것이지만, 다른 극단의 경우도 역시 충분히 있음직한 일이다. 그는 첫째로 베르사유 강화조약에 참석한 경험에서, 둘째로 과격한 민족주의자였기 때문에, 셋째로 극단에서 극단으로 치닫는 사람이었기 때문에 초기의 히틀러에게 공감할 수 있는 경험과 성격을 갖고 있었다. 실제로 그를 둘러싼 파벌의 일원이었던 F. 폰 고틀-오틀릴리엔펠트von Gottl-Outtlilienfeld는 화려한 이름의 나치 과학자로 전향한다.

따라서 베버가 뉘른베르크의 전쟁범죄 재판에 전범으로 회부되었을 가능성도 무시할 수 없을 것이다.

하지만 이런 것들은 극단적인 상상이다. 그 밖에도 그의 동생 알프레드가 전쟁 중에 감수한 운명도 막스의 운명을 억측해보는 데 참고가 될 것이다. 알프레드 자신도 역시 뛰어난 경제학자이자 사회학자였다.[31] 그는 막스를 존경하고 행동을 같이하는 일이 많았지만, 학풍도 성질도 달랐다. 그는 막스보다 한층 더 역사와 문화의 동학적 측면을 강조했고, 변동과 진보가 그의 주제였다.[32] 그는 나치스에 대항하여 격렬하게 싸우다가 1933년에 퇴직을 권고받았다. 그는 나치스가 무너진 전후戰後에 여든 살에 가까운 나이로 강의를 재개했다. 새 독일의 사회민주당과 노동조합은 이 하이델베르크의 노인을 무한히 사랑하고 존경했다. 일본에서 막스 베버도 이와 비슷한 대접을 받는다.

---

31) 그의 공업입지론工業立地論에 관한 연구는 입지론에서 불후의 고전적 지위를 차지하고 있다. 나는 교토대 1학년 재학 중에 그의 입지론을 힉스의 무공간의 일반균형론에 접합시키는 작업(고쿠쇼 이와오黑正巖 교수의 '경제지리 개론' 강의 리포트)을 했었기 때문에, 나는 막스보다도 알프레드 베버 쪽에 먼저 제자가 되었다고 할 수 있겠다.
32) 그런 의미에서 그는 파레토와 가깝다.

11장
베버 3
사기업 관료제

1

관료제 문제는 베버의 중요한 실질적 연구 제목 가운데 하나다.[33] 관료란 보통 정부 또는 공공단체의 직원을 말하지만, 군인과 근대 대기업에서 사무를 보는 직원 또한 관료다. 일본에서의 이른바 대기업 직원은 베버의 '사적 대경영의 관료'에 해당한다. 통상적인 경제학 교과서의 분류에 따르면 그들은 자본가도 지주도 아니며, 그들 중 극히 일부의 고급 직원은 기업가 혹은 경영자로 볼 수 있지만, 그 이외의 사람들은 그렇게 볼 수는 없기에 노동자로 분류될 수밖에 없을 것이다.

만약 그들이 의식에 있어서나 회사 내에서의 일과 대

---

33) Max Weber, *Economy and Society* ed by G. Roth and C. Wittich, University of California Press, 1978. 『經濟と社會─支配の社會學』世良晃志 譯. 창문사, 1960년, 60~142쪽.

우에 있어서나 일반 노동자와 별 차이가 없다면 그렇게 취급하는 것도 허용이 되지만, 만약 그들이 일반 노동자와 행동양식이 다르다면 현재의 경제학 교과서 속에는 회사 직원을 수용할 장소가 없어진다.

회사 관료가 어떠한 의식을 가지고 어떠한 인생의 목표를 가지며, 어떻게 행동하고 있는지를 —특히 일반 노동자와 대조해서— 아는 것은 현대의 기업이론에 있어서 대단히 중요하다. 하지만 이러한 문제를 논하기 위해서는 그것에 앞서 관료제 일반에 관한 개략적인 지식을 습득해두는 것이 필요하겠다.

정부 관료제의 역사는 이집트 및 중국 역사에서 기원전까지 거슬러 올라간다. 서구의 관료제는 후에 중국의 영향을 받았다고는 하지만, 그 원류는 이집트에서 출발했다. 일본의 관료제는 물론 중국에서 수입되었으며, 후에 서구, 특히 독일의 영향을 받았다. 근대적인 관료제가 확립되기 이전에는 준準 관료제 시대라고 할 만한 시대가 서구에도 일본에도 있었다. 일본에서는 도쿠가와德川 시대가 이에 해당한다. 당시에는 오늘날처럼 공무원임용 자격시험에 합격한 사람이면 누구든지 채용대상이 될 수 있었던 것도 아니고, 관직에 오르기 위해서는 후보자는 정부가 요구하는 문벌 조건을 충족시키지 않으면 안 되었다. 도쿠가와 막부의 경우에는 도쿠가와에게 충성하는 다이묘 또는 그 가신 중에서 직위의 높낮이에 맞게 문벌 조건을 강화했다 완화했다 하면서 후보자의 실력을 감안해 임명이 이루어졌다. 막부시대 말기에 가까워지면 질수록 문벌적 조건은 완화되고 실력 위주의 임명이 점차적으로 이루어져 갔다. 이러한 준準 (또는 전前) 관료제는 메이지유신과 함께 신분제가 폐지되면서 완전한 형태를 띤 관료제로 일거에 전환했고 독일 관료제가 수입되면서 대단히 강력한 관료제가 되었다.

이집트에서는 노예를 관료로 썼다. 그것은, 관료가 직무상 입수한 비밀은 절대로 지키지 않으면 안 되고, 군주의 명령에 절대복종하며, 또한 상대가 누가 되든지 안건을 공평하게 처리하지 않으면 안 된다고 하는 관료의 조건을 고려하면, 노예야말로 그 일을 위한 최적임자이기 때문이었다. 하지만 동양에서는 사정은 전혀 달랐다. 진시황이 관료제를 기반으로 한 통일국가를 수립하기 약 300년 전에 공자는 소국의 난립을 조정하고 주周 왕조를 부활시킬 것을 부르짖었다. 그의 생각으로는 이러한 왕조는 군주가 지적으로 뛰어난 사람들을 부하로 등용하

고, 자신의 이해관계를 무시하고 인간이 실천해야 할 도
(예禮)를 솔선하여 실천한 경우에만 실현되는 것이다. 공
자가 생각했던 정치는 덕치德治인데, 그것은 관료제가 전
체로 한 법치法治는 아니었지만, 그가 강조한 예禮는 일
종의 불문법不文法이라고 볼 수 있기에, 유교의 가르침은
—진시황의 유교 혐오, 문인 혐오에도 불구하고— 관료
제와 모순되거나 대립하는 것은 아니다.[34]

사실 유교는 중국 역대 관료제 정부의 이데올로기 역
할을 계속해왔으며, 문인존중주의야말로 서기 587년이
라는 아득한 시대에 관리 등용을 위한 과목시험(과거) 제
도가 중국에서 확립되는 것을 가능케 했다. 서구제국 역
시 훗날에 중국을 본떠서 관료제에 시험제도를 도입했
다. 이렇게 시험에 합격한 사람만이 관료가 될 수 있게
되었기 때문에 관료의 사회적 지위는 높아지고, 그들의
개인적 능력에 대한 존경은 정부에 대한 민중의 존경심
을 높여주었다. 동시에 자기들이 존경하는, 정부의 시책

---

34) 유교가 최고로 존중하는 덕목은 인仁, 의義, 예禮, 지智, 신信, 충忠, 효孝, 제悌인데, 그 가운데 의義(이해관계를 떠나서 순리에 따른다), 예禮(사람이 실천해야 하는 도道), 신信 및 충忠 은 특히 관료에게 아주 중요한 덕목이다. 충은 중국에서는 자기의 양심에 대한 충절을 의미했는데, 일본에서는 군주의 명령대로 하는 것을 의미했다. 일본에서는 자기의 양심에 어긋나더라도 군주의 명령을 따르는 자가 충신이지만 한국에서는 그런 경우에는 관직을 사직하고 서울을 떠나 시골집에 우거하는 것이 자기의 양심에 충실한 자로서의 충신이 하는 일로 되어있다.

을 실행하는 주체로서의 관료에 대한 존경심도 높은 상태를 유지했다.

2

일반 노동자(공무원과 사무원)의 경우에는 그들의 일에 맞추어서 임금이 지불되고, 그들은 그들을 가장 높이 평가하는 고용주의 회사에 취직한다. 그리고 다른 곳에 더 높이 평가해주는 고용주가 있으면, 그곳으로 이동한다. 근대적인 회사 형태의 전형인 주식회사에서는 누구든지 자본을 출자해서 회사를 설립하고(그들은 출자금액에 따라, 그 증명서로서 주식을 교부를 받는다), 자본을 들여서 기계와 원료를 사기도 하고 노동자를 고용하기도 한다. 따라서 노동자는 매일 회사에 출근하기는 하지만, 법적으로 회사의 구성원은 아니다. 그들은 엄중한 감시를 받고 일한 만큼만 임금을 지불받는 것이다. 이러한 형태의 기업을 도어는 '회사법형company law type' 기업이라고 부른다.[35]

하지만 이러한 형태로 운영이 가능한 것은 경영하는 업체의 규모가 작은 경우로 한정된다. 회사가 커지면, 매일

---

35) R. Dore, *Taking Japan Seriously*, The Antone Press, 1987.

매일의 업무를 지휘·관리할 사람이 필요하게 되고 그들을 보조할 큼직한 사무부서가 필요불가결하게 된다. 이런 부서에서 일하는 사람은 회사 운영의 협동작업teamwork을 하는 것이기 때문에 개개인의 공헌도를 매월 사정査定한다는 것은 곤란하다. 예외적인 경우를 제외하면 발탁이 되는 것은 어렵고 승진은 차례로 행해질 것이다.

이것은 사무부서에서 관리·경영에 종사하고 있는 사람에 대해서는 그들이 똑같이 회자의 피고용자라고는 하지만 일반 노동자와 다른 취급을 할 필요가 있음을 의미한다. 우선 정부의 행정기구가 그런 것처럼 그들의 관리 사무를 몇 단계로든 등급을 나누어 그들을 정기적으로 승진시켜주는 대우를 해야 한다. 게다가 또 말할 수 있는 것은 어떤 회사에서 일하고 거기서 출세하는 것이 목적인 사람에게는 평생 그 회사에서 근무하는 것이 보증되어있는지, 종신토록 근무하면 노후생활 보장이 있는지 여부가 그들의 중대 관심사가 되어간다.

그래서 이 직원들에 대해서는 정부 관료와 마찬가지로 종신고용, 노후연금, 지위에 따른 봉급의 지급이 있게 된다. 또한 그들의 사무 내용은 정부 관료의 그것과 거의 다르지 않으며, 근무 중에 그들이 지켜야 할 사항 역시 관료의 그것과 같다. 예를 들어서 그들은 직속 상사의 명령을 절대 준수하지 않으면 안 된다. 왜냐하면 그들은 한 팀의 일원인데, 그들이 제각기 마음대로 독단적인 행동을 하면, 팀워크(협동)가 불가능하게 되기 때문이다.

계획이 상층부에서 결정되고 각 직원이 계획된 대로 행동하는 경우에만 그 기업의 장래의 상태가 예측될 수 있으며, 따라서 좀 더 장기적인 작전·행동 계획을 수립하는 것이 가능하게 된다. 게다가 또한 각 직원은 감사監査가 가능하도록 항상 틀에 맞추어 규칙대로 행동하지 않으면 안 된다. 또한 모든 업무처리는 상대가 누구이든 상관없이 공평하게 이루어지지 않으면 안 된다. 직무상 입수한 비밀을 지키고 판단에 있어서나 사무처리에 있어서나 공公과 사私를 혼동해서는 안 된다.[36] 베버는 이상과 같은 성격을 가진 민간 대기업의 관리 사무직원을 관료로 규정했다. 따라서 베버의 대형 사기업은 경제학 교과서에서의 기업과는 그 성격이 현저하게 다르다. 또한 기업의 상층부, 중추부가 관료화되어있기에 문제는 심각하다. 게다가 베버 이후 근대 사기업은 점차 관료화되어

---

36) 여기에 서술한 거의 모두는 쇼토쿠태자聖德太子의 17조 헌법(당시의 관리 복무규정)에 명기되어있다. 이것은 당시부터 이미 일본이 관료제 국가였음을 보여주고 있다.

가고 있다. 곧 살펴보겠지만, 팀워크(협동)를 이루지 않으면 안 되는 것은 사무부서만이 아니라 노동자에게도 해당하기 때문이다. 근대의 공장에서는 노동자 한 사람 한 사람의 뛰어난 기능이 필요한 것이 아니다. 생산활동은 일련의 공정으로 분할되고, 각 공정마다 기계가 배치되어서 노동자는 기계의 관리자, 운전자로서 일하고 있다. 그러므로 노동자에게는 기계를 운전하는 기능 이상의 기능은 요구되지 않는다. 그런 기능은 누구든지 가지고 있다. 또한 개개의 공정에서 생산물이 만들어지는 게 아니라 전체 공정의 협동으로 공장의 생산물을 만들어내는 것이다. 그래서 노동자 각 사람의 업무를 사정査定하는 것은 무의미하며 노동자의 한계생산력이라는 개념도 존재하지 않게 된다.

그러한 상태일 경우, 노동자도 역시 일본의 대공장에서 그런 것처럼 관료로 취급될 것이다. 노동자에게도 직급을 매길 수 있고, 직급에 따라 임금이 지급되며 연한에 따라 직급의 계단을 올라간다. 일단 이와 같은 급여제도가 시행되면, 노동자가 회사 간에 이동하는 것이 어려워진다.

왜냐하면 A사에서 5년간 근무했기 때문에 전근해갈 B

사에서도 5년 근무한 사람과 동등하게 대우해달라고 하는 주장은 통하지 않기 때문이다. 이동이 곤란해지면 노동자 역시 종신고용과 노후생활 보장을 요구하기 시작할 것이다. 사실 일본에서는 이런 식으로 해서 노동자의 대우도 직원과 같아지고 말았는데, 서구 기업에서 노동자 관료화가 지체되고 있는 것은 산업별 노동조합이 저항하기 때문이다. 사실, 노동자가 (관료화, 종신고용제 때문에) 회사 간 이동을 하지 않게 되면 산업별 노동조합의 존재 이유는 거의 없어지며, 회사별 노조가 지배적으로 된다.

　게다가 또한 사기업의 관료층, 상층부의 세력은 베버 사후에 크게 강화되었다. 회사가 커지면 주주는 분산되고 대주주라고 하더라도 총 주식 수의 극히 일부분을 점하는 데 불과하게 되는 것이다. 이것은 주주총회에서 강력하게 발언할 수 있는 개인 주주가 적어졌음을 뜻하며 주주에 비해 경영자의 발언권은 상당히 커졌다. 또한 회사 관료의 계단을 끝까지 올라간 관료 출신의 경영자는 어느 주주보다도 그 산업에 정통해있다. 이러한 기업이 1930년에 구미에서 나타났는데, 이른바 이 경영자 혁명은 패전 후 일본에서 한층 더 급진적, 전위적이고 철저한 형태로 실현되었다.

3

　그것은 점령군이 재벌 가족을 재벌기업에서 추방했기 때문이다. 재벌 추방은 일본경제의 민주화라는 명목으로 그 약체화를 위해 행해졌는데, 그 결과는 본래의 의도와는 반대로 되었다. 재벌 가족은 주식 소유를 제한당하고 자기 회사의 임원이 되는 것도 금지당했다. 방출된 주식은 같은 재벌계열이던 다른 회사가 소유하고 공석이 된 임원 자리는 '관료 직원'의 승진으로 메워져서 모든 구 재벌회사의 사장, 부사장 자리는 '관료 직원'이 차지하는 자리가 되었다. 게다가 법인 대주주를 대표하는 것도 이러한 관료 직원 출신 사장들이었기 때문에 그들은 회사의 경영진일 뿐 아니라 주주총회까지도 지배하여 배당률은 낮게 억제되었다.[37]

　이렇게 해서 개인 주주는 회사법상 회사소유자이면서도 완전히 무력하게 되고 말았다.[38] 이들에게는 구 재벌계열 회사의 주식을 계속 보유하는 것은 전혀 무의미하

---

37) 이러한 전쟁 후의 사정에 관해서는 오쿠무라 히로시奧村宏의 앞의 책을 보라.
38) 이러한 경영체는 패전 당시 궁여지책으로서 만들어진 것이기 때문에 같은 형태의 다른 산물—전후의 천황, 자위대—과 마찬가지로 그 성격이 확실하지 않다고 하는 약점을 가지고 있다. 서구의 눈으로 보면, 천황은 군주인지 아닌지 자위대는 군주인지 아닌지 판정하기가 어려운데, 이와 마찬가지로 일본의 주식회사는 주식회사로서 기능하고 있는지 그렇지 않은지도 확실치 않다.

게 되고 주가의 상승에 의한 이익을 찾아서 주식 소유를 이동시키지 않으면 아무 이득도 생기지 않게 되었다. 이동시킴으로써 이익을 획득한다는 점에서는 주주는 자기 자신을 이동시켜서 이익을 얻는 회사법형 회사의 노동자 지위로 전락한 것이다. 주주는 회사의 구성원이고, 노동자는 비구성원이었는데, 드디어 주주는 영구 구성원 permanent member이 아니게 되고, 관료 직원과 관료 노동자가 회사의 실권實權에 연결되어 회사를 생활의 본거지로 삼는다는 의미에서 회사구성원이 된 것이다. 이리하여 일본에서는 회사원이라는 명칭은 특별한 어감을 지닌 호칭이 된 것이다.

재벌계열 회사는 일본의 중추적인 회사였다. 그것이 이상에 설명한 경위로 사원 중심의 회사가 되자 다른 회사들에서도 사원의 힘은 현저하게 강화되었다. 더욱이 기업경영에는 점차 전문지식이 필요하게 되었기 때문에 많은 기업에서 사원들이 실권을 장악하게 되었고, 주주들은 사장 이하 주요한 중역의 직책을 사원들에게 내주지 않을 수 없게 되었다. 유능한 주인인 사장 체제에서 성공한 회사도 그 사장이 은퇴할 때 가족 중에서 적당한 후계자가 없는 경우에는, 적어도 일시적으로 사장 자리를 사원 중에서 선발한 사람에게 넘기지 않을 수 없다. 일단 이러한 임시조치가 취해지면, 그것이 돌파구가 되어서 대주주 일가는 점차로 경영권을 영구하게 상실하고 만다. 이렇게 해서 일본기업은 점차로 사원 출신의 경영자 손에 넘겨질 것이다.

이런 사회에서도 표면상으로는 주주총회에서 사장의 선출, 임명이 행해지고 있다. 실질적으로 주주총회를 지배하고 있는 것은 법인 대주주를 대표하는 다른 회사의 사원 출신 사장이기 때문에 회사의 실권은 '회사원 계층'의 손에 넘어갔으며, 그들은 자신 중에서 사장을 선출하여 자신들이 자기 운영을 하는 것이나 마찬가지다. 당연한 일이겠지만 회사원들은 회사를 자기들의 회사라고 생각하게 된다. 또한 그들은 종신고용제로 정년이 될 때까지 그 회사에서 생활하는 것이기 때문에, 당연히 그들은 회사를 아끼고 다소간의 격무도 즐겁게 받아들인다. 또한 전쟁 후의 일본 회사는 앞에서 서술한 것처럼 상시고용 노동자들까지도 관료화시키고 말았다. 그래서 거의 회사 전체를 통틀어서 거기서 일하는 사람은 회사를 '우리 회사'라고 생각한다. 이렇게 해서 일본의 회사는 형식적으로는 회사법형 회사의 형태를 유지하면서 실질적으로는 공동체형community type 회사로 전후에 변질하고 말았다.[39] 관료화된 회사원은 회사 내에서 출세하기를 바라기 때문에, 일반 노동자처럼 임금만을 목표로 하여 일하는 것은 아니다. 그들은 젊었을 때는 순서를 기다리다가 불공평하지 않게 승진하면, 그것으로 만족하는 것이다. 회사원 생활이 후반기로 접어들면 높은 직위에 오르지만 그러한 자리는 많지 않기 때문에 뒤처지는 사람이 생긴다. 그러나 그 나이에 도달하면 사원들도 분별력이 생기기 때문에 어느 정도의 차별과 불공평을 분쟁 없이 받아들이게 된다. 이러한 체제에서는 노동쟁의가 적고, 또 발생하더라도 과격하지 않음은 물론이다. 게다가 또한 베버가 주장하는 것처럼 관료제는 통상의 경우에 다른 체제보다 훨씬 비용이 적게 든다. 그래서 관료제에 기초를 둔 '회사원' 체제는 회사로서는 대단히 편리한 최적의 시스템이라고 할 수 있다. 하지만 이 체제에도 약점은 있다. 관료는 출세주의를 신봉하기 때문에 지위의 높낮이에 대단히 민감하다. 직위의 높낮이는 관청 또는 회

---

39) 도어 앞의 책, 도어는 단지 일본의 회사는 공동체형community type이라고 말할 뿐 왜 그러한 형태가 되었는지에 관해서는 설명하고 있지 않다. 더욱이 일본의 회사는 엄밀하게 말하면, 주주를 회사 밖으로 배제하고 있으므로 '회사원'을 위한 이익사회이기는 해도 모두를 위한 사회community는 아니다.

사 직제로 결정되지만, 같은 급의 직위일 때는 좀 더 많은 부하를 둔 자리가 더 요직으로 여겨지며, 또 부·국은 일단 키워놓으면 망하지 않기 때문에, 관료제하에서는 직원 수는 증가하는 경향이 있다.

관료기구는 이렇게 자기 증식을 하고, 항상 확대되어 간다. 하나의 일을 결정하기 위해서 서류가 회람되는 총 거리는 점차 길어진다. 이와 함께 기구는 복잡해진다. 사기업의 경우에는 그 정도는 아니지만, 관청에서는 이러한 관료제의 비효율은 현저해지며, 특히 사회주의 국가의 경우에는 그것은 체제의 실패 원인이 되기까지 했다. 또 이러한 비효율을 시정하기 위해서는 부·국을 정리하고 외부에 그 일을 맡길 수밖에 없다.

관료제의 자기 증식을 중지시키기 위해서 외부에 생겨난 하도급 업체 또한 소규모이기는 하지만 관료기구를 갖고 있을 것이다. 이윽고 그 회사가 성공하여 사업이 확장되면, 그 회사의 관료기구도 자기 증식을 시작할 것이다. 이런 자기 증식은 다른 경쟁적인 하청회사가 나타나면서 억제된다. 즉, 어떤 부서의 업무를 외부에 위촉한 원래의 관청이나 회사와 복수複數의 하도급 회사 간에 경쟁적 시장이 생겨남으로써 회사 관료제의 자기 증식이 멈추어지는 것이다. 문제는 관료제냐 시장이냐에 있지 않고 관료제 속에 시장을 어떻게 개입시켜서 경쟁적 관료제를 만들 수 있는가 하는 데 있다.

관료제에서 장단점을 본 베버의 연구는 앞으로는 위에서 서술한 경쟁적 관료제 쪽으로 발전할 수 있을 것이다. 패전 시 점령군이 일본의 관료를 이용하지 않을 수 없었기 때문에 관료는 정권교체와 혁명 시에도 변함없이 건재하고 온존한다.[40] 이것은 정부 관료만이 아니라 회사가 몰수당할 경우의 회사 관료에 대해서도 그렇게 말할 수 있다. 다카타 식으로 말한다면 회사 관료는 돈이 없는데도 큰 세력을 형성하고 있기는 하지만, 다른 한편으로 관료 사장들은 자신들이 출자하고 있지 않으므로 일반적으로 말해서 불황이나 긴급할 때 결단력과 지도력을 발휘하지 못한다는 약점도 가지고 있다.

---

40) 구소련의 관료기구를 무너뜨리고 회사법형 기업들로 성립되는 시장경제로 재편성하자고 흔히들 이야기하는데, 그것은 불가능한 일이며, 국가 관료를 사기업 관료로 전환하는 것만이 가능하다. 구소련의 관료들의 노하우를 이용하지 않고서는 러시아의 안정과 부흥은 있을 수 없다.

12장

슘페터 2

엘리트의 진로 변경

1

　우선 슘페터의 『자본주의·사회주의·민주주의』(이제부터는 주의主義로 약칭함)가 쓰인 배경에 관해서 알아보기로[41] 하자. 지금껏 고찰해온 경제학의 최대 맹점은 반복되는 말이지만 '내구재의 딜레마'를 해결하지 못하고 있다는 점이다.

　과연 힉스처럼 내구재의 가격과 그것의 임대차 가격을 이자율을 통해서 결부시키지 않는 경우, 매매시장과 임대차시장에서 동시에 수급 균형을 이루는 것이 가능하지만 그런 식으로 처리하는 것은 문제를 해결하는 것이 아니라 회피하는 것이다. 왜냐하면 힉스가 상정한 경제에서는 각 기업의 이윤율이 서로 다를 수 있는데, 그것만

---

41) 슘페터, 『자본주의·사회주의·민주주의』 塩野谷·中山·東畑 譯.

이 아니라 내구재시장과 임대차시장을 독립적인 것으로 간주하는 이러한 처리방식으로는 각 내구재(자본재)의 이윤율을 균등화시키는 메커니즘이 존재하지 않기 때문이다. 이것은 경쟁상태라고 할 수 없다. 경쟁이라 하면, 사람과 사람, 물건과 물건, 가격과 가격의 경쟁만이 아니라 기업과 기업, 이윤율과 이윤율의 경쟁도 포함된다. 기업과 자본재의 이윤율이 불균등한 상태에 머물고 있다는 것은 그런 측면에서의 경쟁이 저지되고 있음을 의미하며 이것을 '완전경쟁'이라고는 말할 수 없다. [42]

또 하나의 해결 방법은 발라의 방법으로, 즉 내구재에 대한 투자수요를 가격에 의존하는 것으로 보지 않고 자유롭게 변동하는 변수(따라서 공급이 주어져 있다면 곧바로 그 공급에 적응하는 변수)로 보는 것이다.

앞에서 살펴본 것처럼 이러한 발라의 방법은 "공급은 그 자신의 수요를 창출한다"라고 하는 세이의 법칙을 도입하게 되는데, 그는 이렇게 함으로써 이윤율 균등화를 보증한 것이다. 그런데 세이의 법칙은 경제학 안으로 생각 없이 성급하게 도입되었다. 즉, 리카도는 『경제학과

---

42) 이윤율 균등화의 과정은 일물일가一物一價의 과정보다 속도가 더디다고 볼 때, 전자는 일시적 균형에서는 실현되지 않고 일시적 균형이 시간에 따라서 변동해가는 경기 과정 중에 실현된다고 볼 수도 있는데, 이러한 분석도 힉스에게는 없다.

과세』에서 이 법칙을 사용하면서, 상세히 음미함 없이 이 법칙을 높이 평가했다. 일단 이 법칙을 승인하면 투자수요를 분석할 필요는 없어진다. 투자는 항상 저축과 같게 되기 때문이다. 이처럼 리카도 체계에서는 투자함수는 존재하지 않는데, 그 이후의 학자들은 리카도에게 경의를 표하고 그를 모방하여 투자수요 없는 경제학으로 만족했다.

하지만 공급은 수요를 창출한다는 명제는 미신이고, 당치도 않은 말 이외에 아무것도 아니다. 경제학은 기업가와 자본가를 확실히 구별한다. 투자 결정은 기업가가 하는 것이며, 저축은 소비 이상의 소득(즉, 잉여)을 얻은 사람들(자본가)에 의해 행해진다. 그들은 서로 간에 독립적이기 때문에 저축이 형성되더라도 그것에 대응하는 투자가 반드시 생긴다고는 할 수 없다. 경제학자들은 한편으로는 이러한 사태를 인식하면서, 또 한편으로는 아무 거리낌 없이 세이의 법칙을 도입하여 '내구재의 딜레마'를 해소하려고 했다. 마르크스, 발라, 슘페터, 빅셀 등 경제학자들은 어느 정도 모순을 범했던 것이다. [43]

그런데도 모순은 지난 세기(19세기) 말까지는 그렇게 대

---

43) 모리시마, 앞의 책, 『리카도의 경제학』, 195쪽 이하.

단한 것이 아니었다. 19세기에는 기업가와 자본가는 개념적으로는 독립적이지만 실제로는 자본가의 다수가 기업가이기도 했다. 하지만 주식회사가 발달함에 따라 대중의 자본이 동원된 결과, 대다수 자본가는 기업경영과는 아무런 관계도 없는 사람들이 되고 말았다. 그와 동시에 주식회사의 경영은 전문적인 경영자에게 맡겨지기에 이르렀다. 이렇게 해서 개념상으로만이 아니라 실제로도 자본가와 기업가는 독립적으로 되고, 세이의 법칙은 학문적으로뿐 아니라 실제 현실로도 인정하기가 곤란해지고 말았다. 이러한 상황은 1차대전 후에는 뚜렷해졌다.

1차대전 후의 세계는 이미 근사적으로조차 세이의 법칙이 적용되는 세계가 아니었다. 저축과 같은 크기의 투자가 즉시 준비되어 완전고용인 균형이 보증되는 그런 세계는 아니게 되었다. 게다가 생산력은 높은 수준이지만 정체하고, 기술이 발전할 가능성은 희박하고 따라서 경제 혁신의 여지는 거의 없었다. 이러한 상태에서는 투자는 낮은 수준이고, 따라서 생산활동도 침체하고, 그 결과 잉여(따라서 저축)는 낮은 수준에 머물렀다. 즉 저축이 그것에 대응하는 투자를 창출한 것이 아니라 낮은 수준의 투자에 맞게끔 적용한 것이다. 이렇게 해서 높은 수준의 투자를 가정하는 세이의 법칙이 성립하는 경제는 낮은 수준의 투자를 가정하는 '반-세이의 법칙'이 성립하는 경제로 전환하고 말았다. 완전고용은 더는 실현되지 않고, 실업—그것도 대량실업—이 평상적인 상태가 되었다.

이러한 상황에서는 강력한 정부가 출현하여 정치적으로 투자를 창출하는 것 말고는 실업을 줄일 방도가 없었다. 가장 손쉬운 방법은 군비를 확장하여, 만약 가능하다면 소규모의 전쟁을 일으키는 것이다. 그 결과 만일 새로운 영토 혹은 새로운 세력 범위를 손아귀에 넣으면, 이런 새로운 시장을 겨냥한 생산이 행해지게 되므로, 그것은 고용증대에 이바지한다. 일본의 만주사변(1931년)과 이탈리아의 에티오피아 침략(1935년)은 이렇게 해서 시작되었다. 히틀러가 정권을 잡은 것은 1934년, 독일이 재군비를 선언한 것은 1935년이다. 영국은 한편으로는 군축을 제안해가면서 다른 한편으로는 히틀러에 대비하여 군비를 갖추지 않으면 안 되었다. 이렇게 해서 군비와 전쟁이 1950년대의 투자를 어느 정도 뒷받침했다. 이 시대가 유럽에서 '히틀러 시대'라고 불리는 이유가 그것이다. [44]

---

44) 동시에 영국은 전간기戰間期 동안에 대영제국 내부를 재조정하고, 풍부한 자원을 배경으로 제국 내의 무역을 지렛대 삼아 경제를 재건하고자 시도했다.

똑같은 상황은 미국에서도 있었다. 미국에서 1920년
대는 아직 세이의 법칙이 근사적으로 타당했던 시대고
완전고용을 구가하고 있었다. 하지만 1929년의 주식폭
락에서 비롯된 세계 대공황은 그때까지가 황금시대였던
만큼 미국에 가장 심한 충격을 주었다. 그 대책으로 루스
벨트 대통령은 1933년에 뉴딜 정책의 출범을 선언하고
정부와 기업의 협력체제 확립을 추진했다. 그때까지 그
랬듯이 정부는 고유한 의미에서의 정치문제(입법·행정·사
법·외교·방위 등)에 전념하고 경제문제는 모두 경제인에게
맡긴다고 하는 자유방임 정책은 더는 유효하지 않게 되
었다. 경제가 세이의 법칙형으로부터 반-세이의 법칙형
으로 전환함과 동시에 생산관계도 정부가 관여하는 방향
으로 완전히 변한 것이다.

이처럼 사회의 경제구조가 변해버리면, 상부구조가 경
제구조에 미치는 영향을 논한 종래의 학설은 전혀 통용
되지 않는다. 예를 들면, 프로테스탄티즘의 금욕적 정신
이 자본주의를 융성시킨다고 하는 베버의 학설이 맞기는
하지만, 그것은 세이의 법칙이 타당하던 시대에 한정된
이야기일 뿐이고, 반-세이의 법칙 시대에는 케인스가 주
장한 것처럼 절약과 금욕은 경제에 악영향을 준다고 하

는 의미에서 악덕이다. 즉, 고도로 금욕적이라는 것은 소비를 작게 만들기 때문에, 유효수요를 높은 수준으로 유지하기 위해서는 소비가 작은 그 분량만큼 투자를 많이 하지 않으면 안 된다. 하지만 현실의 경제에서는 투자를 할 수 있는 그런 분야는 존재하지 않는다. 이렇게 해서 베버의 『윤리』에 있어서의 명제는 현실적, 정책적 중요성을 전혀 갖지 않게 되며, 그것은 단순한 과거시대 명제가 되었다.

마찬가지로 슘페터의 자본주의적 발전의 명제도 휴지쪼가리가 되고 말았다. 즉, 다시 말해서 기업가가 경제혁신을 행하려고 해도 그럴 기회는 오지 않고, 따라서 그들은 자본주의경제의 사령탑 혹은 키잡이의 역할을 감당하지 못한다. 그뿐 아니라 이러한 생산력의 정체에 적응하여 현실의 경제가 '히틀러형'이든 '루스벨트형'이든 반-세이의 법칙형 경제가 되어버리면 증가할 가능성이 있는 것은 주로 공공영역의 투자로 한정되고 만다. 그 결과 국가와 지방자치단체가 경제 내에서 차지하는 비중

은 커지고, 공공 경제계획의 중요성은 현저하게 증대한
다. [45]

2

이상이 슘페터가 『주의主義』를 집필하던 시대적 배경이
다. 따라서 『주의』가 『발전이론』에 완전히 상반되는 주장
을 한다고 해서 놀랄 것 없다. 그의 『주의』에서의 논의는
다음과 같이 진행된다. 우선 이 시대는 세이의 법칙이 아
직 근사적으로 성립하던 초기자본주의 시대 다음으로 온
시대이기 때문에 선행하는 시대에 적응한 상부구조—부
르주아 문명과 그 정신—가 그 사회를 여전히 지배하고
있다. 사람들은 충분히 합리주의적이고, 과학은 고도로
발달해있으며, 물질문명의 수준은 높다. 이러한 사회에
서는 개성이 강하고 독창성 있는 사람들을 배출하는 교
육이 행해진다. 다른 한편으로 경제는 거의 정지상태로
있기에 이들 독창성 있는 사람들은 실업계를 외면하고

---

45) 슘페터가 사회주의자만이 아니라 뉴딜정책의 추진자들도 대단히 혐오한 것은 유
명하다. 그것은 그의 이데올로기가 그렇게 만들었기 때문이기도 하지만, 그 외에도 그
들에 의해 그의 『발전이론』이 휴지 조각이 되어버린 책임은 그들에게 있는 것이 아니
라, 세이의 법칙형 경제로부터 반-세이의 법칙형 경제로 시대가 전환한 것과 그 전환
을 간파하지 못한 그 자신에게 있는 것이다.

경제적인 일 이외의 영역에서 독창성을 발휘하고자 시도하게 된다. 즉 엘리트는 진로를 바꾸는 것이다.

기업에서는 혁신이 거의 행해지지 않기 때문에 중역이라고 해봐야 일상적 업무를 진행하기만 하는 사람으로도 충분하며 기업경영은 거의 관청 사무나 다름없이 되어버린다. 게다가 중소기업은 경쟁의 결과로 소멸해버리든지, 살아남는 기업들은 다수가 준準 대기업의 형태를 취한다. 그 결과 노동자도 회사원처럼 되고, 마르크스가 상정한 바와 같은 블루칼라형은 없어져 버린다. 기업가 진영에서도 기업을 성城으로 생각하고 끝까지 싸우려고 하는 유형의 사람은 대단히 소수가 되어버린다.

이렇게 해서 기업은 독창성 없는 사람들이기는 하지만 이들로 위원회를 만들어서 서로 의논을 통해서 경영을 할 수 있게 되기 때문에, 독창성 있는 사람들이 기업체를 떠나게 되고, 기업도 그런 사람을 필요로 하지 않는다. 이와는 달리 지금까지 간과되어오던 사회복지와 공공경제의 영역에서는 혁신을 이룰 수 있는 여지는 크다. 사회봉사와 독창성의 발휘는 반드시 모순되는 것은 아니다. 이리하여 빈민구제와 공공교육의 분야에서 획기적인 공

헌을 함으로써 사람들의 관심은 높아진다. [46)

이러한 관심을 가질 수 있는 사회계층이 이전 시대의 자본주의적 발전 결과 대단히 두터워져 있다. 교육시설이 충실화되어있으므로 젊은 층이 지식계급에 들어가는 것은 어려운 일이 아니다. 지식계급은 다양한 계급에서 온 사람들로 성립되기 때문에, 특정한 계급의 이익을 위해 지식계급을 예속시키는 것은 불가능에 가까우며, 부르주아 계급일지라도 이들에게 조심해야만 한다. 그뿐 아니라 부르주아 계급은 자기들의 자유를 지키기 위해서도 지식계급의 자유를 수호해야만 한다. 비부르주아적 가치관에 대한 양보는 불가피하다. "비부르주아적 성격을 가지고 비부르주아적 신조를 가진 정부만이 지식인을 통제할 힘을 갖게 된다."[47) "지식계급은 비판을 생명으로 하고, 폐부를 찌르는 비판[48)을 행하기 때문에" 자본주의 정당이 지식계급에게 양보한다고 하는 것은 정당 자체를 좌익에게 동정적으로 만들고 만다. 관료는 지식인과 같은 교육을 받았기 때문에 다소나마 지식인과 같은 방식

---

46) 예를 들면, 영국의 국민보험 제도와 개방대학은 복지·교육 부문에서의 위대한 혁신적 사업이다.
47) 『주의主義』(塩野谷·中山·東畑 譯) 上 (a), 273쪽.
48) 위의 책, 274쪽.

으로 생각하고 행동한다. 그들이 작성하는 공공정책은 좌경화되고, 부르주아 정당도 그것을 따르기 때문에 경제 환경은 점차 반자본주의적으로 된다. 이렇게 해서 자본주의의 동력은 현저히 그 힘을 상실하기에 이른다.

자본주의는 합리주의와 자유주의를 정신적 지주로 하면서 동시에 이들 주의를 점점 더 조장하였다. 그 결과 부르주아 가정의 자녀는 부모의 고상한 '빅토리아 왕조'식 생활에 공연히 반항하게 되고 자기 자신의 가정생활을 크게 간소화하게 된다. 큰 집에서 여러 명의 가족과 하인을 거느리고 격조 높은 생활을 하기보다는 자식을 적게 낳고 작지만 편리한 집에서 사는 생활양식을 좋아하게 된다. 가정의 규모가 작아지면, 실업가는 자식을 위해 큰돈을 남길 필요가 없어지고, 전처럼 많은 액수의 저축을 하지 않게 된다. 그래서 이러한 체질 전환을 마친 부르주아는 낮은 소득으로도 충분히 안락한 생활을 할 수 있게 되고, 그들의 아버지나 할아버지만큼은 사회주의를 적대시하지 않게 된다. 선거는 대개 좌익정당의 승리로 끝나고, 좌익정부는 집권 때마다 기간산업의 국유화를 행하여 계급 차이는 축소된다.

3

이상은 슘페터의, 자본주의로부터 사회주의로의 체제 변환 시나리오인데, 이러한 사회적 전환은 마르크스 이론처럼 자본주의의 경제적 난관(경제체제의 붕괴)에 의해 생겨나는 것이 아니라, 자본주의의 발전이 불러일으킨 상부구조의 변질이 경제를 잠식함으로써 생겨난 것이다. 슘페터는 이것을 "자본주의의 쇠퇴는 그 실패가 아니라 그 성공에 기초하여 시작된다"라고 표현하고 있다. [49] 그렇지만 이러한 사회주의화 과정은 필요없는 사업을 만들어서 관료기구를 비대화시키도 하고, 경쟁 부족 때문에 능률 저하를 일으키기 쉽다. 슘페터는 이러한 불필요한 사업을 전혀 분석하지 않았는데, 그가 생각한 사회주의화 과정은 평화적이고 통제가 곤란하기에 필요하지 않은

---

49) 슘페터에게는 이처럼 얼핏 이상한 기분이 드는 표현이 다수가 있다. 예를 들면 "나는 자본주의가 살아남고 싶어 한다고 생각하지만, 의사가 자기가 좋아하는 환자에게 이야기할 경우 사망이 임박했음을 예고하는 것처럼, 나는 자본주의가 멸망할 것이라고 이야기하고 있는 것이다", "내가 독일의 사회화 위원회의 위원이 된 것은 자살하는 사람 곁에는 의사가 있는 편이 좋기 때문이다." 그는 이러한 상황에서 마르크스주의자를 수반으로 하는 오스트리아 내각의 재무부 장관을 지냈기 때문에 우익으로부터도 좌익으로부터도 혐오를 받는 인물이 되어서, 곧 파면당하고 말았다. 또한 전쟁 중에는 심심치 않게 친히틀러적인 발언을 해서 하버드대학의 제자들에게 걱정거리가 되었다.

J.A. Schumpeter, *The Economics and Sociology of Capitalism* ed. by Swedberg, 1991, pp. 12~18을 보라. 그는 참으로 멋없는 남자였으며, 정치가로서는 지지를 받지 못했다. 또한 그는 그 후에 오스트리아의 작은 은행의 은행장이 되었는데, 은행은 파산하고 그 자신은 큰 부채를 짊어졌다. 은행가로서도 실패한 것이다.

사업들이 충분히 만들어질 수 있다.

우선 생산물 가격은 비용합산 방식으로 결정되는데, 비용의 주요 부문은 인건비다. 사회주의 사회에서는 인건비는 팽창은 하지만 삭감은 곤란하다. 따라서 생산물은 값이 비싸게 되고, 그 때문에 후진국과의 국제 경쟁에서 패배하고 국제수지는 적자가 된다. 또한 동시에 국가의 재정수지도 적자가 될 것이다. 당연한 일이겠지만 그 나라의 경제적 업적은 좋지 않기 때문에 비판의 소리가 높아진다. 그에 따라서 지식인들의 생각은 우경화하고, 그들은 사회주의에 대해서 비판적으로 되며, 결국에는 '보이지 않는 손의 인도'를 믿는 편이 낫다는 말을 꺼내게 된다.

이러한 자유방임을 주장하는 경제학자는 '통화주의자 monetarist'라고 불리는데, 그들의 경제철학을 배경으로 하여 신자유주의 정치가들이 1980년대에 정권을 잡았다. 그 대표적인 예는 대처인데, 그는 슘페터의 사회주의화 과정을 역전시키려고 했다. 영국에서는 슘페터가 상정한 바와 같이 민주주의적으로 사회주의(노동당 정권)로 전환했기 때문에, 민주주의적인 역逆 전환도 가능하다.

대처는 국유기업과 국유재산을 개인에게 팔아넘기고

누진과세를 철폐하거나 대단히 미미한 것으로 만들어서 그 결과 빈부격차는 확대되었다. 그뿐만 아니라 복지와 교육 부문은 각각 가난한 공공부문과 부유한 민간부문의 두 전형이 되었다. 또 조금 전에 보았듯이 슘페터의 전환 과정에서 보수정당이 좌익적 지식인들에게 영합한 것처럼, 역전 과정에서는 좌익정당 역시 우경화하는 현상이 발생한다. 대처는 결국 "빅토리아 시대로 돌아가서 빅토리아의 가치를 부흥시키자"라고 외치기에 이르렀다.

하지만 이러한 급진적인 역전 방식을 채택하기 이전에는 현실 세계에서는 가장 온건한 점진적인 사회화 정책이 채택되고 있었다.

영국은 2차대전 후에 곧바로 복지국가 건설에 착수했기 때문에, 대처가 정권을 잡은 것은 30년 이상이나 나중 일이기 때문이다. 그동안 영국은 어떤 산업을 국유화하고 나서 또 비국유화하고, 그 후에 또 재국유화하기도 하면서 정권이 바뀔 때마다 산업의 존재 방식을 변경했다. 이러한 빈번한 스위치의 단속斷續은 산업상의 비효율을 불러일으키는 것은 물론이다. 하지만 다른 한편에서는 이러한 조정은 결정적인 역전이 아니라 사회화 정책의 조정이라고 보아야 할 것이다. 그것들은 새로운 복지국가를 추구하는 모색 과정에서 과부족을 보충하고 수정하는 데 불과한 것이다. 수정이 미소했다는 것은 노동당만이 아니라 보수당에도 지금까지의 자본주의보다 더 좋은 체제를 만들려는 의지가 있었기 때문이다.

반면, 대처의 경우에는 아주 달랐다. 그는 이러한 미조정微調整은 결국에는 자본주의의 안락사와 사회주의의 순산을 가져올 뿐이라고 보았다. 따라서 그는 급진적으로 되었는데, 다른 한편으로 설령 그의 역전 정책이 성공하여 자본주의를 소생시킬 수 있었다고 해도 그것이 과연 살아나갈 환경을 가지고 있는 것인지를 깊이 생각해 보지 않았다. 이하에서 살펴보겠지만 이는 그의 시대 인식이 잘못되었기 때문이다.

경제학에는 몇 가지 종류 미신이 있다. 세이의 법칙도 미신이라면, 보이지 않는 손의 인도도 미신이다. 그리고 이들 양자 간에는 어떤 관계가 있다. 세이의 법칙이 성립하던 시대에는 보이지 않는 손을 믿어도 좋지만, 반-세이의 법칙 시대에는 내구재시장에서의 딜레마 때문에 보이지 않는 손은 움직일 수가 없게 되어있다. 반-세이의 법칙하에서는 완전고용 균형은 투자 부족 때문에 실현될 수 없고 막대한 실업이 생겨난다. 그래서 이것이 '히틀러의 시대'를 낳기도 하고 사회주의화를 불러일으킨 것이다. 이 점을 망각하고 반-세이의 법칙이 여전히 지배하고 있는 시대에 '사유화 정책'을 감행하여 자본주의로의 반전을 시도한다 해도, 대량실업이 발생하여 실패로 끝날 뿐이다. 대처의 잘못은 신자유주의가 반-세이의 법칙이 성립하는 경제에서는 부적합하다는 점을 자각하지 못했다는 데 있다.[50] 그런데도 그가 한 것과 같은 반전의 시도가 있을 수 있음을 전혀 무시한 것은 명백히 슘페터의 실수였다고 하지 않을 수 없다.

또한 이상의 설명에서 다음과 같은 보조 명제가 나오는 점을 잊어서는 안 된다. 반-세이의 법칙의 경제에서는 완전경쟁의 일반균형은 일반적으로 성립될 수 없기에 "일반균형은 최적 상태(전문용어로는 파레토 최적)"라고 하는 애로, 드브뢰의 '후생경제의 기본 정리'는 공염불이 되고 만다. 일부 근대경제학자들은 후생경제학을 중요시해왔지만, 반-세이의 법칙하에서는 후생경제학은 도깨비불을 뒤쫓아갔던 것이다. 그것은, 그 경제학이 가격기능을

---

50) 사실 대처가 퇴진한 후에, 메이저 수상은 그녀가 떠날 때 남기고 간 선물의 다수를 되돌려주어야만 했었다. 경제의 기본적인 흐름을 무시하고 유심론唯心論을 끝까지 밀고 나가더라도 역사는 결국 그 흐름을 흘러가게 하고 만다는 유물사관의 주장이 옳았던 전형적인 사례다.

주장하는 경제학이면서 동시에 '내구재의 딜레마'라고
하는 시장 문제를 계속 무시하고 그 함의를 이해하지 않
았기 때문에 생겨난 당연한 결과다.

13장

파레토 1

일탈(탈합리적) 행동의 사회학

1

경제학을 기타의 사회과학(예를 들면, 사회학)과 종합한다는 관점에서는 마르크스, 베버, 파레토(Vilfredo Pareto, 1848~1923), 슘페터, 다카타의 다섯 사람이 중요하다. 마르크스 경우에는 유물사관의 사회철학과 마르크스 경제학이 종합되었지만, 베버의 경우에는 『경제와 사회』가 대체로 그 종합판이다. 파레토의 경우에는 그의 사회학과 일반균형이론이 종합될 것이다. 파레토의 사회학은 방법론을 별도로 하면 주로 사회 형태론과 사회 균형론 및 지배계급의 부침浮沈을 다루는 (그것에 수반하여 사회형태도 변화한다) 계급 '순환'(교체)론으로 성립되기 때문에 그의 종합이론은 사회와 경제에 관한 웅장한 균형이론—더구나 동학적인—이라는 형태를 취하는 것 같다. 특히 그의 경제이론에서의 균형 개념은 고전 역학적이고, 사회이론에서의 균형 개념은 확률론적, 유체역학적이기 때문에 이러한 이질적인 균형을 조화·양립시키는 것은 간단한 일은 아닌데, 여기서는 그것은 문제 삼지 않기로 한다. 마르크스적 종합과 파레토적 종합을 비교해보면, 파레토가 '부르주아 마르크스'라고 불릴 자격이 있다는 것을 알 수 있을 것이다.

파레토는 이러한 종합이론을 구축하기 위해서 먼저 주도면밀한 방법론을 준비했다. 그는 인간의 행동이 반드시 논리적이지만은 않다고 보았다. 개인도 단체도 항상 자기 자신의 원칙대로 행동하는 것은 아니기 때문이다. 그들의 의사결정은 많은 경우에 충동적, 감정적, 비논리적으로 이루어진다. 원칙대로 행동하는 경우 그 원칙이 어떠한 행동을 허락하고 어떠한 행동을 배제하는지 앎으로써 개인과 단체가 어떠한 행동을 하는지를 설명할 수 있다. 확실히 경제학은 개인과 기업의 행동이 이러한 의미에서 원칙 합리적—효용계산과 이윤계산의 견지에서 볼 때 합리적—인 행동이라고 가정하고서 이론을 구성해왔다. 하지만 모든 행동이 원칙 합리적이지는 않다. 예를 들면, 노동자의 '파업을 할 것인가 말 것인가'에 대한 결심은 반드시 원칙 합리적으로 이루어지는 것은 아니다. 많은 경우에 군중심리나 그 밖의 감정적 요소의 지배를 받는다. 원칙 비합리적原則非合理的으로 의사결정이 이루어진 경제 행동에 대해서는 경제학은 전혀 무기력한데, 경제학자는 그러한 행동은 모두 경제적으로 중요하지 않다고 가정하고, 경제학을 개인과 기업의 제반 경제원칙을 공리로 삼는 경제논리학(경제기하학)으로 발전시켜왔다. 비논리적인 행동에 있어서는 사람들의 감정과 흥분과 망상이 중요한 역할을 한다. 효용계산과 이윤계산에 기초를 둔 행동(나는 이런 행동들을 "좁은 의미에서의 경제 행동"이라고 부른다)은 논리적이지만, 그 이외의 비일상적인 ─앞에서 이야기한 파업에 관한 의사결정과 같은, 노동운동의 군중심리 및 그 밖의 사회정세에 의존하는─ 경제 행동("넓은 의미에서의 경제 행동"이라고 부른다)은 반드시 논리적인 것은 아니다. 또한 경제적 혁신과 관계있는 새로운 경제적 기획의 배후에는 영감inspiration이 있고, 장래에 대한 통찰이 있으며, 의욕과 열의가 있다. 이것들을 이해하지 못하고서 새로운 기획을 효용분석 및 이윤분석만으로 설명하려고 한다면, 그 본질과 의의는 오판된다. 마르크스는 이와는 달리 앞서 8장에서 본 것처럼 다음과 같이 생각했다. 그에 의하면 사회의 밑바닥에는 생산관계 또는 경제적 구조가 있다. 그 위에 정치적·법률적 제도가 만들어지고, 정신적 생활(종교·도덕·학문·예술 등)이 전개된다. 경제적 기초 위에 만들어진 이러한 제반 제도, 정신적 활동은 상부구조다. 이러한 견해를 취하면, 사회의 기초적인 경제 관계와 행동은 ―앞서 말한 "넓은 의미에서의 경제 행동"을 제외하면― 논리적인 것으로 한정되지만, 상부구조에서 발생하는 현상은 반드시 논리적이지는 않게 된다. 마르크스에게 기초구조와 상부구조 간의 관계는 원칙적으로 일방적이다. 기초구조가 변하면 그것에 따라서 상부구조는 변화하지만, 그 반대로 상부구조가 변해도 기초구조는 그에 따라 변하지 않든지, 변하는 경우가 있다고 해도 그것은 중요하지 않을 정도거나 언제 변하는지도 모르게 변할 뿐이다. 따라서 상부구조에서 기초구조로의 거꾸로 된 방향으로의 영향은 무시된다. 만약 이러한 마르크스적인 일방적 구조 관계가 인정될 수 있다면, 경제학―기초구조의 연구―은 거의 논리적인 행동에 관한 연구로 일관할 것이며, 비논리적인 행동을 다룰 필요는 없다. 그러나 베버가 밝혔듯이 종교가 사람들의 경제활동 양식에 영향을 주는 그런 경우, 현실적으로 동구제국東欧諸国과 구소련에서 최근 볼 수 있듯이 국민의 정신적인 가치관이 변함에 따라 그들이 선택하는 경제구조가 변하는 것이라면, 기초구조와 상부구조의 관계는 일방적이 아니라 상호적이다. 파레토 역시 그 관계는 상호적이라고 보았다. 이런 경우 경제학은 상부구조에 관한 제반 학문과 종합되지 않을 수 없으며, '좀 더 넓은 의미의 경제학'이 만들어져야 한다.

앞서 말한, 경제와 사회에 관한 종합적 균형이론은 그러한 의도에 기초한 것이다. 마르크스에게 있어서 사적 유물론을 성립시킨 것은 상부구조와 기초구조 간의 관계가 일방적이라는 가정이다. 이런 가정에서는 생산력이 생산관계를 결정하고 생산관계에 따라서 이데올로기라는 상부구조 현상도 결정된다. 이와는 달리 이 가정을 부정하면, 이데올로기와 종교는 —베버가 주장한 것처럼— 생산관계에 영향을 준다. 사실 파레토는 사회주의를 일종의 종교로 간주하고, 신교新教의 출현이 사람들의 기질과 노동윤리에 영향을 주었듯이 사회주의는 사람들의 생활 태도를 변혁시키고 지지하는 경제체제를 바꾸게 한다고 보았다. 이렇게 본다면 파레토는 방법론적으로는 마르크스를 넘어서서 확충한 것이라고 생각되며, 하부구조

에서 상부구조로의 마르크스적인 영향과 그 반대 방향의
제반 영향의 종합을 의도했었다고 볼 수 있다.[51]

2

여기에서 지금까지 써온 명칭을 변경하고 정리해놓기
로 한다. 지금까지 '넓은 의미에서의 경제학'이라고 부른
것은 보통 우리가 경제학이 다루어야 한다고 생각하는
문제를 취급하기 때문에 이하에서는 그것을 간단히 경제
학이라고 부른다. 이와 달리 '좀 더 넓은 의미에서의 경
제학'이라고 부른 것은 보통의 경제학이 취급하지 않은
문제까지도 경제학과 관련시켜서 취급하기 때문에 이하
에서는 '종합경제학'이라고 부른다. '좁은 의미에서의 경
제학'은 '경제이론'이라고 부르면 좋을 것이다. 이러한 용
어를 사용하면 다음과 같이 말할 수 있다. 보통의 경제학
에서는 좁은 의미에서의 경제행위와 넓은 의미에서의 그

---

51) V. Pareto, *Un applicazione di teorie sociologiche*, 1910(1991년 영역 출간 『엘리트의 흥
망』—일어 번역은 『エリートの周流』川﨑嘉元 譯, 垣内 出版, 1975년)라는 제목으로 출판되어있다) 및 *Les
systèmes socialistes*(사회주의의 제 체제), 1903년 참조. 파레토는 이들 저작에서 사회주의
의 교양이 사람들의 기질, 정열, 본능, 감정, 의욕에 크나큰 영향을 주며, 사회변혁의 촉
매로서 역할을 한다고 주장하고 있다. 귀족은 엘리트의 정상부에 있는 것인데, 제노바
후작 집안에서 태어난 파레토가 엘리트에 주목한 것은 당연하다고 할 수 있겠다.

것을 함께 취급하는데, '경제이론'은 합리적 방법을 취하기 때문에 암묵적으로 좁은 의미 이외의 경제행위를 무시하여 그것들을 없는 것으로 가정하고 좁은 의미에서의 경제행위만을 분석한다. 또 이러한 '무시'를 한다는 가정을 하면 당연히 '경제학'과 '경제이론'은 같은 것이 되고 경제학이란 일상적이고 합리적인 경제행위에 관한 학문이라고 할 수 있게 된다.

비일상적인 경제행위는 논리적인 경제법칙의 평범한 적용 이상의 것이다. 이러한 행위의 중요성은 슘페터에 의해 강조되었다. 그에 의하면, 기업가는 이윤계산과 효용계산에 따라서 움직이는 교과서적인 행동을 하는 보통 사람은 아니다. 기업가로는 기업가형으로 타고난 특별한 사람밖에 쓸모가 없다. 그들에게는 특별한 자질이 필요한데, 그들의 결단은 개성적이며, 누구든지 따라야 할 그런 원칙적인 것은 없다. 게다가 그들은 남들보다 뛰어난 통솔력을 갖고 있어야만 한다. 이러한 기업가의 행동은 기업가 활동 원칙을 설정하고 거기서부터 논리적으로 어떤 행동을 해야 하는지가 공리적으로 도출되는 그런 것은 아니다. 통솔력으로 보더라도 그런 사람은 사람들의 감정의 움직임을 이해하고 그들의 감정에 호소하여 그들을 움직일 수 있을 만한 열정을 가지고 있다. 그들은 원칙론의 입장에서 볼 때 기상천외한 행동하기에 효용분석과 한계생산력 분석으로는 기업가 활동을 설명할 수 없다.

극단적인 경우, 기업가 가운데 자기가 생각한 경제 혁신이 과연 제대로 성공할 것인지를 시험해보는 일에만 의의를 느끼고 흥미를 갖는 사람도 있다. 이러한 기업가는 자기 자신의 이윤을 얻기 위해서 일하고 있는 것은 아니다. 따라서 그러한 기업가는 사업이 본궤도에 올라서 이윤이 확실하게 얻어질 수 있음을 알면, 그 사업에 대한 흥미를 잃고 사업을 팔아넘기고 새로운 사업으로 옮겨간다. 이러한 유별난 기업가는 얼마든지 존재하고, 실제로 영국 사람이 그렇다. 이러한 사람이야말로 기업가 중 기업가—순수기업가—라고까지 말할 수 있다. 많은 경제 혁신을 성취한 나라가 반드시 경제적으로 성공한 것은 아니라는 사실—영국이 그런 것처럼—이 이것을 잘 보여주고 있다. 기업가의 이론은 기업가의 정신을 이해하는 것을 필요로 하며, 그러기 위해서는 일종의 비논리적인 행동의 이론을 준비할 필요가 있다.

또 하나의 비일상적인 경제행위는 기업의 매수다. 어

떠한 경우 매수가 일어나는가를 이윤계산의 입장에서 설명할 수 있는 논리적인 이론으로서 토빈의 q 비율 이론이 있다.[52] 기업매수의 경우에 q 비율이란 기업이 소유하고 있는 자산을 시장가치로 평가하여 그 총액으로 그 기업을 지배하는 데 필요한 주식 수의 시장가치를 나눈 것을 말한다. q가 1보다 작으면 주식을 매점해 그 기업을 자기 것으로 만들면, 거기에 필요한 비용보다 큰 순자산이 획득되기 때문에 기업은 매수된다. 역으로 q가 1보다 크다면 그 기업은 매수되지 않는다.

이것은 언뜻 보기에는 흠잡을 데 없는 합리적인 행동처럼 보이지만, 현실경제에 대해서 본다면, 기업이 매수될 것인지는 q의 크기와는 관계가 없다. q가 1보다 작으면서도 매수되지 않는 기업이 많이 있으며, q가 1보다 커도 매수되는 기업이 있는 것이다.

후자의 경우, 그렇다면 어째서 직접적으로는 뻔히 손해가 될 그러한 매수를 행하는 것일까? 예를 들어 A, B 두 개사의 경쟁하는 기업이 있다고 하자. B의 q는 1보다 크다고 하고, A의 q는 1보다 클 수도 작을 수도 있다. 지

---

52) 토빈의 q 비율은 보통 기업의 투자활동을 설명하는 데 사용되지만, 여기서는 똑같은 방법을 기업매수에 적용하고 있다.

금 A가 B를 매수한다고 하면, 그것만으로는 A는 손실을 본다. 하지만 B를 없애버리면, 경쟁자가 하나 줄어들기 때문에 A의 입장은 좋아진다. A가 매수를 행한다면, 충분히 이 간접적 이득을 얻을 수 있다. 이 간접적 이득은 확정적인 것은 아니며, 그것이 충분히 크지 않더라도 A가 B를 걸림돌로 생각하면 매수를 할 것이다. 그 배후에는 A의 B에 대한 증오와 공포감이 있는지도 모른다. 이러한 감정의 설명이 충분히 이루어지지 않는 한, 매수 문제에 있어서 q 이론은 실제와는 다른 공리공론일 것이다. 그리고 비논리적인 행동양식을 이해하면 A의 q가 1보다 작을 때 A는 매수를 당할지도 모른다는 위기의식을 느끼고 역으로 B에 선제공격을 가하여 B를 매수하리라는 것까지도 이해가 간다. 거듭 말하지만 어떤 경우에 누구에게 매수하게 할 것인가에 관한 순수하게 합리적인 경제이론은 어디에도 존재하지 않는다. [53)]

---

53) 또 하나의 예를 들어보기로 하자. 1976년에 서독에서는, 종업원 2,000명 이상인 회사에서는 주주총회가 일정 수의 감사를 선출하여 종업원 측으로부터 선발된 동수의 감사들과 위원회를 만들어서 그 위원회에서 중요한 경영 문제의 의사결정을 하지 않으면 안 되게 되었다. 이것은 주주 측의 중대한 양보를 뜻하는데, 왜 거기까지 양보를 할 수밖에 없었는지는 순수경제적 합리성은 없다. 주주 측이 종업원들을 대등한 사회적 세력으로 인정해주지 않을 수 없었기 때문에 그렇게 된 것이다. 이러한 문제—주주 대표와 종업원 대표인 감사들이 왜 동수이어야만 하는가—를 종래의 공리론적인 경제학으로 수량적으로 논하는 것은 불가능하다. 이러한 문제는 내가 말하는 '좁은 의미의 경제학'과 별도의 경제학, 어쩌면 세력 경제학의 문제다.

그런데 비논리적인 행동이 어떠한 결과를 가져올 것인가에 대해서는 연역적으로는 단언할 수 없다. 많은 사례를 관찰하고 (비일상적인 행동이라고는 하지만 그러한 사례는 충분히 다수가 존재한다) 어떠한 결과가 발생하는지를 주의 깊게 관찰하지 않으면 안 된다. 이렇게 해서 결과는 귀납법적으로 얻어지며, 이론적 모형은 귀납법적으로 구성된다.[54] 이처럼 '경제학' 중에서 '넓은 의미의 경제학' 부분은 방법론적으로는 귀납법적, 경험주의적인 데 대해서, '좁은 의미의 경제학' 부분은 공리론적, 연역적, 수학적이라는 현저한 방법론적 대조성이 있다. 슘페터의 경제학은 수학적으로 전개하기가 어렵다고들 하지만, 그것은 이러한 사정에 기인한다고 하겠다.

3

이상은 슘페터와 파레토 간에는 깊은 관계가 있다는 것을 시사하고 있다. 우선 첫째로 슘페터는 표준적인 효용계산과 이윤계산에 기초를 둔 합리적인 경제활동 이외

---

54) 사례의 수가 적은 경우 귀납법적인 이론화는 곤란하며, 역사적 기술로 만족하는 수밖에 없다.

의 경제활동에 대한 분석을 충실히 했다. 마찬가지로 파레토는 비논리적인 행동 분석에 대해서 깊은 흥미를 보이고, 그 일반적인 분석 방법을 상세하게 제시했는데, 적절하고 중요한 문제를 구체적으로 지적하거나 그 이론적 해명을 제시하는 경우는 거의 없었다. 그러한 의미에서는 파레토의 비논리적인 경제 행동 분석 사례는 무無에 가깝다고 말해도 좋다. 이에 반해서 슘페터는 철저한 분석은 하지 않았을 뿐 아니라 분석을 한다고 해도 깊이 있는 방법론에 기초한 것은 아니었지만, 그런 종류의 대단히 중요한 사례가 존재함을 지적했다.

그의 경제 혁신 이론이 바로 그것이다. 이렇게 그는 파레토의 빈 상자에 귀중한 재료를 채워 넣는 일을 했다.

둘째로 슘페터는 유명한, 그리고 대단히 비마르크스적인 체제변환론 또는 혁명론을 제시했는데,[55] 이러한 이론은 파레토의 지배계급 흥망에 관한 이론—『엘리트의 흥망』—의 적용 또는 재판再版이라고 볼 수 있다. 이 점에 관해서는 다음 장에서 상세하게 논할 것이다. 이러한 체제변환 이론은 계급 간 투쟁이론에 기초한 마르크스적인

---

55) 다음 장에서 설명하겠지만, 슘페터의 자본주의의 발전 과정에서 사회주의로 향하는 변천 과정으로의 전환은 유물사관과 적대적이지는 않다.

변혁이론과는 다르며, 지배계급 내부에서의 주도권 투쟁에 초점을 맞춘 이론이다.[56] 이러한 비마르크스적인 사회이론과 정통적인 경제학을 총괄한 파레토의 전 체계는 마르크스적이 아니라는 의미에서 '신고전파의 종합'이라고 부르는 것이 적당한데, 파레토의 이런 굉장한 의도를 계승한 것은 슘페터라고 볼 수 있다.

파레토의 종합경제학은 유물사관의 부정 또는 수정을 의미하는데, 그 가운데서 이 점과 관련하여 중요한 역할을 담당한 것은 그의 사회학—사회 균형론과 변동론—이다. 마르크스 경우에도 상부구조의 분석을 포함한 종합경제학은 웅장하지만, 상부구조의 학문은 따로 떨어져 나갔기 때문에, 그것들을 떼어놓은 좁은 의미의, 혹은 고유의 경제학은 일관되게 논리적인 행동의 학문이라는 의미에서 방법론적으로는 단순하다. 이와는 달리 파레토의 종합경제학은 분해가 불가능하다. 엄밀하게 말하면 그 속에서 자기 완결적인 보통의 경제학—논리적 행동의 학문—을 추출하는 것은 불가능한 구조로 되어있다.

이처럼 파레토의 종합경제학은 복수複數의 학문을 종

---

56) 물론 대중은 엘리트에게 이용당하고 동원되기 때문에 외견상으로 계급투쟁에 나서는 일이 자주 있다.

합하고 있다. 그와 동시에 방법론도 단일하지 않다. 우선 논리적 행동을 다루는 일반경제 균형이론 부문은 스피노자적으로 '기하학적으로 구성'되어있어서 그 부문은 연역적이다. 이와 달리 비논리적 행동의 법칙은 귀납적, 경험적으로 발견된다. 그리고 이와 같은 비논리적인 행동에 대한 귀결을 조리 있게 이끌어내는 게 종합경제학 내 비기하학적 부문의 과제다.

다음으로 파레토와 베버와의 관계를 살펴보자. 파레토가 사회학적인 연구에 본격적으로 착수한 때 이미 베버는 그의 경제적 일반균형이론의 작업을 마쳐놓고 있었다. 그래서 그는 사회학에서 경제학에는 없는 것을 찾았다. 이와는 달리 베버가 그의 사회학을 만들던 때는 경제학을 모범으로 삼았다. 그 결과 파레토의 사회학은 경제학과는 상당히 대조적인 비합리적 행동에 관한 귀납적, 경험적인 학문으로서 만들어졌던 데 대해, 베버의 사회학은 경제학과 서로 비슷한 합리적 행동에 관한 연역적이자 준準 공리론적 학문이 되어있다. 물론 이것은 베버가 비합리적인 행동을 무시했음을 의미하지 않는다. 그런데도 그의 행동 분석은 인간의 합리적 행동에 대한 분석을 주로 했던 것이다. 유명한 『윤리』에서의 자본주의 정신에 관한 분석도 인간은 합리적으로, 특히 가치합리적으로 행동한다고 하는 가정에 입각하고 있다. 그러므로 경제학과 사회학을 접합할 때, 베버 사회학과 접합하느냐 파레토 사회학과 접합하느냐에 따라 양상은 엄청나게 달라진다. 전자의 경우에, 경제학과 사회학이 서로 비슷하므로 접합은 쉽다. 이에 반해서 후자의 경우에는 접합이 어렵지만, 그것에 의해 이질적인 요소가 도입되기 때문에 접합의 이익은 크다.

마지막으로 다카타가 인간의 세력 의지에 기초한 사회적 행동을 중시했다는 것을 한 번 더 지적하고자 한다. 그러한 행동은 많은 경우에 비합리적(특히 가치 비합리적)이다. 따라서 세력에 관한 논의는 방법론적으로는 파레토의 영역에 속한다고 말할 수 있을 것이다.

14장

파레토 2

엘리트 계층 내의 흥망

1

파레토는 인간의 비논리적인 행동을 분석하기 위해서 그의 사회학 주저인 『일반 사회학개론』[57](이하에서는 『개론』 으로 약칭한다)을 집필했다. 그는 본능과 감동 또는 감정이 인간의 비논리적 행동을 결정하는 유력한 요소라고 보고, 그것들을 "기본요소"라고 불렀다.[58] 어떠한 기본요소가 있는지는 귀납법적인 연구를 했다. 하지만 어떠한 기본요소가 존재하는지를 지적한 것만으로는 그 요소에 기초를 두는 행동을 설득력 있게 설명할 수 없다. 어떤 요

---

57) 파레토, 『일반사회학 개론Trattato di Sociologia Generale』, 1916. 영역은 The Mind and Society란 제목으로 1935년에 출판되어있다.
58) '기본요소'의 원어는 residue(殘餘)이다. 군더더기를 빼어낸 후에 남는 잔여는 그 물건의 정수(精髓, 엑기스)이기 때문에 나는 그것을 기본요소라고 번역했다. 일본의 사회학계에서는 '기본요소'를 '잔여' 또는 '항상체', '유도'는 '파생체'라고 번역하고 있는 것 같은데, 이런 번역들은 마음에 들지 않는다.

소가 왜 일정한 행동을 불러일으키는지에 대한 "이유설명", 또 이런 "이유설명"을 정당화하는 논의를 파레토는 유도(誘導, dérivations)라고 불렀다. 유도란 비논리적인 행동을 논리적으로 설명하려는 시도인데, 인간의 논리적인 사고력이 발전함에 따라서 어느 발전단계에서는 '유도'일 수 있었던 것이 나중 단계에서는 유도의 역할을 하지 못하게 된다. 따라서 새로운 유도가 구해진다. 마치 종교가 인지人知와 사회의 발전에 따라 점차적 합리적으로 되어간 것처럼, 종교적 유도는 진화, 발전한다. 이처럼 유도(이유설명)는 역사적 산물이며, 변천하는 것이다.[59] 기본요소와 유도가 가져오는 합성 효과를 파레토는 "유도 결과dérivative"라고 부른다.

이처럼 비논리적인 행동의 이론은 귀납법적인 기본요소에 대한 관찰 부분과 이상적으로는 유도誘導로서 완벽하게 논리적이어야 할 연역적 추론 부분으로 성립되고 있다. 이처럼 파레토의 사회학과 순수경제학은 —앞에서 서술한 것처럼— 방법론적으로 대조적이다. 전자는

---

59) 종교 서적을 통해서 교리의 설득이 행해지는 경우 그러한 설득은 여기서 말하는 '유도'다. '논리'는 틀린 것이 아닌 한, 개정되지 않지만, '설득'은 상대방의 지적 수준이 변하면 설득력을 잃기 때문에 시대와 함께 변하지 않으면 안 된다. '유도'가 준準 논리라고 여겨지는 이유가 그것이다.

귀납법에 입각하고 있지만, 후자에 있어서 귀납적 부분은 0이거나 무시할 수 있을 정도이기 때문에, 그것은 거의 완벽하게 연역적(또는 공리론적)이다. 반복되는 이야기이지만, '경제학'은 이제는 비논리적인 경제 행동도 점차로 연구해야만 하는데, 그러한 부문은 귀납법적으로 법칙을 발견하고 그것들을 합리적으로 설명하지 않으면 안 된다. 이처럼 종합경제학만이 아니라 경제학도 역시 방법론적으로 복합형, 즉 경험적 귀납적인 것과 논리적, 연역적인 것의 복합이어야 할 것이다.[60]

파레토는 다음의 여섯 가지 기본요소를 지적했다. (1) 조합(또는 결합)에의 본능, (2) 집단을 지속시키려는 본능, (3) 강한 감동을 외부적으로 표현하려는 경향, (4) 사교성社交性이라는 기본요소, (5) 개인과 그 부속물의 보전에 관한 기본요소,[61] (6) 성(性, sex)이라는 기본요소. 이 중에서 이론적으로 중요한 것은 앞의 두 가지라고 생각되기

---

60) 예를 들어서 다카타의 세력론에 대한 일본경제학자들의 반감이 대다수는 그것이 연역적, 합리적으로 구성되어있지 않은 데 따른 것이라 생각된다. 하지만 세력론을 파레토적 사회학적 분석의 일종으로 본다면, 그것이 연역적이지 않고 경험적인 것은 당연하며, 그 점이야말로 그 이론의 특징과 장점이라고 할 것이다. 이에 반해서 애로의 사회적 선택 이론은 경험적인 것이 아니라는 약점에도 불구하고 합리적이기 때문에 경제학자들의 반감을 사지 않고 있다.
61) 사회적 균형을 변경하는 데 대하여 저항하고 싶어 한다는 감정 등은 이 항목에 들어간다.

때문에, 이하에서는 그것들에 대해서만 설명한다.

『개론』을 영어로 번역한 사람들이 역자주에서 적고 있는 것처럼 그들은 이탈리아어인 콤비나치오네combinazione를 적당한 영어단어가 없어서 할 수 없이 콤비네이션combination으로 번역했다. 그들의 말에 의하면, 이탈리아어 콤비나치오네는 영어의 콤비네이션보다 의미가 넓어서 조합combinazione에의 본능은 "발명의 재능, 고안하는 재주, 독창성, 상상력 등"을 의미할 수 있다.[62] 사실, 파레토도 조합시킨다고 하는 활동을 다음과 같이 설명하고 있다.

> "실험실에 있는 과학자는, 어떤 기준 또는 가설에 따라서 다양한 조합을 시도해본다. 그것들은 대부분 합리적이지만, 때에 따라 그때그때 임기응변식으로 적당히 해보는 것도 있다."

모든 종류의 혁신은 이러한 조합활동의 성과다. 따라서 "조합에의 본능"은 "혁신에의 본능"이라고 번역해도 좋을 것이다. 다만 파레토도 이야기하는 것처럼 "무지한

---

62) 파레토, 『개론』 영어판, 제2권 519쪽 이하의 두 인용문도 같은 항에서 나온 것이다.

사람은 대부분 기분 내키는 대로, 바보스럽고, 유치한 (그리고, 많은 경우에 우연히 들어맞는 것이기도 한) 유추를 하여 조합을 하는" 경우도 많으며, 이런 것들로부터는 긍정적인 성과는 거의 나오지 않는다. 아무튼 조합활동에서 성과를 얻으려 하는 것은 성공한 경우이든 성과가 없는 경우이든 비논리적인 행동이다.

이렇게 해석하면 파레토의 조합활동이라는 기본요소와 슘페터의 혁신 활동의 이론이 밀접하게 관계되어있음을 알 수 있을 것이다.[63] 이러한 기본요소를 가지고 있는 사람은 진보적, 혁신적이며, 구체적인 사람으로는 기업가가 그런 특별한 유형의 사람이라고 보인다. 슘페터는, 자본주의 사회는 기업가가 행세하는 사회이기 때문에 자본주의=자유기업제도는 혁신적이라고 보고 있으며, 사회주의 사회는 경제계에서 그러한 본능이 시든 사회로 간주하고 있다.

---

63) 사실, 슘페터도 혁신innovation을 곧잘 신결합new combination이라고 부르고 있다.

2

파레토는 『사회주의의 제諸체제』[64]를 발표한 1903년경 이후부터는 사회주의를 상당히 적극적으로 평가했었다. 인간의 행동에는 논리적인 사고에 기초를 둔 교조주의적인 행동, 정열과 감정에 기초를 둔 비논리적인 행동이 있다. 사회주의의 교의에 기초를 둔 사회주의 운동은 전자의 범주에 들어가지만, 그것은 단순한 논리적인 행동이 아니며, 비논리적인 행동—새롭고 좀 더 나은 사회를 만드는 데 공헌하고자 하는 의욕을 사람들에게 심어주고, 뜨거운 정열을 불러일으키게 하는 것인, '조합에의 본능'에 기초한 멈추기 힘든 행동—을 수반한다. 사회주의에서 매우 중요한 것은 이론이 아니라 그 주의를 밀고 나가려고 하는 정열이다.

마르크스 이론은 이론적으로 결함이 있지만, —파레토는 그렇게 믿었다— 그의 노동가치설이 틀렸어도 그것은 사회주의에 대해서 치명적이지 않다.

"이 결함들은 사회주의자의 신념을 거의, 또는 전혀 손상시키지 않는다. 사회주의자를 탄생시킨 것은 마르크

---

64) *Les systèmes socialistes*, Paris, vol I and II, 1903.

스의 책이 아니며, 거꾸로 사회주의자들이 마르크스의
책을 유명하게 만들었던 것이다.”[65]

   '새롭고 좀 더 나은 사회'는 단순한 신화인지도, 공중누
각인지도 모른다. 하지만 그것을 향한 정열이야말로 대
중을 동원하는 힘의 원천이라고 파레토는 보았다. 대중
은 그러한 정열 때문에 에너지를 갖게 되며, 그들의 희망
은 실현된다. 자유주의는 이성에 호소하지만, 사회주의
는 감정을 이용한다. 적어도 자유주의는 —지식인의 정열
을 부채질하는 것이 있다고 하더라도— 대중의 감정에는
호소하지 않는다(오늘날에는 이와 똑같이 말할 수 없는지는 모르나,
1900년대 초에는 파레토의 단정이 옳았던 것 같다). 따라서 사회주
의 활동은 정치적으로 자유주의 활동보다 한층 더 효과
가 있으며, 파레토는 사회주의를 긍정적으로 평가했다.
   파레토는 사회주의가 시장경제가 이루어낸 것과 똑같
은 것을 이루어낼 수 있다고 보았다. 그의 『경제학 제요
提要』[66]는 1906년에 이탈리아어로 출판되고, 그 개정판인
프랑스어판은 1909년에 출판되었는데, 그것들은 후술할

---

65) 파레토, 『엘리트의 흥망』 영어판, 100쪽.
66) V. Pareto, *Manuale di economia politica*, 1906.

엔리코 바로네의 1908년 출판된 논문과 마찬가지로 사회주의 사회가 완전경쟁 조건 속 사유재산 사회와 똑같이 작동할 수 있음을 인정하고 있다.[67] 파레토는 슘페터에게 자기가 사회주의자라고 말했다고 하지만,[68] 적어도 관찰자로서 전자는 후자보다도 사회주의를 적극적으로 평가했었다는 것은 어느 시기에 있어서는 거의 확실하다.

파레토의 두 번째 기본요소인 집단유지의 본능, 즉 집합체 유지라고 하는 기본요소는 또 하나의 기본요소인 조합에의 본능과 대조적이다. 후자가 인간의 진취적인 기상에 대응하고 있는 것에 반해서 전자는 봉사의 정신에 대응한다. 그는 이들 두 개의 기본요소를 사용하여, 산업 보호 정책이 어떠한 사회변동을 가져오는지를 논했는데, 그가 거론한 산업 보호의 예는 현재로서는 적절

---

67) 슘페터는 바로네의 논의가 옳다고 보고 있는데 ―그것은 또한 바로네의 논문에 대한 정평이기도 하다―, 주의 깊은 고찰이 필요하다. 16장에서 서술하겠지만 '세이의 법칙인가, 반-세이의 법칙인가'는 바로네의 문제에도 관계가 된다.

68) J. A. Schumpeter, *The Economics and Sociology of Capitalism*, ed. by R. Swedberg, Princeton University Press, 1991, p. 288.
하지만 파레토를 잘 알고 있는 피에트리 토넬리Alfonso de Pietri Tonelli나 부스케도 모두 파레토는 사회주의자가 아니라고 하고 있다. 그가 파시스트였는가 하는 것도 큰 문제인데, 그것에 관해서도 두 사람은 똑같이 부정한다. 특히 부스케는 「파레토의 정치에 관한 유언」(1923년 9월)을 인용하여 파레토가 보도의 자유와 온건한 정치를 요망했었다는 것을 증언하고 있다. 게다가 그는, 파시스트 정부는 호전적이어서는 안 된다, 언론의 자유를 억압해서는 안 된다, 무거운 세금을 부과해서는 안 된다, 종교와 결부시켜서는 안 된다, 학문의 자유를 지키라고 주장하고 있다. G. H. Bousquet, *Vilfredo Pareto, sa vie et son oeuvre*(Paris, 1928), Ch. 6 참조.

하지 않기 때문에, 대처의 사유화 정책에서 비롯된 반사회주의 정책을 놓고 생각하는 편이 이해하기가 좋을 것이다. 앞에서 설명했듯이 이러한 정책은 자본주의 정신을 고양시키고, 봉사 정신은 투철하지 않지만 진취적인 기상이 넘치는 사람들을 더 많이 사회의 상층부로 진출시킬 것이다. 이렇게 해서 그 나라는 경제적 이익 추구와 산업진흥의 목표를 향해서 나가도록 고무된다.[69]

하지만 그 나라가 언제까지나 그러한 방향으로 나가는 것은 아니다. 그 방향으로의 진행이 과도하게 되면, 곧이어 반대 방향으로의 움직임이 생겨나서 봉사 정신이 투철하고 자기의 경제적인 이득을 우선시하지 않는 그러한 유형(즉, 사회주의적인 사람들)이 힘을 갖게 되는 시대가 온다. 이렇게 해서 사회의 상층부는 다른 사람들이 차지하는 것이다. 즉, 엘리트는 순환한다.

이처럼 지금까지 어떤 방향으로 진행해온 사회가 다른 방향을 향해서 진로를 바꾸는 것은 파레토에 의하면, 자동적인 교체에 의한 것은 아니며, 많은 경우에 전쟁의 결과다. 즉, 로마가 그리스를 정복하던 때와 같다. 당시의 그리스는 조합에의 본능을 넘칠 정도로 가지고 있었던

---

69) 『개론』 영어판 제4권, 1549쪽.

반면 로마에서는 집단 유지의 기본요소가 우세했기 때문에[70] 전쟁에서 패배한 그리스에서 진로의 교체가 생겨났다고 본다. 그뿐 아니라 전쟁과 혁명과 대정변은 지배계급 내에서의 기본요소 상호 간의 비중을 크게 변화시킨다고 그는 지적했다. 이처럼 전쟁과 혁명 같은 외부적인 요인은 등장인물을 교체시켜서 사회적 변화를 불러일으키지만(일본의 종전終戰 시기를 보라), 번영을 누리고 있는 상태를 기초로 하여 내부적, 자생적으로 혁명이 일어나는 일은 어떤 경우에도 없다고 파레토는 보았다.

슘페터의 체제변환은 이러한 외적인 요인을 필요로 하지 않는다. 산업화가 진행되면, 다른 요소가 있어야 하는 일 없이 방향이 바뀌어서 사회주의화가 자연히 시작된다고 보고 있다. 즉, 그의 경우에는 사회변동은 자생적이다. 그리고 이러한 자생적인 변화는 민주주의적이며, 폭력을 필요로 하지 않는다. 슘페터가 그의 이론을 만들어낼 때 파레토 이론을 고려한 것은 명백하다. 사실, 파레토의 '엘리트의 순환' 이론과 슘페터의 '자본주의의 사회주의로의 전환' 이론 간에는 이하에서 보듯이 밀접한 관계가 있는 것으로 생각된다. 우선 슘페터는 그의 저서

---

70) 위의 책, 1552쪽.

『주의主義』의 2부 「자본주의는 생존할 수 있는가」에서 파레토의 엘리트 순환론을 언급하고 있으며,[71] 또 「인적요소」를 논한 장에서는 그의 『개론』을 인간성에 관한 19세기 후반의 대표적인 고찰방식으로 인정하고 있다.[72] 그런데도 슘페터는 마르크스주의자의 이데올로기는 파레토의 유도誘導에 해당된다고 지적한 것 말고는 파레토의 분석 도구를 아무것도 사용하고 있지 않기 때문에 슘페터는 파레토로부터 분리되어 논해지는 것이 보통이다. 하지만 나는 양자 간에는 깊은 관계가 있으며, 사실 전자는 후자의 개정판 혹은 변형이라고까지 생각한다. 파레토의 용어로 말하자면, 슘페터의 기업가는 조합에의 본능이 농후한 사람이며, 사회주의자 또한 집단유지를 위해서 조합에의 본능을 이용하는 사람이다. 경제의 발전단계가 낮을 때에는 아직 투자 기회는 풍부하며, 따라서 산업은 조합에의 본능이 강하고 창의적인 사람을 끌어당기지만, 경제가 발전해가면, 투자 기회는 적어져서 산업은 이 사람들에게 매력이 없는 곳이 되고 그들은 사회복지와 공공사업의 분야로 이동해간다. 이처럼 슘페터에

---

71) 슘페터, 『주의』 상, 227쪽.
72) 위의 책, 중, 478쪽.

게는 경제의 상황 여하에 따라 창의적인 사람이 경제에 관여하기도 했다가 등지기도 한다는 일종의 유물사관이 그 체제변환론의 근저에 있다.

그런 의미에서 슘페터의 자생적인 변환론은 파레토의 기본요소 분석과 유물사관의 교묘한 조합이다. 유물사관을 배제하고, 그 때문에 방향 전환을 위한 외생적 계기를 필요로 하는 파레토의 외생적 순환론과는 성격을 달리한다. 슘페터 이론은 마르크스 이론을 고려하면서 파레토 이론을 교묘하게 수정한 것이라고 볼 수 있을 것이다. 대처는 경제의 밑바탕에서의 흐름이 변하고 있지 않은데도 슘페터의 변환 과정을 역전시키려고 해서 실패를 했지만, 그가 거기서 성공하려면, 경제의 밑바탕이 변하든지, 그렇지 않으면 내부나 외부로부터 그를 지지하는 무력과 폭력이 필요했을 것이다. 그것이 사실이라면, 그의 실패는 경제의 밑바탕이 변하지 않고 있는 데다가 파레토가 강조한 전쟁, 폭동 등의 외부요인도 움직이고 있지 않은 상황에서 변혁을 강행한 데 따른 것이라고 할 수밖에 없을 것이다.

3

파레토는 그의 사회학에서 웅대한 사회과학 방법론을 전개했는데, 그 스스로가 그것을 사용하여 사회학과 경제학의 문제를 이론적으로 구체적으로 고찰한 것은 엘리트 순환론과 사회 균형론을 역사적으로 논한 『개론』의 제4권을 제외하면 비교적 드물다(나는 이것이 그의 사회학을 특히 우리 경제학자들 사이에서 인기 없는 것으로 만든 이유라고 생각한다). 이와 달리 슘페터는 화려하게, 내가 말하는 "넓은 의미의 경제학"과 종합경제학의 문제를 논했는데, 그 방법론적 입장은 비교적 불명료했다. 물론 그가 구체적으로 예견한 것은 특히, 소련과 동구의 사회주의 국가들이 괴멸해버린 현재에는 명백한 오류이며, 그렇기에 수정되지 않으면 안 된다는 것은 명백하다.

예를 들면 그는 나와 카테포레스George Catephores가 논한 바와 같은 사회주의적 착취를 논하고 있지 않다.[73] 사실 소련과 동구제국은 사회주의적 착취가 인내하기 어려울 정도로 극도에 달하였고, 더구나 그것이 사회주의적 독재와 결부해있어 붕괴한 것인데, 슘페터의 사회주의적 독재에 대한 인식은 오늘날의 시각에서 보면 관대했다

73) 모리시마, 카테포레스, 앞의 책, 『가치, 착취, 성장』.

고 하지 않을 수 없다. 게다가 사회주의적 관료제의 비효율성(이것은 사회주의적 착취의 한 중요 요소다)은 더욱더 중요시되지 않으면 안 될 것이다. 좀 더 근본적인 문제로서, 시대가 변천함에 따라 자본가 측 진영이 분열되고 그 진영의 진보적인 분자가 노동자 진영에 가담한다고 하는 그의 통찰에 대하여, 그 반대인, 노동자 측 진영이 분열되고, 그 진영의 보수적인 분자가 자본가 측에 가담했다고 하는 1980년대 이후 영국에서 일어난 사실 또한 마찬가지로 중요시되지 않으면 안 된다. 이렇게 본다면, 아직도 많은 "넓은 의미의 경제학"을 파레토의 『개론』에서 이끌어낼 수 있을 것이다.

경제학과 사회학의 파레토적인 종합의 두 구성 부분, 귀납법에 의한 경험적 법칙의 발견 부문과 연역법에 따른 공리론적 법칙의 도출 부문이 마르크스 이론의 상부구조와 기초구조처럼 분리가 될 수 없으며, 귀납법적 부분(사회학 및 기타)과 연역적 부문(경제학)의 관계는 상호 영향을 미치는 관계다. 그러므로 파레토에게는 마르크스와 같이 경제학이 기본이며 상부구조에 관한 학문(사회학 및 기타)은 경제학의 파생물이 된다고는 말할 수 없다.

파레토 종합과 마르크스 종합에 있어서 두 구성 부문

간의 관계가 상호 결정적인지 아니면 일방적인지는 파레토가 그렇게 한 것처럼 과거의 역사를 광범위하고 주의 깊게 음미하여 귀납법적, 경험적으로 판정되어야 한다. 이 문제에 관하여 파레토가 옳을 경우 —나는 그렇다고 예측하는데— 경제학을 공리론적으로 구성하려고 해온 신고전파 이론가와 사회의 움직임을 경제학만으로 설명하려고 한 마르크스 경제학자는 틀렸다 —적어도 대단히 일면적이고 불완전하다—고 말할 수 있을 것이다. 파레토 자신의 사회학과 경제학과의 종합은 구체적인 내용은 부족하지만, 그 의도와 대략적 줄기를 그의 업적 가운데서 찾아내는 것은 어렵지 않다. 나는 슘페터야말로 파레토 종합에 그 내용을 풍부하게 채워준 한 사람이라고 생각하고 있다.

끝으로 또 한 가지 설명해야 할 것이 있다. 나는 사회의 움직임에 관한 다섯 가지의 전망bird's eye view을 개관했는데, 그중에서 생산력의 발전을 기초로 하는 마르크스 유물사관에서는 역방향의 운동은 있을 수 없다. 인구의 양적, 질적인 구성의 변화를 축으로 하는 다카타의 제3사관에서는 인구 감소는 있을 수 있지만, 변화는 통상적인 경우, 대체로 일방적이다. 베버의 종교사관에 관해서 말하자면, 형식적으로는 똑같은 종교라도 그 해석이 시대와 함께 변하기 때문에 종교와 경제 사회와의 적합 관계도 고정적이 아니라 유동적이다. 슘페터의 기업가 정신 사관에서는 기업가가 활약하는 산업 부문은 시대와 함께 변할 수 있다. 그것이 영리 산업일 경우에는 그 체제는 자본주의적이 되고, 복지 부문과 공공 부문일 경우에는 그 체제는 사회주의적이 된다. 파레토의 엘리트론에서 지배적인 힘을 갖는 '기본요소'는 조합의 요소와 집단보존의 요소 간에 순환한다. 이들 다섯 개의 전망을 조합하여, 사회가 원을 그리면서 전진해나가는 진화를 한다고 하는 사회 동태론을 만드는 것은 어려운 일이 아니다. 마르크스와 다카타의 사관은 전진을 설명하고, 슘페터와 파레토의 이론은 순환 주기를 생성하며, 베버의 유동적인 적합 관계가 진화의 요인이 될 것이다.

3부

패러다임의 전환

자유방임에서 수정주의로

· 폰 미제스
· 존 메이너드 케인스

15장

미제스 1

자유방임의 예정 조화론

1

　오스트리아의 경제학은 두 가지 경로를 거쳐서 미국
에 이식되었다. 첫 번째 경로는 슘페터에 의해서 본을 경
유하여 하버드대학교로 간 것이고, 두 번째 경로는 폰 미
제스(Ludwig Edler von Mises, 1881~1973)와 하이에크에 의해
서 각각 제네바와 런던을 거쳐 뉴욕과 시카고에 이식된
것이다.[1] 전자는 미국의 좌파인 신오스트리아(슘페터리언)

---

1) LSELondon School of Economics는 좌익성향의 대학으로 여겨지고 있으나 경제학부
에 관한 한 이 학교 초창기의 에드윈 캐넌 교수 이래 전통적으로 자유 시장학파였다.
이 전통은 라이오넬 로빈스에 의해 뚜렷하게 강화되었다. 폰 미제스에게로 쏠렸던 그
는 마찬가지로 미제스의 영향을 받은 폰 하이에크를 LSE에 초빙하여 시장학파 그룹을
만들어냈다. 구성원이던 칼도어, 러너, 섀클, 힉스 등은 나중에 그룹에서 다소 멀어져
갔지만, 그 전통은 립시, 피콕, 할리 존슨에 의해 계승되었다.
"이러한 대단히 우경화된 사고방식이 일반에게 사회주의자의 온상으로 여겨지고 있
던 LSE에서 크게 퍼져 있었다는 것은 외부인의 눈에는 놀라웠을 것이다" 하고 힉스는
적고 있다. 그는 LSE의 사회주의자(라스키, 토니, 돌턴 등)와 자유시장론자가 모두 자유주
의적인 정치 신조의 지주였음을 지적하고, 따라서 개인적으로는 서로 친하고 서로에
게 관대했었다고 술회하고 있다. John Hicks, *Collected Essays on Economic Theory,*

학파를, 후자는 시카고 우파(통화주의학파와 '인적 자본'학파)를 키워냈다.

미제스는 하이에크에게 뚜렷한 영향을 주었다. 빅셀의 누적 과정에 대한 분석을 경기변동 이론으로 재구성한 것은 미제스인데, 이 이론은 훗날 하이에크에 의해 계승되어, 미제스, 하이에크의 화폐적 경기론으로 개정되었다. 또한 미제스는 철저한 '자유방임'의 신봉자이며, 따라서 반계획, 반사회주의의 입장을 가졌다. 유명한 '사회주의경제계산 논쟁'에서 미제스는 계획경제론의 발전에 발맞추어서 자신의 학설에 수정을 가했지만, 여전히 반사회주의로 일관하고 있다. 하이에크도 대체로 미제스와 행동을 같이했다. 요컨대 하이에크는 많은 점에서 미제스의 후계자, 모방자였는데, 하이에크 사상이 밀턴 프리드먼에게 주입되었기 때문에 현대 미국과 우파 경제학계 내에서 미제스의 지위는 최고라고 할 수 있다. 미제스는 극단적ultra인 자유시장주의자다. '자유방임의 완전경쟁' 상태에서는 전문용어로는 '파레토 최적'이라고 부르는 상태—생산된 것은 수요자에게 모조리 팔려나가고, 노동시장은 완전고용이 이루어진 상태—가 실현된다고 보았다.

vols II & III, 1982, 1983, Basil-Blackwell.

그 상태에서는 각 개인의 만족이 극대화되는 거래가 행해지고 있으며, 각 기업은 이윤이 극대화되는 생산을 하고 있다. 즉, 자유방임은 모든 사람, 모든 기업을 만족시키는 것이며, 그 사회의 자원을 최대한으로 유용하게 사용하는 것이다. 이러한 사고방식은 이른바 근대경제학자들의 공통된 견해인 것으로 여겨지고 있지만, 정확히 말한다면 이 책에서 누누이 언급해온 것처럼, 비현실적인 대단히 특수한 경우에만 옳은 것이며, 일반적인 경우에 옳다고 할 수 없다. 특수한 경우란 세이의 법칙이 성립되는 경우며, 근대적인 현실사회에서는 세이의 법칙은 성립하지 않는다. 하지만 이것은 케인스의 『일반이론』이 최초로 명확히 한 것이기 때문에, 케인스 이전에 미제스가 그렇게 생각한 것이 특별히 심한 잘못은 아니다.

　"발라, 파레토, 빅셀, 슘페터 모두 '보이지 않는 손'이 작동을 하여 파레토 최적인 완전경쟁 균형이 어느 정도 성립된다고 보았었기 때문에 미제스가 이러한 자본주의관을 가지고 있었다고 해서 특별히 나무랄 일은 아니다."

이렇게 말하는 사람도 있는지 모르겠다. 하지만 이들 정통적 근대경제학자들은 자유방임이라고는 해도 완전 방임은 아니며, 거기에는 한도가 있다고 생각했었다. 시장에의 진입이 자유라고 하더라도, 그들은 야쿠자와 도둑, 마약 업자의 진입을 인정하지는 않으며, 이 사람들의 진입이 거부되었다고 해서 사회 무법자들의 만족이 극대화되고 있지 않은 데 대한 불평을 하지는 않았다. 경제활동의 자유란 법률로 허가되어있는 범위 안에서의 자유이며, 무법자에게 대폭적인 자유를 허용한 것은 아니다. 이러한 관점에서 보면, 미제스는 이들 정통적 근대경제학자와는 전혀 다르다. 그는 주저인『사회주의』(1922)에서 완전한 자유방임을 주장했다. 이것은 그가 인도와 중국에 대한 영국의 침략과 관련하여 다음과 같이 적고 있는 데서 보더라도 명백하다.[2]

"이들 전쟁(식민지 획득 전쟁)의 진정한 중요성을 평가하기 위해서는, 만약 인도, 중국 및 그 내륙이 세계의 통상무역에 대해 계속 문이 닫혀있었다면 어떤 일이 벌어졌

---

2) L. von Mises, *Die Gemeinwirtschaft*, 1922. Socialism, An Economic and Sociological Analysis는 영어판의 제목이다. 이하의 인용에 관해서는 영어판 208쪽 참조.

겠는가를 생각해보는 것이 좋다. 중국인과 인도인 개개인들뿐 아니라 유럽과 아메리카의 각 개인도 생활이 나빠졌을 것이다. 만약 지금 영국이 인도를 잃고, 대량의 천연자원을 가진 국제무역을 위한 시장—그것은 대시장이다—이 그곳에서 사라져버린다고 하면 그것은 가장 심각한 경제적 대재앙을 가져올 것이다."

확실히 그 책이 출판되던 당시에는 국제법은 외국 침략에 대해서 대단히 관대했기 때문에 미제스처럼 말하는 것도 가능했었는지 모른다. 하지만 영국의 동양 침략을 그처럼 정당화하는 자라면, 곧이어 발생할 나치스의 유럽 침략도 광역경제권의 효율성을 이유로 정당화하지 말란 법이 없는 것이다. 그뿐만 아니라 그는 인도인이 예속을 당함으로써 자긍심을 잃고 그들의 효용함수가 기울어져 버린 데 대해서는 아무런 고려도 하고 있지 않다. 그가 한편으로 야쿠자를 배척했으면서도 다른 한편으로는 국제 야쿠자를 허용한 것은 전혀 앞뒤가 안 맞는 데다가, 그는 정치학·사회학·윤리학을 총동원하여 종합적으로 판단하지 않으면 안 되는 중대한 문제에 대한 결론을 한 줌의 경제이론 지식만으로 이끌어내려는 오류를 범하고

있다. 그것뿐이 아니다. 한층 더 파렴치한 글을 그의 같은 책에서 볼 수 있다. [3)]

"1839년에서 1860년 사이에 영국인과 프랑스인은 중국과 전쟁을 했는데, 그 쟁점은 일반적인 통상의 자유였지 아편 무역의 자유만은 아니었다. [4)] 자유무역의 관점에서는 독극물의 매매에 대해서도 장벽이 설치되어서는 안 된다는 것, 각 사람은 자신의 신체에 해로운 향락은 자기 스스로 힘으로 끊어야 한다는 것은 사회주의자와 반영反英주의자들이 꼬집어 말하는 만큼 비열하거나 천박한 내용이 아니다."

이것은 경제이론의 완전한 오용이며, 가치자유론 입장에서 보더라도 이처럼 경솔한 아편 무역의 정당화는 삼가야만 한다. 우선 첫째로 이미 앞에서 서술했듯이 자유방임이란 완전한 자유방임이 아니라 현행 법규 내에서의 자유방임이다. 게다가 설령 합법적인 행위인 경우라도 그 효과가 경제적인 효과만이 아니라 생리적 효과와 정

---

3) 앞의 책, 207쪽.
4) 미제스는 통상의 자유라고 하지만, 영국이 인도와 중국을 침략하던 당시의 통상조약은 결코 호혜적이 아니며, 차별적, 강압적이었다.

치적 또는 윤리적인 효과를 수반할 때는 경제이론만으로 자유방임의 선악에 관한 판정을 해서는 안 된다.

영국인은 '주권은 절대적'이라고 생각하는데, 그렇다면 인도와 중국의 주권도 절대적이다. 앞의 첫 번째 인용문에서 그것을 인정하지 않으면서 제국주의를 정당화하고 있는 것은 완전히 일방적이다. "불행하게도 과거에 그런 제국주의적 행위가 있었다. 따라서 현재의 영국은 인도와 중국의 행복과 번영에 책임을 지지 않으면 안 된다"라고 하는 것이 적어도 현재 영국인들의 공식적인 변명이다. 미제스가 『사회주의』를 쓰던 당시에도 그랬어야 마땅하다.

또 두 번째 인용문에서는 그는 "자유는 항상 선善을 가져다준다. 독극물을 산 사람이 파멸했다면 그것은 독극물 자유 판매의 책임이 아니라 자유의지로 독극물을 거부하지 못한 본인의 책임"이라고 주장하고 있는데, 이것도 완전히 궤변의 일종이다. 마약을 상용하면 효용함수가 파괴되어버리기 때문에 효용함수의 존재를 전제로 하는 자유 무역론을 적용할 여지가 없으며, 파괴된 효용함수에 책임을 물을 수도 없다. 미제스의 논의를 인정하게 되면, 마약을 계속 수출했던 노리에가 장군을, 미군을 파견하여 체포한 부시 대통령이야말로 (파나마의 주권을 무시했을 뿐 아니라) 자유무역 질서의 파괴자라고 해야 할 것이다.

2

이런 인물에 의해서 사회주의가 비판을 받은 것은, 사회주의의 정상적인 전개라는 측면에서는 대단히 불행한 일이었다. 그는 사회주의경제를 자유주의경제와 비교하고 그 새로운 경제가 지닌 단점을 들추어냈는데, 그가 말하는 '자유경제'란, 앞의 인용문으로 볼 때, 무제한적 자유의 경제다. 그러한 경제는 현실경제에서는 아직 한 번도 존재한 일이 없으며, 완전히 가공의 구상물이어서 우리는 그것이 어떻게 기능하는지에 대해서 아무것도 알 수 없다. 오늘날 경제규제가 이완되고, 규제자(정부)와 피규제자(재계)의 유착관계가 진척되어가고, 뇌물이 횡행하는 것만으로도 곳곳에 거품이 발생했는데, 게다가 야쿠자와 마약 업자가 자유롭게 행동하면 도대체 어떤 일이 벌어질는지 알 수 없다. 그런데도 미제스는 완전한 자유방임 사회에서는 파레토 최적의 상태가 실현된다고 보았기 때문에 그의 자유 경제론은 순전한 도그마 이외의 아무것도 아니다. 이러한 입장에서 보면 현실의 자본주의경제는 많은 점에서 부자유스러운, 구속당한 사회다. 따라서 그것도 역시 사회주의경제와 마찬가지로 그의 도그마로부터 멀리 벗어나 있다고 할 수밖에 없다. 역사적 존재인 현실의 자본주의경제는 선행하는 봉건시대의 유산을 다수 계승하고 있으며, 길드 조직과 중상주의적 정신이 남은 목숨을 보전하고 있을 뿐만 아니라 옛날부터의 상업적 미신에 기초를 둔 관행이 잔존하고 있다. 그것은 법률적 규제를 받을 뿐 아니라 법률 이외에도 내부, 외부의 규제에 따라 종횡으로 규제받고 있다. 그뿐 아니라 다른 편인 사회주의경제 쪽도 청사진 그대로가 아니라 과거로부터 물려받은 유산과의 타협의 산물임은 물론이다. 그러므로 현실의 자본주의경제와 현실의 사회주의경제를 비교하는 것은 대단히 곤란하다고 하지 않을 수 없다. 당시의 이론가로서 할 수 있는 일은 기껏해야 청사진대로의 사회주의경제를 극단적으로 이상화된 자본주의경제의 모델 즉, 미제스의 도그마와 비교하는 것이었는지도 모른다. 그러나 이것으로부터 이끌어낸 결론이 도그마에 대한 예찬 말고 아무것도 아니었다는 데 비추어보면, 이 결론을 그대로 현실의 자본주의와 사회주의에 대한 비교로서 인정하는 것은 —사회주의 체제의 다수가 허무하게 붕괴해버린 현재라고는 하지만— 학문적으로는 삼가야 할 일이다.

3

미제스가 『사회주의』를 집필하던 당시에는 소련은 아직 전시공산주의戰時共産主義 단계를 벗어나지 못하고 암중모색을 하던 중이었다. 따라서 그의 사회주의경제에 대한 청사진은 대단히 관념적, 독단적이었던 것은 별수없었을 것이다. 그는 사회주의 사회에서는 모든 생산수단이 국유이며, 기업 역시 국유기업이라고 생각한다. 그러므로 이들 기업은 관료제적으로 운영되고 있으며, 자유경제처럼 효율적으로 운영되는 것은 결코 아니라고 보았다. 우선 첫째로 임금은 노동자의 한계생산력과 같지 않으며, 그 결과 노동자는 효율적으로 고용되고 있지 않다. 둘째로 기업의 장(책임자)의 봉급도 평등화 정책 때문에 낮게 책정되어있어서, 자본주의 기업의 사장이 일에 전념하도록 할 정도의 금전적 자극이 그에게는 결여되어

있다. 아마도 그는 신新상품과 신新생산방법의 개발에는 대단히 태만할 것이며, 회사 내 조직을 효율적인 것으로 만들려는 의욕도 적을 것이다.

확실히 사회주의경제의 기업이 효율적이지 못했던 것은 사실이었고, 그 때문에 소련은 이윤논쟁을 벌여서 이윤 동기를 기업 내에 정착시키려고 한 것인데,[5] 그 비효율성을 관료제 소행으로 돌리는 것은 아마도 경솔한 생각일 것이다. 이미 설명한 것처럼 일본기업은 뚜렷하게 관료제적인 구조를 지니고 있는데도 대단히 효율성이 높다. 이 사실은 미제스의 논의에 대한 충분한 반증이 될 수 있을 것이다. 그렇다면 똑같은 관료제적 기업이라고 하더라도, 그중에는 효율성이 높은 것과 낮은 것이 있다. 만일 그렇다면, 관료제가 비효율적으로 되는 것은 어떠한 경우인가 하는 것이 밝혀지지 않는 한, 문제는 해결되지 못하며, 소련과 그 밖의 사회주의 국가에서는 관료에게 나쁜 교육을 시켰기에 악질적인 관료가 판치고 기업을 못 쓰게 만들었는지도 모른다. 만일에 그렇다면 관료를 어떤 식으로 교육할 것인가 하는 것이 문제가 된다.

그 결과 교육 방법이 개량되면, 사회주의 국가의 관료

---

5) 모리시마, 『근대사회의 경제이론』, 創文社, 1973년, 62~106쪽 참조.

들도 의욕이 왕성하게 되고, 노동 영웅과 기업장企業長 영웅이 속출하여, 사회주의경제의 비효율성은 해소될지도 모른다. 아무튼 국영기업은 관료주의 때문에 망했다고 하는 논의가 일반적으로 받아들여지고 있기는 하지만, 아직 문제를 궁극적으로 해명하고 있지는 못한 것이다.

또한 그의 다음과 같은 논의도 받아들이기 어렵다. 자유기업에서는 임금이 신축적으로 변동하고 노동자의 한계생산력과 같은 수준에서 정해지지만, 사회주의 기업에서는 임금은 정부에 의해서 다소 자의적으로, 관료제적으로 결정된다고 미제스는 말한다. 하지만 조직된 자유기업에서는 노동자는 조를 짜서 일을 하기에 노동자 한 사람 한 사람의 한계생산력을 측정할 수는 없다. 상세하게 측정할 수 있는 것은 조 단위 한계생산력이며, 조의 구성원으로는 작업반장과 사무직원도 포함되어있다.

만일 그렇다면 작업반장과 일반 직공과의 임금 비율은 어떻게 결정되는 것인가, 또한 사무직원과 공원과의 임금 비율은 어떻게 결정되는가? 그 대답으로는 어느 정도 관료의 직급별 급여를 결정하는 식으로, 연공 서열과 학력, 성별 등을 고려하여 자의적으로 결정되고 있다고밖에 할 수 없을 것이다. 한계생산력이라는 개념은 추상적이고 현장에서 확인할 수 없기에 그것을 현실 분석에 사용할 때는 조잡한 조작을 거치지 않으면 안 된다. 아무튼 자본주의 기업 쪽도 다분히 관료제적인 임금체계를 채택하고 있기에 사회주의 기업이 그러하다고 해서 호되게 비판할 수는 없을 것이다. 그 밖에 미제스는 사회주의경제에 있어서는 경제계산이 불가능하다고 비판한다. 이 비판은 그의 주저인『사회주의』제반 논점 중에 가장 중요한 것이다. 그러나 이 논의를 여기서 음미하는 것은 지면 제약상 불가능하므로 이 문제는 다음 장으로 넘겨야 하겠다. 결론부터 미리 말하자면 사회주의 체제에서도 경제계산은 가능하며, 그 밖의 점(관료제 지배 경제라는 점 등)에서도 사회주의경제가 치명적인 결함을 불가피하게 지니고 있었던 것은 아니다. 나 자신은, 사회주의는 기초구조(경제)가 난관에 빠져서 붕괴한 것은 아니라고 본다.

그렇다면, 어떻게 해서 무너졌는가? 앞 장에서 서술한 것처럼[6] 사회주의 사회에서도 착취는 있을 수 있는데, 이에는 다음의 세 형태가 있다. 첫 번째는 쓸모없는 잉여생산물을 생산한다고 하는 형태의 착취이며, 과도한 군비를 한다든지 당 간부를 위해 호화로운 별장을 세운다

---

6) 모리시마, 카테포레스, 앞의 책,『가치·착취·성장』99쪽 이하 참조.

든지 하는 것은 이러한 착취를 하는 것이 된다. 두 번째는 인민 후생과 공공재의 선택을 잘못하는 데 따른 착취다. 공공재를 과도하게 생산한다든지 불필요한 후생시설을 건설하는 것, 그리고 그러한 건설을 위해 인민을 지나치게 사역시키는 것은 두 번째의 착취행위다.

그런데 이러한 잉여생산물과 인민이 생존해가는 데 필요한 생산물 양자를 생산하기 위해서는 노동이 각 기업으로 배치되어야만 하는데, 계획 당국이 최선의 계획을 입안하는 데 실패한 경우, 노동자들이 필요 이상으로 노동량을 배정받게 된다. 계획 당국이 무능할 때는 그만큼 인민의 노동이 낭비되는 것이다. 그것이 세 번째의 착취다. 이러한 제반 착취를 억지하는 권력 기구가 사회주의 사회에 없었던 것이 그 체제의 붕괴 원인이었다고 나는 생각한다. 모든 의사결정에는 오류가 따라붙는다. 틀린 것을 알면 즉시 시정해야만 한다. 하지만 사회주의 사회에서는 중앙정부가 의사결정을 하므로 오류를 시정하라고 말하는 것은 정부에 대하여 오류를 인정하라고 추궁하는 것이나 마찬가지다. 오류의 인정은 중앙정부와 당 중앙의 권위를 손상시키게 되어 그들의 권위를 떨어뜨리게 된다. 따라서 계획경제에서 가격의 적정화가 갖는 중요성이 인식되었는데도 불구하고 가격은 거의 바로잡아지지 않고 부적절한 가격이 계속 유지되었던 것이다. 일당독재 사회에서는 정부를 사찰, 감독하는 기구가 존재하지 않으며, 착취가 매년 계속되어도 그것은 시정되는 일이 없었다. 특히 첫 번째 형태의 착취는 사회주의에 있어서는 안 될 것으로서 인민의 분노를 샀겠지만, 분노가 축적되어 폭발하기까지 권위주의 사회에는 자기 수정의 메커니즘이 존재하지 않았다. 그것이 폭발했을 때, 인민은 이러한 상부구조(특히, 당, 정부, 계획기관)를 저버렸다. 이렇게 해서 사회주의는 위로부터 붕괴한 것이다.[7]

---

7) 이처럼 사회주의 체제가 위로부터 붕괴한다는 것은 마르크스에게는 이중으로 비극적이다. 첫째로 그가 탄생시킨 체제가 멸망한 것이며, 둘째로 그것은 대단히 비-마르크스적인 멸망의 길로 갔기 때문이다. 하지만 이러한 멸망의 길은 자본주의 사회에도 생길 수 있다. 예를 들면 일본에서도 정계와 관계, 재계의 수뇌들이 유착하고 있는데, 그들이 책임자의 자리에서 물러나게 되면 정치개혁, 행정개혁이 행해져서 마지막에는 재계의 구조시정까지도 행해질 것이다. 자본주의가 사회주의보다 생명력이 있는 것은 책임 소재가 분권화되어있어서 각 회사마다 책임자의 추방이 행해지므로 무책임한 체제가 수정되지 않은 채로 영속하지 않기 때문이다. 일본과 같이 유착구조가 만성화하고 체질화했다고 해도 그것은 비판의 대상이 되고 결국에는 민주적으로 제거될 것이다. 이러한 기구가 갖추어져 있지 않은 경우, 일본의 재계도 태평하게 있을 수 없다.

16장

미제스 2

사회주의와 가격기구

1

앞에서 설명한 것처럼 '사회주의 국가에서의 경제계산'의 문제는 미제스에 의해서 제기되었다. 그는 1920년에 같은 제목의 논문을 잡지에 발표하고,[8] 이어서 동일한 논의를 그의 주저인 『사회주의』에서 자세히 서술했다.[9] 사회주의경제에서는 경제계산은 불가능하기 때문에 사회주의가 합리적인지 살펴보는 것은 본래 무의미하다―불합리한 것임이 분명하다―고 하는 그의 논의가 반향을 불러일으킨 것은 당연하다. 반대파는 사회주의경제에서도 경제계산은 가능하다는 점을 논증하고 반박했

---

8) L. von Mises, Die Wirtschaftrechnung in sozialistischen Gemeinwesen, *Archiv für Sozialwissenschaften*, 1920. 이 논문은 영역되어서 *Collectivist Economic Planning* ed. by F. von Hayek, Routledge and Kegan Paul, 1935에 수록되어있다.
9) L. von Mises, *Socialism, Liberty Classics, Indianapolis*, tr. by J. Kahane, 1981, pp. 110-130.

다. 미제스는 적진에서도 적敵의 거두로 지목되며, 뜻밖에 사회주의론의 대스타가 되었다. 그의 입장에서도 역시 논쟁의 발전 과정을 추적하여 그 성과를 흡수했다. 그런데도 그의 사회주의에 대한 태도는 기본적으로는 계산논쟁 이전과 전혀 달라지지 않았다.[10]

경제계산 문제에서의 미제스 논점의 핵심은 다음과 같이 요약할 수 있다. 자본주의에서는 기계, 자원, 자재가 사유화되어있지만, 사회주의에서는 그것들은 모두 공유다. 그러므로 이들 재화에는 자유로운 경쟁시장이 존재하지 않으며, 따라서 가격도 존재하지 않는다. 생산재에 가격이 없으면 비용계산은 불가능하며, 생산활동이 합리적인지 어떤지에 대해 판정조차 할 수 없다. 그 결과 자의적으로 생산이 이루어질 수밖에 없을 것이다.

물론 사회주의경제에도 국가가 많은 생산재의 가격을 공정公定가격으로 정하고 어떤 생산활동을 할 것인지에 대한 의사결정을 기업의 책임자에게 위임해서 획득된 이윤을 종업원들의 보너스로 분배하는 것을 허용하기도 하고 종업원을 위한 후생시설을 충실히 하는 데 투자하는

---

10) L. von Mises, *Human Action, Third revised version,* Yale University Press, 1963, pp. 698~715.

것을 허용하는 일도 있다(사실, 1960년대 전반에 리베르만에 의해 시작된 소련에서의 '이윤논쟁'은 이런 노선에 따른 것이었다). 이 경우에도 국가가 지시하는 생산재의 공정가격이 엉터리여서 균형가격과 크게 동떨어져 있는 경우에는, 그 가격에서 결정된 '합리적 생산활동'도 역시 당연히 엉터리다. 가격이 저렴하게 지정된 생산재는 홍청망청 사용되며, 국가가 중요 물자로 간주하여 매매를 허가하지 않고 각 기업에 할당하여 배급하는 물자는 절약되지 않고 정해진 한도를 꽉 채워서 사용될 것이다.

이렇게 낭비되고 있는 재화의 가격을 높게 다시 책정하지 않으면, 그 수요가 억제되지 않는다. 그러므로 당연히 가격이 변경되어야 한다. 앞 장에서도 서술한 것처럼, 정부의 계획국이 가격을 결정하고 있는 사회주의 사회에서는 먼저 공시한 가격을 변경하는 것은 앞에서 세운 계획의 오류를 인정하는 것이 되기 때문에, 최악의 사태가 오지 않는 한, 정부는 가격변경을 하지 않는다. 이렇게 잘못된 가격에서는 경제는 계속해서 잘못된 방향으로 치달으며, 결국에는 필요한 물건이 장기간 제조되지 못하게 된다. 따라서 그러한 한에서는 사회주의경제에는 합

리성이 없다.[11]

이런 입장—이것이 현재의 사회주의 비판에서 공약수가 되는 견해다—에서는 미제스의 '경제계산 불가능론'은 다음과 같은 비판을 받을 것이다. 사회주의경제에서도 국가나 계획 당국이 공정公定가격을 정하기 때문에 경제계산이 불가능한 것은 아니다. 또한 각 기업은 제멋대로 행동하는 것이 아니라 주어진 가격으로 판정하는 한, 합리적으로 행동하고 있는 것이다. 문제는 이 공정가격이 자의적인데다가 그것의 수정이 빈번히 행해지지 않는다는 데 있다. 또 가격변경이 늦은 사회에서는 기업이 가격 합리적으로 행동하는 것이 도리어 해가 된다. 필요한 것이 생산되고 있지 않다는 것을 알고 있어도, 그 공정가격에서는 별수 없는 일이며, 기업은 궤도수정을 하지 않는 것이다.

하지만 계획 당국이 체면에 얽매이지 않고, 신속하게 가격을 수정하려는 노력을 아끼지 않는 경우 사회주의경제에서도 결국에는 일반균형 가격을 찾아낼 수 있다. 이

---

11) 베버도 『경제와 사회』에서 사회주의경제의 계산 불합리성을 논하고 있다. 미제스의 논의는 그 책의 집필 중에 출판되어서 베버도 그의 논문에 주목하고 있다. 그러나 베버는 가족이라는 공동경제 내에서 계산 합리성이 많은 경우에 무시되는 것처럼 사회주의라는 공동경제에서도 합리성은 최고의 가치가 아님을 주장하고 있는 데 불과하다(『경제와 사회』 58쪽). 물론 완전히 계산이 불가능하면 곤란하지만.

것은 미제스의 문제 제기에 대응하여 랑게에 의해서 밝혀졌다.[12]

랑게는 다음과 같이 생각한다. 사회주의 국가에서도 소비자에게는 재화를 선택할 자유가 있으며, 노동자에게는 직업선택의 자유가 있다. 그러므로 소비자 시장과 노동시장이 존재하고 이들 재화의 가격이 자유경제와 똑같은 식으로 결정된다. 노동 이외의 생산재에 대한 사유는 인정되지 않지만, 중앙계획국은 그 재화들의 가격과 사용료를 지령할 것이다. 각 기업은 지령받은 가격, 사용료와 노동시장에서 결정된 임금을 기초로 하여 비용을 최저로 하는 그런 생산계획을 편성한다.

이러한 비용은 생산비에 의존한다. 소량 생산인 경우, 단위비용은 높이 측정되지만, 대량생산을 함에 따라서 그것은 낮아지고 다시 생산능력을 뛰어넘을 만큼 대량으로 생산을 하면, 단위비용은 높아진다. 각 기업은 비용의 변화와 생산가격을 감안해 생산량을 결정한다.[13]

---

12) O. Lange and F. M. Taylor, *On the Economic Theory of Socialism*, ed. by B.E. Lippincott, The University of Minnesota Press, 1938. 랑게의 균형은 자본재 가격과 임대차 가격과 이자율 간에 성립해야만 하는 관계를 무시한, 힉스의 균형과 매한가지인 의사擬似균형이다.
13) 랑게는 이 밖에도 신 기업이 설립되는 경우를 논하고 있는데, 설명을 간단히 하기 위해서 여기서는 그 문제를 다루지 않는다.

이렇게 해서 각 생산물에 대하여 각 기업의 개별적인 균형 생산량이 결정되는데, 이들 생산량의 생산물별 총계는 반드시 그 생산물의 사회적 균형 생산량인 것은 아니다. 그것은 총수요량 이상인지, 이하인지도 모른다. 총수요량 이상인 경우에는 가격이 낮아지고, 이하인 경우에는 높아진다. 이것은 소비재에 대해서만이 아니라 생산재에 대해서도 마찬가지다. 각 기업은 생산재에 대한 수요를 가지는데, 그 합계가 그 생산재의 총생산량 이상이냐 이하냐에 따라서 중앙계획국의 공정가격은 좀 더 높은 값이나 더 낮은 값으로 변경된다. 노동에 대해서도 마찬가지다.

이러한 시행착오를 반복하여 더 적절한 가격을 찾아내려는 노력을 중앙계획국이 게을리하지 않는 경우는 생산재의 국유화가 사회주의경제에 대한 치명적인 장해는 되지 않으며, 미제스의 주장은 배척된다. 하지만 그것은 중앙계획국이 대단히 기술적이고도 신속하게 오류를 수정하는 경우에 한정된다. 그러기 위해서는 중앙계획국을 몇몇 자본주의 국가의 중앙은행처럼, 정치적으로 중립화하는 것이 필요하겠지만[14] 중앙계획국은 사회주의경제의 사령부이기 때문에 그 중립화는 대단히 어렵다고 할 수밖에 없다. 미제스 자신도 역시 그러한 이유에서, 시행착오의 논의를 이해한 이후에도 그래도 역시 사회주의경제의 운영이 대단히 곤란하다는 것을 계속 주장했다.[15]

2

미제스가 『사회주의』를 집필하던 당시에는 계획경제론은 거의 미개척 분야였고, 계획경제를 운영해본 경험은 어느 나라에도 없었다. 따라서 미제스가 가격은 시장가격이 아니면 중앙계획국의 공정가격이라고 본 것은 당연했다.

놀랄 만한 일은, 그 후 계획경제론이 개발되자마자 사태는 완전히 역전되어 미제스와 랑게의 결론과는 정반대되는 것이 맞는 결론으로 났다는 사실이다. 즉, 가격은 없다든지 찾아나간다든지 하는 것이 아니라 중앙계획국이 계획을 작성할 때 계획의 일환으로서 대형 컴퓨터로

---

14) 자본주의 국가에서도 영국처럼 중앙은행이 독립되어있지 않은 나라에서는 정치적인 배려에 의해 이자율의 적용이 종종 지연된다.

15) L. von Mises, *Human Action*, pp. 704~705.

산출하는 것이다. 이하에서는 이러한 가격을 계산가격
이라고 부를 것인데, 이것들은 랑게의 '공정가격公定價格'
과는 달리 시행착오를 거쳐서 수정될 필요가 없다. 모든
계획의 배후에는 하나의 가격체계system가 숨겨져 있고,
계획을 편성한다는 것은 그 숨겨진 가격체계를 계산해서
확정한다는 게 발견된 것이다(그러므로 이들 계산가격은 계획
론에서는 '숨은 가격shadow price'이라 불린다). 경제 합리성이란
계산가격으로 측정할 때의 합리성이다. 게다가 자유경
제도 일종의 계획경제라고 해석할 수 있음을 알 수 있으
며, 그 시장기구는 계산가격의 분권적인 계산기구로 여
겨지게 되었다.[16]

　이렇게 본다면 우리의 경제관은 완전히 역전된다. 기
본적인 것은 계획경제고, 자본주의경제는 그 한 종류가
된다. 이 문제를 일반적으로 논하기에는 이 책이 적당하
지 않으므로, 이하에서는 계산가격이 자본주의경제의 시
장기구에서와 같은 규칙으로 산출되고 있음을 하나의 계
획경제 모형을 예로 들어 밝혀보도록 하자.

　지금, 다음과 같은 축적형의 계획모형을 생각해보자.

---

16) R. Dorfman, P. A. Samuelson and R. M. Solow, *Linear Programming and Economic Analysis*, Mc Graw-Hill, 1958, Ch, 13 참조.

모형을 정확하게 기술하는 데는 기호가 필요하므로 모형을 수식으로 나타낸 17번 주석을 병행하여 읽기 바란다.[17] 논의를 단순화하기 위해서 소비재가 한 종류 있다고 하고 그 생산량을 X라고 하자. 자본재는 두 종류가 있고, 그 산출량은 Y, Z다. 자본재는 국유고, 그 존재량은 H와 K, 노동의 존재량은 N이라고 하자. 중앙계획국은 소비재 및 첫 번째 자본재를 각각 적어도 X^0, Y^0만큼은 생산한다는 조건에서 두 번째 자본재의 생산량 Z를 극대화한다는 축적계획을 편성한다고 가정하자. 이러한 계획은 무조건적인 극대화 계획은 물론 아니다. X, Y에 관해서는 적어도 X^0, Y^0만큼은 생산한다는 조건이 있는 데다가 생산을 위해 사용하는 자본재 및 노동량은 각각 H, K, N을 넘지 못한다는 조건이 붙어있다.

또한 이 경제는 X, Y, Z를 생산하는 세 가지 생산활동

---

17) 소비재 X 한 단위를 생산하는 데 필요한 자본재 Y의 양을 a, Z의 양을 e, 노동의 양을 *l*이라고 하자. 마찬가지로 자본재 Y의 생산계수를 b, f, m, 자본재 Z의 그것을 c, g, n이라고 하자. 중앙계획국은 제약조건

$$X \geq X^0, Y \geq Y^0,$$
$$H \geq aX + bY + cZ$$
$$K \geq eX + fY + gZ$$
$$N \geq lX + mY + nZ$$

하에서 Z를 극대화하는 경제계획을 입안한다고 본다.

을 하는 것인데, 생산활동이 행해지면 허용된 자본재와 노동 일부가 사용되고 잔액은 적어지지만 잔액이 아주 없어지면 생산활동을 통제하여 총사용량이 제한량을 초과하지 않도록 엄중한 주의를 해야만 한다. 그러므로 국가는 '계산가격'을 자본재의 사용료로서 각 기업에 부과하고, 각 기업은 국가에 사용료를 낸다. 마찬가지로 노동에 대해서도 계산가격이 계획국에서 계산되고 각 기업은 노동자에게 계산가격을 노동사용료, 즉 임금으로 지급한다. 계획이 실행되었을 때, 자본재 양과 노동량이 남게 되면, 계산가격은 0으로 지정되지만 그것들이 전액 사용되는 경우 계산가격은 양의 값이 되고, 기업은 사용료를 지급하지 않으면 안 된다.

그 밖에 소비재 및 첫 번째 자본재의 생산량에 관한 제약조건이 있다. 이 조건에도 계산가격이 부여된다. 생산된 이들 재화는 기업으로부터 국가로 판매되는데, 그것은 계산가격에 거래된다. 생산량이 목표액을 초과한 경우, 생산물은 남아돌고 국가는 필요한 대로 목표액 분량의 생산물을 취득할 수 있기에 가격은 지급되지 않는다. 계산가격은 0으로 지정되는 것이다. 생산량이 정확하게 목표액을 달성한 때에는 양의 계산가격이 산정된다. 이에 반해서 계획상 그 생산량을 극대화하는 두 번째 자본재는 아무리 많은 양이라도 국가가 거래하는 것이므로 그 가격은 양陽이다. 그 재화를 가격표시 기준으로 삼으면, 그 가격은 항상 1로 할 수 있다.

다음으로 각 기업은 생산물을 국가에 인도하고서 지불받은 '계산가격'으로 자본재와 노동의 사용료를 지급하는데, 계산가격은 계산가격으로 평가한 총생산액이 마찬가지로 계산한 자본재 H, K 및 노동의 총 사용 가치액과 같아지도록 산정된다. 즉 총생산가격이 생산재(자본재와 노동)에 완전히 귀속되도록 계산가격이 결정되는 것이다. 그러기 위해서는 어떤 산업에서도 생산물 가격이 생산비와 같아지도록 계산가격이 설정되어야 한다.

이상에서 본 것처럼 계산가격은 다음의 규칙을 만족시키고 있다. (1) 자본재와 노동이 남아돌고 있는 공급과잉의 경우에는 그들 가격은 0이다. (2) 목표 이상으로 생산되어 공급과잉이 된 생산물의 가격도 0이다. (3) 생산물 가격은 단위당 생산비와 같다.[18] (만약 후자가 전자를 웃도는 재화가 있다면 그 재화는 생산되지 않는다). 이들 가격은 대형 컴

18) 이들 조건은 주 17)의 선형계획 극대화문제와 그 '대우對偶'가 되는 극소문제의 해를 가져다준다. 말할 것도 없이 조건 (3)은 총생산액이 생산재에 완전히 귀속되기 위한 조건이다.

퓨터만 있으면 중앙계획국 내에서 그 정확한 값을 계산할 수 있다. 랑게처럼 현실경제에서 시행착오를 반복하여 균형치를 찾아갈 필요도 없고, 미제스처럼 시장이 없으므로 계산이 불가능하다고 하는 것도 물론 틀린 말이다. 시장이 있든 없든 상관없이 경제계산은 행해진다.

3

실제로는 이상의 모형은 아직 완벽하지 않다. 우선 첫째로 노동자 이외의 모든 사람(정부 공무원과 기업책임자 및 그 가족 그리고 노동자의 가족)이 무시되고 있다. 하지만 이 점을 수정하는 것은 쉬운 일이다. 문제는 소비재의 생산목표가 임의적으로 지정되어있다는 데 있다. 그것이 클 때는 소비액은 임금액을 웃돌고, 그러한 소비를 가능케 하기 위해서는 정부는 자본재를 제공한 데 따르는 수익 일부를 노동자에게 공여하고, 원조하여야만 한다. 또한 소비목표가 작을 때는 노동자는 임금을 다 소비하지 못할 것이다. 임금액과 소비액이 같아지기 위해서는 소비재의 생산목표는 X는 임의대로가 아니라 특정한 값이어야만 한다.

마찬가지로 첫 번째 자본재의 생산목표를 높게 설정하면 그 이윤율은 낮아지고, 다른 한편 두 번째 자본재 Z의 생산에 사용할 수 있는 자본의 양과 노동량은 적어지기 때문에 극대생산량 Z는 크지 않을 것이다. 효율성이 높은 투자를 하려면 양 자본재의 이윤율은 같아야만 하므로 Y는 적당한 값으로 억제될 필요가 있다.

X와 Y는 목표액을 넘어서 생산되는 것은 아니다.[19] 하지만 Z에 관해서는 목표액은 정해진 것이 아니라 극대량에 도달하기까지 생산이 행해지는 것이며, 그것에 대한 수요가 있느냐 하는 것은 문제가 되지 않는다. 이는 Z는 생산이 되기만 하면 효율성을 무시하고 수요가 있다는 것, 즉 세이의 법칙이 충족된다는 것을 의미한다. 우리의 모형에서는 그 유용성 여부는 무시하고 두 번째 자본재 Z에는 생산된 만큼의 수요가 있음을 전제로 하고 있으므로, 반-세이의 법칙에 빠져드는 일은 없다. 그렇기에 완전고용이 유지되는데, 그 대신에 생산물을 투자할 때는 스탈린이 자주 그렇게 했듯이 효율성을 무시하고 불필요하고도 거대한 투자를 곳곳에 하지 않으면 안 된다. 이러

---

19) 만일 그렇다면 이들 재화의 계산가격은 0이 되고, 생산은 행해지지 않으며 모순이 생겨난다.

한 결과는 자본주의경제에 있어서 투자의 효율성이 중시되고 실업이 생기는 것과 완전히 대조적이라고 할 수밖에 없다.[20] 이것이야말로 사회주의경제의 최대 장점이자 약점이기도 하다. 따라서 (4) 노동자의 임금은 그들의 소비와 같다는 것과 (2) 양 자본재의 이윤율은 균등하다고 하는 두 조건이 충족되기 위해서는 X, Y도 역시 적절하게 택해져야 할 필요가 있다. 또한 Z에 대한 수요가 보증되기 위해서는 (6) 세이의 법칙이 성립할 필요가 있다.[21] (1)부터 (6)까지의 전체 조건은 자본주의경제에 대한 발라의 균형 조건과 같기에 이러한 사회주의경제는 원리상 자본주의경제와 같은 모양으로 운영하는 것이 가능하며, 똑같이 효율적이라는 결론을 내릴 수 있다.

이상에서는 2차대전 후에 뚜렷하게 발전한 계획론의 연장선상에서 논의가 전개되어있다. 하지만 거의 같은 취지의 논의가 14장에서 서술한 바와 같이 미제스보다 훨씬 이전에 파레토와 바로네에 의해서 이미 상세하게

---

20) 이런 시각으로 보면 자본주의경제와 사회주의경제는 장단점을 가지고 서로 보완적인 관계에 있다. 케인스의 혼합경제 구상은 실업 구제를 하기 위해서는 경제 효율성이 떨어지는 투자도 하라고 하는, 양 경제의 혼합을 권고한 것이다.
21) 만약 수요가 Z의 극대액에 도달하지 않으면, Z의 생산은 수요액 수준에서 멈추고, 그 결과 실업이 생겨난다. 이처럼 사회주의경제에서도 반-세이의 법칙은 실업을 가져온다.

전개되었었다.[22) 불행히도 미제스는 이 논문을 읽지 않고 "사회주의는 잘못되었다"라고 단정한 것이다. 그가 그런 지레짐작으로 독단을 내린 것은 그것이 그의 가치관과 합치되었기 때문임이 분명하며, 미제스의 이 실패는 가치관에 기초한 직관적 논의가 얼마나 위험한지를 보여주고 있다. 가치관 또는 사상은 사회과학적 연구의 원동력이 되는 것이지만, 그것에 기초를 둔 논의는 반드시 예리한 논리—그 최고의 것은 수학적 분석이다—에 의해 엄중하게 검토되어야만 한다.[23)

이상에서 본 바와 같이 사회주의경제에서 가장 중요한 개념은 계산가격이며, 그것을 구하는 데는 대형 컴퓨터가 필요하다. 그렇기에 사회주의경제에서 가장 중요한 산업 부문은 전자공업 부문이다. 그런데도 소련은 그 부문을 경시하고 그 대신에 사회주의와 무관한 군수산업 부문과 우주공업 부문을 중시했다.[24) 이것을 앞에서 서술한 모델로 말한다면 소련 계획국은 전자공업 부문 Y의

---

22) E. Barone, "Il ministro della produzione nello stato collectivista." 이 논문(영역은 하이에크의 앞의 책에 있다)은 파레토의 시사점을 반전시킨 것이다.

23) 이것이 근대경제학이 주로 수리경제학으로서 발전해온 이유다. 미제스는 동생이 수학자였지만, 그 자신은 수학적이 아니었다. 그 결과 그는 가치자유의 철칙을 어기고 반사회주의 가치관의 고취, 선전자가 되고 말았다.

24) 전자공업 부문의 발전이 이들 부문의 발전 사활이 걸린 중요한 문제임을 그들은 알지 못했다.

생산목표액을 낮게 잡고 우주공업 부문 Z의 생산량을 극대화한 것이 된다. 이것은 국가주의가 초래한 명백한 실패이자 오류다.

계획국이 부당한 목표를 설정하면 인민은 불필요하게 노역을 제공한다. 이러한 노동의 낭비는 사회주의에서의 착취의 일종인데, 이런 종류의 착취에 대한 책임은 중앙계획국에 있다. 고르바초프의 글라스노스트(정보공개) 정책에 따라 소련이 전자공업 부문을 포함한 많은 필요 부문에서 뒤떨어져 있음이 다 아는 사실이 되자마자 상부구조가 인민의 비판으로 혼란을 겪고, 그것이 기초구조(경제)를 궤멸시켰다. 게다가 개혁파와 보수파 엘리트의 권력투쟁이 상부구조에 결정적인 타격을 주었다. 이 사실은 탈논리적 행동의 이론에 기초한 파레토의『엘리트의 순환』이론 쪽이 마르크스의 유물사관보다도 소련의 붕괴를 한층 더 잘 설명한다는 것을 보여준다.

17장

케인스 1

신新유럽 구상

1

케인스(John Maynard Keynes, 1883~1946) 저작 가운데 내가 최고의 업적으로 치는 것은 『평화의 경제적 귀결』 『조약의 정』과 ― 이것들은 시리즈로서 이 장章과 다음 장에서처럼 한 권의 책으로 간주해도 좋다― 『고용·이자 및 화폐의 일반이론』[25]이다. 이것들은 모두가 대단히 케인스적인 책이다. 다시 말해서 과학적이거나 사실에 근거한 분석이 그 자신의 가치관을 뒷받침하도록 전개되고 있는, 가치관과 분석이 혼연일체가 된 작품이다. 특히 전

---

25) J. M. Keynes, *The Economic Consequences of the Peace*, Macmillan, 1919, 『평화의 경제적 귀결』 早坂忠 譯(『ケインズ全集 2』 동양경제신보사, 1977년), A Revision of the Treaty, 1922, 『條約の改正』 千田純一 譯(同 3, 同年), *The General Theory of Employment, Interest and Money*, 1936, 『雇用·利子 및 貨幣의 一般理論』 塩野谷裕一 譯(同 7, 1983年). 각각 『귀결』 『개정』 『일반이론』으로 약칭. 또 이하에서 보여주는 이들 저작의 쪽 번호는 모두 위 번역서들의 쪽임.

자는 그가 이미 비길 데 없는 역량을 지닌 인물이라고 인정받고 있었다고는 해도 아직 입지를 확보해놓지 못하던 시대에 쓰였다. 그것은 당시 심의 중이던 1차대전 전승국(영·미·프·이 및 일본 등)의 독일 처리안이 부당하며 또 실행 불가능함을 주장한, 말하자면 세계를 상대로 한, 용기를 필요로 하는 의사표시다. 그렇기에 그것은 까딱 잘못하면 그 자신의 사활이 걸린 책이었다. 그런 이유로 독자에게 깊은 감명을 준 그의 진심이 담긴 불후의 명저다.

케인스는 재무부 수석대표 자격으로 영국대표단의 일원으로서 베르사유 평화회의에 참석했다. 그 결과 그는 유럽의 평화 문제에 대하여 특별한 관심과 정보를 가지게 되었다. 당시에는 케인스 자신도 그렇게 생각한 것처럼 영국은 아직 유럽 바깥에 있다고 여겨졌으며, 미국은 더 바깥에 있었다. 게다가 당시에는 평화회의라는 것은 승자가 패자로부터 될 수 있는 대로 많은 영토와 배상금을 빼앗기 위한 회의라고 일반적으로 여겨졌다. 민중이 그렇게 생각했기 때문에 대표단도 민의에 따라서 행동하지 않으면 안 되었다. 1차대전은 기묘한 상태로 종결되었다. 적병이 한 명도 영토 내에 침입하지 않았었다는 의미에서는 독일은 결코 패배한 것이 아니었다. 동부전선에서는 러시아를 이겼고, 서부전선에서도 프랑스 동부 지방을 점령했다. 하지만 영·프 군은 대반격으로 돌아서기 시작했기 때문에 전쟁의 판세는 연합군 측에 유리하게 되어갔다. 게다가 미국이 그들 편으로 참전했기 때문에 그들의 사기는 높아져 있었다. 이러한 상황을 반영하여 독일 측은 정치적으로 혼란하기 시작하고, 황제의 정치와 전쟁 지휘가 호되게 비판받았으며, 해군에서 일어난 반란을 계기로 하여 좌익분자들은 혁명의 불을 지펴 올렸다. 독일 측은 미국 윌슨 대통령의 각서를 받아들인다는 형태로 휴전안에 응했지만, 베르사유 회의에서 교섭 결렬과 교전 계속을 주장할 수 있을 만한 상태가 못되고, 내부 분열 때문에 무조건 항복을 감수하지 않으면 안 되었다.

그런데다가 불행히도 독일·프랑스 간에는 베르사유 회의가 보불普佛전쟁의 복수극이라고 하는 악연이 있었다. 보불전쟁은 독일(프로이센)과 프랑스 간에 벌어진 최초의 국민적 전쟁이었다.[26] 당시 독일은 아직 통일되지 않았으며, 독일 각국은 현재의 EU 국가들처럼 느슨한 결

---

26) 그때까지의 전쟁은 어느 정도는 군주 간(왕조 간)의 전쟁이며, 국민은 단지 전쟁에 동원될 뿐이었다.

합을 형성하고 있을 뿐이었다. 프로이센은 나폴레옹 1세 시대에는 북독일에 갇혀있었지만, 보불전쟁 무렵에는 독일제국 중에서 최대의 맹주라는 지위를 회복했었다. 전쟁에서는 프로이센이 압도적으로 강하여 순식간에 베르사유 궁전을 점령하고 그곳에 사령부를 두고서 파리를 포위 공격했다. 동시에 이와 함께 남독일제국 상대로 독일연방으로의 통합교섭을 진행하고 있었다.

교섭에는 아무런 장애도 없었고, 그들도 북독일연방제국도 프로이센 국왕을 세 독일 제국의 황제로 추대한다는 데 대해서 이의가 없었다. 이렇게 해서 숙적 프랑스의 베르사유 왕궁의 거울궁실에서 신독일 제국 황제의 즉위식이 거행되고, 게르만 민족이 전부 모여서 그들만으로 단일한 '민족국가'를 형성한다고 하는 숙원을 이루었던 것이다.[27] 독일인의 민족주의는 절정에 달하였다. 당연한 일이지만, 패전국 프랑스에 대한 독일의 처우는 가혹했다. 4년 전의 보오普墺전쟁에서는 오스트리아가 게르만계 국가이기도 했고, 프로이센은 패자를 후하게 다루어서 화근을 남기지 않았지만, 국민 전쟁으로서 치

---

27) 단, 게르만 국가의 하나인 오스트리아를 제외한다. 이 독일 통일(1871년)은 일본의 민족국가 형성인—메이지유신보다 3년 뒤되고, 이탈리아 통일보다는 10년 뒤의 일이다. 곧이어 이들 3국은 세계의 '신질서'를 찾아서 추축을 형성하고 2차대전의 불을 놓았다.

르고 민족국가 형성이라는 의외의 성과를 가져온 보불전쟁에서는 독일 국민은 어설픈 전과戰果를 인정하지 않았다. 신독일 제국은 프랑스에 영토 할양을 강제했을 뿐 아니라 전쟁 기간이 짧았던 점을 감안하면 아연할 정도로 무자비하게 큰 액수의 배상금을 부과했다.

따라서 1차대전 후의 베르사유 회의에서 프랑스는 그에 대한 앙갚음이란 뜻에서 독일 국민에게 가혹한 배상금을 요구했다. 보불전쟁은 겨우 한 달 반 만에 전투가 끝났는데, 이에 비해서 1차대전은 4년 4개월이나 계속되었다는 데서도 알 수 있듯이 복수하는 의미의 배상요구액은 천문학적이었다. 다른 동맹국들도 그 기세에 편승했다.

"패전국이 모든 것을 배상한다는 원칙은 독일이 만든 것이다. 이 점에서는 어떤 의문의 여지도 없다. 우리는 그 원칙을 실행할 뿐이다. 독일은 능력이 닿는 한계까지 전비를 갚아야 한다."

케인스는 영국 수상 로이드 존슨의 발언(1918년 11월 28일

뉴캐슬에서 한 연설)을 이렇게 적고 있다.[28]

    그 밖에 연합국 상호 간의 전쟁 중 대차 관계를 어떻게 처리할 것인가 하는 문제가 있었다. 미국은 영국까지도 포함하여 연합국 측의 각국에 전비를 대여했었는데, 영국은 미국으로부터 차입한 금액을 훨씬 초과하여 여타 연합국들에 대부했었다. 전비의 순공급자는 이들 두 나라이고, 프랑스, 이탈리아를 포함하여 연합국 측에 속한 많은 나라는 모두 다 순차입국이다. 이 대차 관계가 탕감됨 없이 전액 결제되어야 한다면 유럽의 연합국 측 국가들은 독일로부터 배상금을 받아내도 대부분은 미국과 영국에게 갖다주고 유럽대륙 국가들은 승자든 패자든 빈곤 상태에 빠지고 만다. 그런 사태를 피하기 위해서는 전승국은 전쟁의 죄과를 모두 패전국에 뒤집어씌워서 자기들이 미국과 영국으로부터 차입한 것을 독일에 지급하게 하든지, 그렇지 않으면 독일에 그 분량만큼 다액의 배상금을 부과해야만 한다. 어쨌든 그들이 요구한 배상액은 불법이라고 할 수 있을 정도의 액수로까지 올라갔던 것이다.

---

28) 『귀결』, 111쪽. 그 밖의 나라도 마찬가지였다. 벨기에는 전쟁 전 그 나라의 총 국부 國富를 초과하는 금액을 전쟁피해에 대한 배상액으로서 독일에 요구했다. 『개정』, 90쪽.

2

케인스의 정의감은 이러한 부당한 집단폭력을 인정하지 않았다. 그는 전쟁을 일으킨 적국의 지배자와 그 세대 사람들의 잘못으로 그 아들과 손자 대의 사람들까지 갚아야만 할 배상을 요구하는 것은 반드시 저지되어야 한다고 생각했다.[29] 케인스는 연합국들이 자기들의 우세한 지위를 이용해서 모든 전쟁 비용—연합군 전사자들에 대한 위로금과 전쟁부상자, 환자들에 대한 연금까지도—을 독일에 떠맡기는 데는 아무 근거도 없다고 주장했다. 미국 대통령은 "근거? 근거가 뭔가? 연금도 독일이 지급하도록 하라"고 외쳤다.[30] 케인스는 친구가 "국제정치에 도덕이 통하기를 희망하지만, 현실적으로는 그렇지 못하다. 범죄적인 행위라도 수백만이나 되는 사람들이 행할 때는 나는 결국 어깨를 움츠릴 뿐이다"라고 쓴 편지[31]를 인용하면서 "그러나 나는 어깨를 움츠리고 그냥 두고 보기만 할 수는 없다"라고 잘라 말했다. 그는 재정부의 공직을 사임하고 자유의 몸이 되었으므로 거세게 나왔다. 그리고 "우리가 잘못했다"라는 것을 밝히기 위해서 『귀

---

29) 『귀결』 177쪽.
30) 『개정』 107쪽.
31) 『개정』 121쪽.

결』과 『개정』을 썼다. 그 책들은 케인스의 양심의 책이고, 시대와 싸운 순결하고 용감한 한 인간의 자세를 선명하게 그려내고 있다.

나는 이 책의 발라와 파레토 장章에서 사회과학자는 (따라서 경제학자도 역시) "가치자유"의 문제를 극복하고 바른 판단을 해야 한다는 것을 강조했다. 그렇다고 해서 사회과학자는 가치관을 사회과학에 도입해서는 안 된다든지 모든 가치관과 등거리를 유지해야만 한다는 것은 아니다. 가치관을 뺀 사회과학적 주장은 있을 수 없기에 사회과학적 정책론의 중심에는 하나의 가치관이 반드시 존재한다. 자기 자신이 특유의 (또는 특이한) 가치관을 지니고 있으면서 어떻게 하면 가치에서 자유로울 수 있는가 하는 게 가치자유론의 요체다. 케인스는 가치자유론에서 볼 때 모범적인 논의의 진행 방향을 잡았다. 우선 첫째로 그는 평화조약은 적국에 대한 징벌과 그들에 대한 보복을 목적으로 할 것이 아니라 전쟁 후 유럽을 번영되게 하는 것이어야만 함을 주장했다. 케인스는 그의 가치관을 이 기본 주장의 배후에 한정해놓음으로써 그의 가치관으로부터 해방되어 베버식으로 말하자면 실질적으로 sachlich, 케인스식으로 말하자면 사실에 입각해서by fact

논의를 전개할 수 있게 되었다. 조약은 실행가능하지 않으면, 거기에서 약속된 것은 모두 그림의 떡으로 돌아가기 때문에 케인스는 통계 숫자를 사용하여 연합국 측의 요구가 대책 없이 과다하며 설령 독일인이 지불할 마음이 있다고 해도 그럴 능력이 없다는 것—요구를 충족시키기 위해서는 독일 사람들이 생존 수준 이하의 생활을 해야만 하고 그렇다면 그들은 요구를 충족시킬 만한 생산을 해낼 수 없다는 것—을 밝혔다.[32] 이렇게 해서 그는 실행 불가능한 것을 탐욕스럽게 요구하는 것이 무의미함을 애써서 증명한 것이다.

다음으로 그는 영국 및 미국의 번영을 유럽의 번영과 결부시켰다. 유럽이 쇠퇴하고 빈곤에 허덕이게 되면, 무역 국가인 영국의 번영은 있을 수 없으며, 미국도 장래에는 외국으로부터 더 많이 사들이고 또 외국에 내다 팔지 않으면 발전하기란 대단히 곤란할 것이다. 다음 장에서 논하게 될, 경제학에서는 금세기 최고의 업적인 케인

---

32) 현재의 경제학자라면 이 부분에서 계량경제학의 기법을 퍽 많이 사용 했을 것이다. 케인스는 표면상으로만 수리경제학과 계량경제학이라는 학문 분야를 높이 평가하지 않았을 뿐, 『귀결』과 『개정』에서 통계 숫자를 이용한 정력적인 분석을 보면 통계와 수학을 어떻게 사용해야 하는가에 관한 그의 사고방식을 잘 이해할 수 있다. 또한 파레토도 베르사유 조약의 1차 안이 실행 불가능함을 지적하고 있다. A. de Pietri-Tonelli and G. H. Bousquet, Vilfredo Pareto, *Neoclassical Synthesis of Economics and Sociology*, ed. by Michio Morishima, Macmillan Forthcoming, pp. 67~68.

스의 '일반이론'의 방법론상 근본 사상은, 국내 제 부문 간의 상호연관 관계 가운데 가장 중요하고 현저한 데 초점을 맞추고 그것들을 더듬어가면서 인과관계를 분석하자고 하는 것에 있는데, 그는 이 배상 문제에서도 똑같은 방법론을 사용하고 있다. 즉, 그는 전후 여러 나라의 행복이 전후 국제관계에 의존하고 있다는 것, 또 그 가운데서도 유럽의 안정과 번영이 영·미 양국의 사활이 걸린 중요한 일임을 강조한 것이다.

이러한 사실관계의 분석으로 그의 가치관과는 무관하게 객관적으로 시비를 논할 수 있었다. 이 분석에 기초하여 그는 실행 가능한 현실적인 배상안으로 360억 금마르크의 배상금을 독일에 요구해야 한다고 결론지었다. 당시 배상위원회는 1380억을 주장했었기 때문에 그는 실제로 1020억이나 되는 감액을 제안한 것이 된다.[33] 영·미·프·이 게다가 일본 등의 전승국 당국자는 물론이고 4년간의 전쟁에서 해방되어 승전에 들떠있는 일반 시민 다수는 케인스의 제안을 광기 어린 행동으로밖에 보

---

33) 케인스는 감액의 근거를 명시했다. 예를 들면 프랑스는 완전히, 또는 반쯤 파괴된 가옥(그 대부분은 농부와 광부의 집이었다)의 수리 복구비로 한 가구당 2,275파운드를 요구했었는데, 그것은 대책 없이 과대한 평가라고 케인스는 말하고 있다. 사실, 이런 종류의 집은 1970년에조차도 영국에서 3,000파운드도 안 되었던 것 같다.

지 않았던 것 같다. 그것만이 아니다. "우리가 돈을 벌자고 전쟁에 투자한 것은 아니다"라는 이유에서 케인스는 미국과 영국에 대해 전쟁 중의 차관을 모두 탕감할 것을 주장했다. 그렇게 함으로써 케인스는 자기의 존망을 걸고, 일관되게 성실하려고 한 것이다.

독일에 대한 배상 요구의 다수가 실행 불가능할 뿐 아니라 도덕적인 기초가 없음을 밝힌 후에 케인스는 자기의 가치관을 명확히 한다. 그는 결코 탐욕적이고, 질투가 심하고, 미숙하고, 경제학적으로 옳다고 할 수 없는 국가주의자들 편을 든 적은 없었다. 이루어야 할 것은 유럽의 부흥이며, 그러기 위해서는 적국 국민의 생활과 행복까지도 회복시켜야만 한다.[34] 부흥을 위해서 유럽은 미국과 영국에게 관용을 간청하지 않으면 안 되는데, 이러한 간청은 유럽제국이 경제전 및 기타 전쟁을 그치고 경제 재건에 서로 훌륭하게 협력할 때만 받아들여지는 것이다.[35] 세계대전의 결과 각국은 거대한 액수의 차관을 서로 차입하게 되었는데 ―독일은 연합국 여러 나라에, 연합국은 영국과 미국에, 그리고 영국 역시 미국에― 미국

---

34) 『귀결』 209~210쪽.
35) 『귀결』 214쪽.

과 영국이 관용심을 발휘하여 빚을 탕감하지 않는 한 유럽의 번영은 있을 수 없다. 관용심은 언뜻 보기에는 자기 자신에게 손해를 가져오는 것처럼 볼 수 있지만, 유럽이 발전하면 관용심은 거기서 오는 이익으로 충분히 그것에 따르는 손실을 보상하게 될 것이다.

3

가치관은 누구의 가치관이든 그것이 옳다는 것을 과학적으로 입증하기란 불가능하다. 정책 문제 영역에서 할 수 있는 일은 될 수 있는 한 가치관을 명시하고 설득하는 것뿐이라는 것이 가치자유론의 결론이었다. 케인스는 그렇게 평화조약 개정론을 전개하고 그 설득을 위해 온갖 방식을 다 동원하였다. 확실히 그 자신도 인정하고 있는 것처럼, 실제로 독일에 수락을 강요한 배상안은 베르사유 회의에서 토의되던 무렵의 안에 비해 대폭 축소되어 있었다. 그런 의미에서는 『귀결』을 통한 설득은 효과가 있었는지도 모른다. 하지만 케인스가 제시한 배상안과의 사이에는 아직 1020억 금마르크의 차이가 있었다.

그 후 배상 부담은 다시 극히 적은 액수이지만 경감되

었는데, 1931년 말에는 결국 모든 배상 지급은 완전히 없어지게 되었다. 이러한 결말로 끝난 것은 세계 대공황이 일어난 것도 영향이 있지만, 케인스가 역설한 것같이 배상안이 결국 실행 불가능했기 때문이다. 하지만 그때는 이미 늦었다. 케인스가 우려했던 것같이 "국제 군국주의의 잿더미 속에서 불사조처럼 새로운 나폴레옹적 지배가 날아오르려 하고 있었다."[36] 히틀러가 정권의 바로 곁에까지 다가오고 있었던 것이다.

그 밖에도 케인스는 『귀결』에서 그 자신의 유럽 부흥안을 제언하고 있다. 그중에서 가장 중요한 것은 다음 세 가지다. (1) 이미 연합국에 의해 설립된 석탄위원회는 국제연맹의 관할에 두고, 독일, 중동구제국, 북구, 중립국 및 스위스의 대표들이 참가하도록 확대한다. 그것은 단순한 자문기관에 불과하지만, 독일, 폴란드, 원래의 오스트리아·헝가리제국에 속했던 신생국가에 석탄공급 및 영국의 수출 석탄공급의 배분을 권고할 수 있도록 그 권한을 확대해야 한다. (2) 국제연맹 후원의 토대 위에 자유무역 동맹을 만들고, 회원국 상호 간의 무역에서는 어떠한 보호관세도 부과되지 않도록 해야 한다. 독일, 폴란

---

36) 『귀결』, 227쪽.

드만이 아니라 오스트리아·헝가리제국과 터키제국에 속
했던 국가들은 처음 10년간은 강제적으로, 그 이후는 자
유의사에 따라서 이 동맹에 가입한다. 어떤 경우이든지
영국은 창립회원국이 되어야 한다.[37] (3) 국제연맹 가맹
국들은 일반적인 통화개혁을 해 식료품과 원료 구입 자
금의 공여를 쉽게 함과 동시에 유럽 부흥에 필요한 유동
자금의 공급체제를 마련한다.[38]

　이들 제안은 1차대전의 처리안으로는 채택되지 않았
지만, 그것들이 2차대전 후에 유럽 석탄철강공동체, 유
럽 단일시장, 유럽 금융기구의 형태로 실현되고 현재의
유럽공동체EC의 중추 부분을 형성하고 있음은 말할 것
도 없다. 케인스는 또한 이들 안에 영국의 부흥을 내맡
겼었다. 영국의 쇠퇴는 1차대전의 결과인 것만은 아니지
만, 유럽이 부흥하지 않는 한, 영국이 다시 흥하는 일은
없을 것이라고 생각했기 때문이다.

---

37)『귀결』, 208쪽. 케인스는 자유무역 동맹에 큰 희망을 걸고, "그것은 세계의 평화와
번영에 국제연맹과 같은 정도의 기여를 할 것이다"라고 서술하고 있다.
케인스의 이러한 생각을 국가의 주권이 절대적이고 국제기구보다 훨씬 위에 있다고
보는 대처의 견해와 비교해보라. 1차대전 종료 시에 세계는 이미 변해가고 있었지만,
케인스는 훨씬 훗날의 세계를 염두에 두고 그 세계에 적합한 가치관을 설득시키고자
하는 시도를 해 나갔던 것이다.
38)『귀결』, 225쪽. 케인스는 곧바로 화폐개혁 문제를 생각하기 시작해서 1923년에
『화폐개혁론』을 발표했는데, 그것은 나아가서『화폐론』(1930년), 『일반이론』(1936년)으로
이어져서, 그의 주저 3부작을 형성했다.

2차대전 후에는 사람들은 '케인지언'이 되어있었다. 그는 이제 고립되어있지 않았다. 『귀결』과 『개정』의 사상과 마셜플랜의 그것과는 매우 가까웠다.[39] 일찍이 힉스는 "1930년대는 히틀러의 시대였고, 전쟁 후는 케인스의 시대다"라고 말했지만 정말로 그의 시대가 시작되려고 하자마자 그는 사망했다. 경제학자에게 찬 이성과 따뜻한 마음이 필요하다는 것은 알프레드 마셜이 강조했는데, 청년 케인스는 그 외에 혹은 거기에 추가하여 용기가 필요하다는 것을 입증해 보였다.[40]

---

39) 젊은 나이에 케인스와 마찬가지로 베르사유 회의를 경험한 고노에近衛文麿는 "영·미 본위의 평화를 배격하자"라고 하는 사상을 굳혔다. 그들 두 사람을 비교하면, 거의 똑같은 경험을 하더라도 입장에 따라 전혀 다른 사상에 도달할 수 있음을 알 수 있다. 그런데도 그는 영·미국 본위의 평화를 배격하고 전쟁을 일으켜서 패배할 경우, 베르사유 회의와 같은 가혹한 배상이 일본에 부과될 것이라고 생각했었을 것이기 때문에(실제로는 1차대전 전후처리의 실패로부터 배웠었기 때문에 그렇지 않았지만), 그 경우 천황을 보필한 고노에近衛와 천황 자신은 어떻게든 국민에게 납득할 만한 변명을 할 생각이었을 것이다.

40) 현재 발달한 사회적인 의사결정론과 정의론의 입장에서 보면, 케인스의 가치관 구조는 단순소박하다. 하지만 아마도 이러한 앞선 철학적 사고로부터는 아무 행동도 하지 않는 것이 정의라고 하는 결론이 내려지고, 케인스와 같은 발언을 하지 않을 뿐 아니라, 케인스가 발언하더라도 그것은 무시당할 것이다. 만약에 그렇다면 이들 진보적 철학이란 도대체 무엇인가?

18장

케인스 2

세이의 법칙 청산

1

케인스의 최대 업적은 물론 『일반이론』이다. 앞에서 이미 설명한 것처럼 경제학자는 시장에서 '보이지 않는 손'이 움직인다는 것을 자명한 것으로 믿어왔다. 가격이 시장에서 상하로 움직여서, 수요와 공급을 역방향으로 조절하기 때문에 결국에는 수요·공급이 일치하여 균형이 성립한다. 이것은 각 재화에 관해서 모두 행해지기 때문에 일반균형이 성립하며, 그 상태에서는 노동 및 기타의 생산재는 공급 전체가 수요를 낳고, 따라서 완전고용이 실현된다고 볼 수 있는 것이다. 하지만 그들은 이러한 논리를 정밀하게 개인과 기업의 행동 원칙에까지 소급하여 논증한 것이 아니기 때문에 애로와 드브뢰가 일반균형이 존재한다는 정리를 기업의 행동 원칙에 입각해 증명했을 때는 갈채를 보냈다.[41] 그러나 그들보다 앞서서 케인스가 이미 『일반이론』에서 완전고용의 일반균형이 존재하지 않음을 증명했던 것이다. 현재의 대학 강의에서는 애로, 드브뢰의 정리와 케인스의 정리는 서로 모순되는데도 양쪽 모두 맞는 것인 양 가르치고 있는 사람도 있다.

케인스의 이론은 통상, 새뮤엘슨의 45도 선의 그림을 사용하여 설명되고 있다. 하지만 그것은 기하학이기는 해도 경제이론은 아니며, 결코 케인스 이론의 핵심을 가르치는 것이 아니다. 조금 번거롭지만, 중요문제에 직면하여 종래의 경제학자와 케인스가 어떤 점에서 어떻게 다른가를 밝혀줄 수 있는 설명이 있어야 한다. 나는 이하에서 그런 정공법正攻法을 택했는데, 그 결과 논의가 45도선에 의한 설명보다 복잡해져 있다—그러나 어렵지는 않다—는 점을 양해해주기 바란다.

그러므로 논의를 될 수 있는 대로 단순화할 필요가 있다. 우선 등장하는 재화의 수를 필요한 최소한에 그치게 해야만 한다. 소비재(C), 자본재(K), 노동(L)은 각각 한 종

---

41) 예를 들면 애로와 드브뢰의 「경쟁적 경제 균형의 존재」(『Economica』 1945, 265~290쪽). 또한 시장에서 가격이 어떻게 결정되는지에 관한 마르크스의 『임금노동과 자본』에서의 생각이 힉스, 애로, 드브뢰 등 이른바 신고전파와 일치한다는 데 대해서는 앞에서 설명했으나, 좀 더 상세한 것은 『무자원국의 경제학』(岩波全書), 15쪽 이하를 보라.

류라고 하고, 원료와 토지 없이 노동과 자본재만으로 소비재와 자본재가 생산된다고 가정한다. [42] 자본재는 자본용역(H)을 가져다준다. 자본재 소유자(혹은 소유 기업)는 자본용역을 임대차시장에서 팔든지 자기 사용을 하는데, 자기 사용을 하는 경우에 사용분을 임대차의 시장가격으로 평가하여 비용계산을 한다. 왜냐하면 임대차시장 가격 이하로 (혹은 0으로) 평가하면, 한때 사회주의경제에서 그랬던 것처럼 보유하고 있는 자본용역의 낭비를 불러일으킬 것이며, 그 이상으로 평가하면 보유하고 있는 자본용역을 사용하는 기업은 임대차시장에서 용역을 구매한 기업보다 이윤율이 나빠질 것이기 때문이다.

그 밖에 화폐(M)와 증권(B)—대차 증서—이 있다. 차입하는 측의 신용은 차입자마다 다르므로 증권 가치는 누가 발행했느냐에 따라 다른 것이 일반적이지만, 이하에서는 이 문제를 무시하고 어떤 증권에도 차이가 없으며, 따라서 증권은 한 종류라고 가정한다.

공급량을 S, 수요량을 D라고 하고, 어떤 재화의 공급량이나 수요량이라는 것을 표시하기 위해서 S, D에 첨자를

---

42) 이 가정을 제거해도 이하의 논의는 완전히 성립하므로, 이 가정은 문제가 되지 않는다.

붙인다. 예를 들면 S_M은 화폐의 공급량이고, D_H은 자본용역에 대한 수요량을 나타낸다. 소비재의 가격을 q, 자본용역의 가격(임대차 가격)을 p, 자본재 가격을 P, 임금률을 w, 대차의 이자율을 i라고 하자. 화폐는 가치 척도재이므로, 그 가격은 물론 1이다.

생산액에서 노임과 자본용역비를 지급한 잔액은 이윤 π다.[43] 이윤은 주주와 중역에게 분배되든지, 즉시 투자되든지, 장차 투자하기 위해서 사내에 유보되든지 어느 쪽으로든 처리될 것인데, 이하에서는 논의의 단순화를 위해서 전액 유보된다고 가정한다.[44]

이윤방정식은 기호로는

$$(1)\ \pi = qO_c + PO_k - {}_pD_H - {}_wD_L$$

로 쓸 수 있다. 우변의 처음 두 항은 각각 소비재 및 자본재의 생산액(O는 산출량)이기 때문에, 양자의 합은 생산 국민소득(Y)를 나타낸다. 좌변은 물론 이윤액이다.

다른 한편, 노동자와 자본재 소유자는 노동공급량에

---

43) 임대차 가격 p는 자본재의 감가상각비와 자본재 구입에 필요한 이자 비용의 합이기 때문에 자본용역비 항목의 형태로 감가상각비와 이자 비용이 고려되고 있다.
44) 이 가정도 이하의 논의에 대하여 문제를 일으키지 않는다.

대응하는 소득을 수취할 것이다. 거기에 이윤을 더한 총
소득은 수취 국민소득(Y')이라고 불린다. 즉,

$$(2) \ Y' = pS_H + wS_L + \pi$$

이다. 후술하겠지만, 세이의 법칙이 충족되었던 고전적
인 세계에서도, 그 법칙이 충족되지 않는 케인스의 세계
에서도 균형상태에 있어서는 생산 국민소득과 수취 국민
소득은 일치한다. 즉, $Y = Y'$이다. 그뿐 아니라 양자는 또
한 지출 면에서 측정한 국민소득, 즉 소비재에 대한 지출
(소비)과 자본재에 대한 지출(투자)의 합과도 같다는 것이
그 보조정리로서 쉽게 도출된다.

　이것을 밝히기 위해서 두 가지 준비를 해놓자. 첫째로
는 수취 국민소득의 처분—소비와 저축으로의 분할—의
문제다. 소비액이 소비재에 대한 수요총액과 같다는 것
은 말할 것도 없지만, 저축은 화폐와 증권의 보유를 증가
시키는 형태로 행해지든가, 자본재 보유량을 증가시킨다
는 실물 투자의 형태로 행해진다. 화폐 수요를 가지면 화
폐 보유량은 증가하며, 공급하면 그것이 감소하기 때문
에, 순 증가분은 수요와 공급의 차이와 같다. 증권에 대

해서도 마찬가지다. 그러므로

$$(3) \quad S = Y' - C = PD_K + (D_M - S_M) + p_B(D_B - S_B)$$

가 구해진다.[45] 여기서 C는 총소비, DK는 실물 총투자, S는 총저축, PB는 증권의 가격(이자율의 역수)이다.

두 번째 준비로는, 경제가 화폐경제임을 명확히 정식화해두지 않으면 안 된다. 즉 재화와 증권에 대해 수요를 가지면, 결제를 위해 같은 액수의 화폐를 공급하지 않으면 안 되며, 역으로 재화와 증권을 공급하게 된다면, 같은 액수의 화폐량이 수취된다—그만큼의 화폐 수요가 생기게 된다—는 것은 화폐경제의 규칙이다. 이들 관계는 각각

$$(4) \quad S_M = p_B D_B + q D_c + P D_K + p D_H + w D_L$$

$$(5) \quad D_M = p_B S_B + q O_c + P O_K + p S_H + w S_L$$

로 표시된다. 이들 식은 화폐경제인 한 균형 양이든 아니

---

45) 이런 투자는 감가상각 부분을 공제하고 있지 않으므로 조粗투자이며, 저축은 조粗저축이다.

든 어떠한 수요·공급에서도 성립한다.

2

이제, 이 정도의 것을 전제로 하고서, 생산 국민소득과 수취 국민소득과의 등가관계가 균형 조건으로서 얻어진다는 것을 밝혀보자. 첫째로 세이의 법칙이 성립하는 고전적인 경제에서는 다음과 같이 해서 균형이 달성된다. 우선, 증권시장, 소비재시장, 자본용역시장, 노동시장에서는 이자율 i, 소비재가격 q, 자본용역가격 p, 임금률 w가 조절되고 각각의 시장에서 수요와 공급이 같아진다. 그런데 힉스의 장에서 서술한 것처럼 자본용역의 가격 p가 정해지면, 자본재의 가격 P는 자본재의 순수익률[46]이 이자율 i와 같아지도록 정해진다(케인스는 이 명제를 자본의 한계효율=이자율이란 식으로 표현했다).

따라서 이자율과 용역가격을 조정한 후에는 자본재 가격을 조절하는 것은 불가능하게 되며, 자본재 가격은 고정된다.

거기서 리카도는 세이의 법칙—'공급은 그 자신에 대

---

46) 감가상각률을 d라고 하면 순수익률은 조수익률 p/P에서 d를 공제한 것과 같다.

한 수요를 낳는다'라고 하는 명제—을 도입하여, 자본재 시장에서 반드시 균형이 실현된다는 것을 보증한 것이다. 즉, 그는 자본재공급 O_K가 있을 때, 반드시 그 전액이 투자수요로 이어질 정도로 투자 기회가 풍부하고 또 투자 의욕이 왕성한 경제를 가정하고, 공급되는 만큼의 자본재는 반드시 수요로 이어진다(O_K=D_K이다)고 보았다.

이렇게 해서 세이의 법칙에서는 가격기구는 화폐를 포함한 각 재화의 수급 균형을 이루고, 따라서 일반균형을 성립시킨다. 즉, 가격기능과 세이의 법칙은 완전한 '보이지 않는 손'의 작용을 하는 것이다. 게다가 (3)의 두 번째 식 우변의 괄호 속은 모두 0이 되기 때문에, 두 번째 식은 저축=투자를 보증한다. 또한 노동과 자본용역의 수요·공급은 각각 같기 때문에, (1)과 (2)에 의해 수취 국민소득과 생산 국민소득은 같아진다(또한 이렇게 투자는 저축과 같아지기 때문에, 생산 국민소득은 소비 수요와 투자수요의 합과 같고 따라서 지출 국민소득과 같다). 그러나 이상에서 가정한 세이의 법칙은 근거 없이 현실을 논리적인 가능성 중 하나로 한정한 가정 이상의 아무것도 아니다. 확실히 자본주의의 초기 단계에서는 투자 기회는 풍부하며 더욱이 자본재는 부족했었기 때문에 공급된 자본재에는 반드시 수요가 있었으나, 경제가 발전하여 투자 기회가 적어지면, 자본재를 공급해도 그것이 반드시 수요를 가지는 것은 아니다. 현실은 세이의 법칙과 큰 괴리를 보이게 된 것이다. 언제부터 이러한 시대가 왔는가에 관해서는 이론의 여지가 있을 수 있으나, 나 자신은 아마 대체로 1차대전 전부터 (전쟁 후에는 완전히) 이런 시대가 되고 말았다고 본다.[47] 『귀결』에서의 서술에 따를 때,[48] 케인스 역시 거의 같은 윤곽의 인식을 했다고 보아도 별 무리가 없을 것이다.

세이의 법칙이 성립하지 않게 되면 자본재의 공급과 크기가 같은 수요는 발생하지 않으며, 자본재시장의 균형을 위해서는 수량 조절을 필요로 하게 된다. 자본재의 공급(산출)량이 억제되면, 자본재산업의 노동 수요량과 자본용역 수요량은 감소하며, 노동시장과 자본용역 시장에 공급과잉이 생긴다. 이들 시장에서 가격 조정이 행해지면 그 공급과잉은 말끔히 사라질 것이다. 노동의 경우에 이렇게 해서 없어진 과잉노동은 우선 보기에는 노동자들은 임금 하락에 따라 노동 의욕이 없어져서 자발적으로 시장에서 퇴장한 자발적 실업자처럼 볼 수 있겠으

---

47) 모리시마, 앞의 책, 『리카도의 경제학』, 244~245쪽.
48) 『귀결』, 186쪽.

나, 그것은 그 뿌리를 캐보면 자본재에 대한 유효수요가 적으므로 자본재공급을 수량 조정한 결과 생겨난 실업이다. 언뜻 보기에는 자발적으로 보여도 케인스는 이러한 유효수요의 부족에 기인하는 실업을 그가 말하는 실업, 즉 비자발적 실업으로 취급한다. [49]

이처럼 반-세이 법칙의 경제에서는 가격 조정과 수량 조정이 행해진다. 우선, 증권시장과 소비재시장, 자본용역시장에서는 가격 조정이 행해져서 수급이 일치한다. 이렇게 해서 이자율과 자본용역의 가격이 결정되면, 자본 수익률(혹은 한계효율)의 법칙에 따라서 자본재의 가격이 정해진다. 투자 기회가 줄어든 자본재시장에서는 공급 측에서 수량 조정이 행해짐으로써 과잉공급이 중단되고, 자본재 생산량은 투자수요 수준까지 줄어든다. 생산 축소의 결과 노동시장에서는 과잉공급이 생겨나지만, 임금이 조절되어서 시장으로부터의 자발적 퇴장이라는 형태를 띠고 마치 임금조절로 균형이 성립한 것같이 보이는 경우, 거기서 성립하는 것은 위에서 말한 것처럼 비자발적 실업을 수반하는 균형이다. [50] 아무튼 가격조절이나

---

49) 위에서 말한 것처럼 유효수요의 부족에 기인하는 자발적 실업을 비자발적 실업으로 보는 견해는 『일반이론』 289쪽에 서술되어있다.

50) 현재의 실업통계에서는 위에서 서술한 것과 같은 형태의 자발적 시장 퇴장은 실

수량 조절로 증권, 소비재, 자본용역, 자본재, 노동 등 모든 시장에서 균형이 성립한다. 그것과 동시에 (4) 및 (5)의 좌변, 즉 화폐 수요와 화폐공급이 같아진다.

이렇게 해서 일반균형이 성립하는데, 이 일반균형은 세이의 법칙에서의 일반균형처럼 완전고용의 일반균형이 아니라 실업을 수반한 일반균형이다. 이처럼 세이의 법칙이 성립하면, 완전고용이 이루어지고 성립하지 않으면 실업이 발생한다. 그래서 전간기 및 2차대전 후를 지나오면서 현실이 세이의 법칙으로부터 멀어짐에 따라 완전고용 균형도 실현 불가능하게 된 것이다.

3

이상은 임금률이 신축적인 경우인데, 그 이외에 케인스는 임금률의 하방경직성이 실업의 원인이 될 수 있음을 밝혔다. 그 논의는 세이의 법칙에서든, 반-세이의 법칙에서든 어느 상황에서는 상관없이 성립한다.[51] 케인스는 현행 임금이 노동자의 기득권이기 때문에 어떠한 수

업에 포함되지 않기 때문에 앞에서 서술한 것처럼 그런 식의 처리는 케인스의 정의에 상반된다.

51) 따라서 실업에는 두 가지의 원인, 반-세이의 법칙과 임금경직성이 있다.

준에서도 그것을 인하하는 것은 불가능하다고 하는 것을 깊은 분석 없이 가정하고 있는데, 다카타高田保馬가 주장하는 것처럼 이 가정은 더 깊이 있는 사회분석에 따라 그 타당성 여부를 확인해야 할 것이다. 다카타는 노동자와 고용주 간에 세력의 균형이 이루어지는 점에서 임금이 결정된다고 본다. 전자의 세력이 후자의 그것을 상회하면 임금은 상승하고, 그 반대의 경우에는 하락한다. 확실히 노동의 수급관계도 그들의 세력 관계에 영향을 주겠지만, 그것은 뚜렷한 것이 아니다. 따라서 임금수준은 대개 경제외적으로 결정된다. 세력균형이 파괴되지 않는한—의도된 노동 공급이 수요를 초과하고 있는 경우에도—그것은 주어져 있는 그대로 변함이 없다. 수량 조절의 결과 노동 공급은 수요와 일치하지만, 의도된 노동 공급의 입장에서 보는 한, 노동시장은 수량적으로 불균형상태에 있다. 그렇지만 균형 개념을 확장하여 세력균형의 입장에서 본다면, 노동시장은 균형을 이루고 있다고 볼 수 있다. 확실히 재화의 교환과 생산의 세계에서는 돈과 수량만이 세력이며, 수량 균형은 바로 세력균형이지만 노동시장처럼 인간적인 시장에서는 단결과 관습과 여론도 또한 세력이며, 수량 균형과 세력균형은 괴리되는

데, 후자야말로 진정한 경제 균형이 된다는 것이다. 경제학과 사회학이 통합될 때는 다카타가 말하는 바와 같은 세력균형의 개념을 통해서 경제가 보이게 될 것이다.[52]

세력에 의한 임금의 하방경직성을 제외하면, 이상은 '보이지 않는 손'에 대한 신앙이 잘못되었다는 것에 대한 케인스의 증명이다. 증명의 핵심은 내구재에는 두 개의 시장이 있는데, 두 개의 가격 가운데 하나는 이자율을 통해 다른 가격에 묶여있기에 수급을 조절하도록 자유롭게 변동할 수 있는 가격은 하나뿐이라는 점에 있다.[53] 이 이른바 '내구재의 딜레마'를 극복하기 위해서는 세이의 법칙이 요청된다. 하지만 이 법칙은 근대의 경제 사회에서는 현실과 동떨어진 것이므로 인정될 수 없다. 그러므로 경제 운영을 자유 방임해도 필연적으로 실업은 생겨난다. 이리하여 근대사회는 숙명적으로 항상 실업문제와 씨름하지 않으면 안 되게 된다.

---

52) 이처럼 반-세이의 법칙과 임금의 하방경직성(즉, 세력균형)이 케인스 실업론의 두 기둥이며, 그는 이 중에서 전자를 강조했으나, 후자는 깊이 파고들지 않았다. 그가 암묵적으로 가정했던 것처럼 어떠한 현실 임금이든지 기정사실로서의 세력균형을 반영하고 있다고 보면 임금은 어떤 수준에 있든지 하방 경직적이지만, 많은 가능한 임금수준 중에서 어느 수준의 것이 세력균형에 대응하는가를 고찰하는 입장에서는 그의 분석은—다카타가 그렇게 생각한 것처럼—불만족스러운 것이 된다고 하겠다.

53) 따라서 애로와 드브뢰처럼 내구재를 무시한 경제에서는 세이의 법칙 문제는 생기지 않으며, 완전고용의 일반균형은 당연히 존재하게 된다.

케인스는 이상의 이론적 연구를 다음과 같은 사회철학 또는 사회관과 긴밀하게 연결하고 있다.[54] 그는 이렇게 말한다. 실업의 구제가 지상명령인 한, 사회는 투자(자본재 수요)의 증진에 힘쓰지 않으면 안 된다. 투자는 이자율을 낮추면 증가하는 것이기 때문에 —지금까지 채산이 맞지 않던 프로젝트도 채산이 맞게 되어 투자는 증가한다— 이자율 인하가 실업 구제의 중요한 수단이 된다. 사실 자본재 수요가 증가하면 기업은 새로운 투자를 위해 화폐를 차입하려고 하고 증권 공급이 늘어나는데, 증가한 증권이 중앙은행에 의해 매입되면 이자율이 낮아진 값에서 균형을 이룬다. 또 투자가 증가하면 저축도 같은 액수만큼 증가한다.

그런데 반-세이 법칙의 경제에서는 매년 실업이 발생하고 실업을 억제하기 위해서는 매기마다 투자를 높은 수준으로 유지하지 않으면 안 된다. 현행 이자율에서 채산이 맞는 투자 기회는 이미 모두 실현되어있기에, 이자율을 더욱 낮추지 않는 한 신규 투자는 불가능하며 실업은 불가피하게 된다. 이렇게 해서 이자율 저하의 경향이 장기간 계속되고 그러는 동안은 자본은 계속해서 증가할

---

54) 『일반이론』, 제24장, 375~386쪽.

율을 더욱 낮추지 않는 한 신규 투자는 불가능하며 실업은 불가피하게 된다. 이렇게 해서 이자율 저하의 경향이 장기간 계속되고 그러는 동안은 자본은 계속해서 증가할 것이다.

지대가 토지의 희소성에서 발생하는 것과 마찬가지로 적어도 이자 일부는 자본의 희소성에 대한 대가다. 자본축적이 진행되어 자본이 점차 희소하지 않게 되면, 이자율 중에서 희소성에 대한 대가에 해당하는 부분은 무시할 수 있을 정도로 축소되고, 결국에는 이자는 위험부담에 대한 수당으로 간주할 수 있는 부분만으로 이루어지게 된다. 이러한 상태가 되면, 금리소득에 의한 생활은 성립하지 않기 때문에 금리소득에 의한 생활을 위한 저축은 없어지며, 투자는 주로 법인 또는 사회의 저축으로 충당되게 된다.

이것은 자본주의가 변질하는 것을 의미한다. 이자소득자가 자본가계급의 주요 세력인 시대는 가고, 저축은 세제 및 그 밖의 것들을 조작하여 주로 국가에 의해 행해지게 될 것이다. 마찬가지로 투자 또한 최대한의 고용을 보증하도록 국가가 관리하게 된다. 케인스는 이러한 변혁들이 (반-세이의 법칙에 대한 대책으로서) 필요하지만, 그 이상

의 사회변화는 불필요하다고 생각한다. 그는 산업의 국유화 등은 해서는 안 된다고까지 말하고 있다.[55]

앞서 서술했던 것처럼 케인스는 자본재시장과 노동시장 이외에는 가격기구가 완전하게 작동한다는 것을 인정하고 있다. 따라서 금광개발gold rush, 혁신innovation 등이 발생하여, 투자 붐이 생기면 투자의 국가관리를 중지하고 경제를 자유화해야 한다고 생각했다. 이렇게 투자가 왕성한 경우에는 세이의 법칙이 부활하고 고전적인 경제이론은 완전히 타당하다. 그는 고전학파의 사리私利에 기초를 둔 행동 분석을 인정하고 개인의 창의initiative를 존중한다.[56] 그러면서 동시에 실업 시대에는 실업 구제를 경제적 자유보다 우선시한다. 이 가치 감각이야말로 젊은 그가 평화 문제에서 패전국을 궁핍화시키는 그런 조약은 전승국에 번영을 가져다주지 않는다고 주장하게 하는 한편, 원숙한 그가 실업문제를 무시하는 자본주의는 존속할 가치가 없다고 하는 관점을 취하게 하고 있다. 그의 비전은 일생을 통해 일관성이 있었다.

---

55) 케인스는 사회주의와 전체주의 국가들이 실업문제를 경제적 효율과 자유의 희생으로 해결하고 있다고 서술하고 있다. 『일반이론』 383쪽. 자본주의 국가라도 산업의 국유화는 마찬가지의 결과를 가져올 것이라는 게 케인스의 생각이다.
56) 최근의 케인스 비판은 케인스의 이러한 측면을 완전히 오해하고 있다.

결론을 대신하여

이 책에서는 리카도에서 시작하여 케인스의 출현으로 끝나는 세이의 법칙 시대를 다루었다. 리카도는 약간 경솔하게 세이의 법칙에 편승했는데, 이 법칙이 설득력 있는 것이 아님은 많은 경제학자에 의해서 즉시 지적되었다. 하지만 그 사람들 역시 이 법칙이 어느 정도의 범위에 걸쳐 해독을 끼치는지 충분히 알지 못하기 때문에 그들은 의식적으로는 세이의 법칙을 배제하면서도 다른 한편으로는 무의식적으로 세이의 법칙을 전제로 삼는 모순을 범했다.

예를 들면 마르크스가 그러하다. 그는 한편으로는 세이의 법칙을 격렬히 비판하면서도 '재생산 도식'의 논의에서는 세이의 법칙을 전제로 하는 논의를 전개하고 있는 것이다.[57] 마찬가지로 이 책에서 보는 바와 같이 발라, 슘페터, 힉스, 빅셀 등의 주류경제학자들은 논의의 어느 단계에선가 세이의 법칙을 가정하고 있거나 아니면 세이의 법칙을 대신하는 비현실적인 가정을 하고 있다.

세이의 법칙이 초래한 많은 과실過失 중에서 최악의 것은 완전경쟁 경제에서는 완전고용이 성립하고 '보이지 않는 손'의 섭리가 이 세계에서 실현된다는 낙관론을 입증해냈다고 주장하는 데 있다. 그 결과 미제스와 같은 초超자유방임학파가 나타나고, 일부 사람들에게 이 학파야말로 마르크스주의에 대항할 수 있는 사상으로서의 근대 경제학인 것 같다는 착각을 하게 만들었다.

하지만 자본축적이 진행되고 경제가 발전하면서, 투자 기회의 다수는 이미 실현이 완료되고, 투자 기회는 조금밖에 남아 있지 않게 된다. 그 결과 기술발전이 급속하게 진행되는 예외적인 시대를 제외하고는 일반적으로 투자 수요는 잉여생산물(실물 저축)보다 훨씬 작아진다.

"공급(저축)은 그 자신에 대한 수요(투자)를 창출한다"라고 하는 의미에서의 세이의 법칙은 충족되지 않게 된다.

---

57) 예를 들면 모리시마, 앞의 책, 『マルクスの經濟學』및 H. Hanusch, *Evolutionary Economics*, Cambridge University Press, 1988에 수록된 모리시마, 카테포레스의 논문 참조.

즉, 자본축적, 경제발전의 필연적 결과로서 경제는 세이의 법칙의 시대로부터 반-세이의 법칙 시대로 전환된다. 케인스가 이러한 시대의 전환을 자각하고 등장하여 경제학의 중심 부분을 세이의 법칙—가격기구—에서 반-세이의 법칙—유효수요의 원리—으로 교체함으로 말미암아 세이의 법칙 시대의 막이 내려진 것이다.

반-세이의 법칙은 자본주의경제만이 아니라 사회주의경제에서도 밀어닥쳤다. 그것은 자본주의에서는 대량실업을 낳았지만, 사회주의는 완전고용을 유지하려고 했기 때문에 비효율적인 투자가 곳곳에서 생겨났다. 투자만이 아니라 당과 정부 요인要人이 사용할 불필요한 호화로운 관사와 별장도 건축되었다. 즉 사회주의적 착취를 증가시킴으로써 생산력과 수요 간의 모순을 표면적으로 감추었던 것이다.

이러한 모순은 경제 사회의 —마르크스 용어로 말하면— 기초구조에서 발생한 모순이다. 일부의 사람들에게 소득(이윤)의 극대화가 실현되고 그 결과 다른 사람들이 실업을 당하면, 사회는 부자와 가난한 사람으로 양극 분해되고 결국에는 체제는 붕괴하지 않을 수 없게 된다. 그런 의미에서 1930년대의 대공황은 자본주의의 위기였으며, 일본에서도 그 당시는 '농촌의 피폐화'란 형태로 양극 분해가 현저했었다. 1936년의 2·26사건(일본 육군에서 일어난 쿠데타로 실패했다.-역주)은 그러한 위기의식을 배경으로 하여 계획되었다.

일부 사람들의 금전적 탐욕에 의해 축적된 부富가 일반 사람들에게 환원되지 않는다면, 아무도 탐욕적인 사람들을 용납하지 않을 것이며 그들의 부는 인정받지 못할 것이다. 지금 임시로 그러한 금전욕에 사로잡힌 경제활동을 '자본주의 활동'—바로 뒤에서 알게 되겠지만, 이러한 자본주의의 정의는 대단히 좁은 정의다—이라고 한다면 '자본주의 활동'은 다양한 분야에서 그것과 밀접하게 관련된 수많은 사회활동을 창출한다. 우선 '자본주의' 활동을 유지·방위하기 위한 법률적, 정치적 기구를 만들기 위한 활동이 행해지고 일부 부유한 사람들의 문화적, 오락적 요구를 충족시키기 위한 문화—부르주아 문화—활동이 행해진다. 이것들은 사회 상부구조에 속하는데, 그 사회활동들을 실현하기 위해서도 경제활동은 필요하므로 상부구조에서 경제활동이 파생되고, 그 사회활동들은 기초구조(경제)를 살찌운다. 그런데 '자본가'(즉 금전적으로 탐욕스럽고 따라서 부와 영화를 누리고 있는 사람들)를 방위하기 위한 상부구조 활동에는 다음의 두 종류가 있다. 첫째는 법률, 경찰, 경호와 같이 직접 그들을 지켜주는 행위이며, 두 번째는 그들 이외의 사람들의 복지·후생을 증진시킴으로써 그들에 대한 반감을 달래어 무마시키고 간접적으로 그들을 방위하는 행위다. 사회정책 또는 후생정책이라고 불리는 것이 후자에 속하는데, 이들 정책을 수반하지 않는 순수자본주의는 대단히 취약하다.[58] 따라서 근대적인 자본주의는 좁은 의미에서의 '자본주의' 부문과 복지, 교육 부문의 복합체이며, 양자는 반드시 짝을 이루면서 존재하지 않으면 안 된다. 한쪽이 없는 경우에 다른 쪽이 장기간에 걸쳐 홀로서기를 한다는 것은 곤란하다. 근대 자본주의는 양자가 균형을 이룰 때 비로소 생존이 가능visable하다. 이러한 경제는 통상적으로 혼합경제라고 불리고 있는데, 혼합경제야말로 영속 가능한 자본주의경제이며, 순수 '자본주의'경제는 결함이 있는 체제다.

복지 부문은 명백하게 상부구조에 소속되어있다. 그러므로 자본주의를 유지 연명시키는 것은 상부구조이며, 상부구조가 무너질 때는 자본주의는 붕괴한다. 이러

58) 마찬가지로 거액의 국제수지 흑자를 계속 누적시키고 있는 일본도, 그것을 간접적으로 방위하는 상부구조를 구축하지 않는 한, 무역상대국의 반격을 받고 마침내는 큰 상처를 입게 될 것이다.

한 사고방식은 자본주의는 기초구조에서부터 붕괴한다고 보는 마르크스 이론과 상반된다. 동시에 이러한 생각은 엘리트가 '자본주의' 부문으로부터 복지 부문으로 진로 변경함으로써 자본주의가 사회주의 사회로 전화하고 만다는 슘페터의 이론을 수정, 보강하는 데 필요하다.

내가 이 책에서 이끌어내는 결론은, 두 부문이 균형을 유지하면서 발전하지 않으면 안 된다는 것이다. 만약 복지 부문이 과대하게 된다면 '자본주의' 부문은 그것을 뒷받침할 수 없으며, 복지 부문은 축소되지 않으면 안 된다. 또 만약에 지나치게 축소되면 '자본주의' 부문에 대한 사람들의 비판이 높아지고, 자본주의의 보전을 위해서도 자본주의 부문은 복지의 확대·증진을 인정하지 않으면 안 된다. 이 사실들은 대처의 실험—그녀의 출현과 몰락 및 포스트-대처 시대에 있어서 U턴—에 의해서 명료하게 증명된 것이다.

이렇게 해서 양 부문은 어느 정도의 폭을 두고 그 안에서 기복을 보이면서 계속 균형을 유지해가지만, 균형이 허용 폭 밖으로 나갔을 때는 자본주의는 파멸이나 안락사를 맞이할 것이다. 파멸은 그것이 상부구조를 무시한 데서 기인한다는 의미에서 반-마르크스적이지만, 그 체제가 원망과 탄식 소리 속에서 끝난다는 의미에서는 마르크스적이다. 다른 한편, 안락사는 복지 부문이 지나치게 과대하게 되었을 때 생긴다. 그때는 체제는 슘페터적으로 사회주의화되는데, 그 과정에서 산업 부문은 쇠퇴한다. 하지만 사회주의는 마르크스가 생각했듯이 단순히 낙원인 것만은 아니다. 제아무리 사회주의라고 할지라도 돈벌이—개인을 위해서가 아니라 국가를 위해서—를 해주는 사람이 없으면 성립하지 않는다. 그런 우수한 사회주의적 기업가는 부족하기 일쑤인 데다가 그 사회에도 사회주의적 착취라는 새로운 악이 존재한다. 이 악을 제거할 수 있기 위해서도 지금부터 몇 세기가 지난 후에야 가능할 사회주의는 결코 일당독재의 사회주의일 수 없으며, 복수의 정당 간에 정권의 이양이 행해지는 민주주의적인 사회주의가 아니면 안 된다. 그렇다면 상부구조 내에서 엘리트 간에 경쟁과 항쟁이 반드시 행해진다. 이런 경제를 분석하는 데는 이 책에서 다룬 인물 중에는 다카타, 베버, 슘페터, 파레토 등 사회학 계통의 경제학이 유용할 것이다. 나는 특히 다카타의 세력론과 베버의 관료제에 관한 연구를 발전시켜서 경제학 안에 도입할 필요가 있다고 생각한다. 아무튼 다음 세기에는 경제학과 사회학은 대단히 밀접한 학문이 될 것임이 틀림없다.

그런데도 생산력의 발전에 대응하여 생산관계가 변화하고 그것에 대응하여 상부구조가 교체된다고 하는 마르크스, 엥겔스의 기본 도식의 설명력은 인간이 더욱 합리적 존재가 되어있을 장래에는 한층 더 커진다고 생각한다. 따라서 기술이 특별히 진보하여 그 효과가 한 나라 밖에도 쉽게 파급되도록 되어있을 다음 세기에는 상부구조는 그것에 대응하여 변하지 않을 수 없을 것이다. 미국, 캐나다처럼 태평양과 대서양에 걸쳐 있는 나라와 발트해부터 동해까지 뻗어있는 러시아는 철도가 없으면 국가 성립이 가능하지 않았을 것이며, 각 개인이 자가용 차를 타고서 두세 시간이면 다른 나라에 갈 수 있는 곳에서는 국경선은 의미를 잃게 되고 만다.

교통기관의 발달에 따라 도시국가가 봉건국가로 교체되고 후자는 다시 민족국가로 통일된 것처럼 현재의 민족국가는 마침내 유럽공동체 같은 좀 더 큰 공동체로 흡수될 것이다. 우리 세대의 사람들은 2차대전 때 '천황폐하 만세'를 외치면서 민족국가를 위해 목숨을 바쳤다. 그들의 희생을 가슴 아프게 생각하면서도 나는 그들이 지킨 민족국가는 결코 영원불멸인 것은 아니라고 생각한다. 금세기에는 그것은 경제학의 대무대였으나 다음 세기에는 거들떠보지도 않을 것이다. 그렇다고 해서 광역 통합체의 시대가 단기간 내에 직선적으로 찾아온다고 생각해서는 안 된다. 파레토가 주장한 것처럼 사회변동은 합리적 정신만으로 추진되는 것은 아니며, 각종의 비논리적, 감정적, 인습적인 요소에도 의존하기 때문에 지역 공동체로의 통합과정도 과거에 민족국가로의 통합, 예를 들면 독일 제2제국의 통일이 그랬던 것처럼 일진일퇴, 우왕좌왕하는 것은 더 말할 것도 없으며, 기술이 가진 합리성을 과대평가해서는 안 된다. 공동체 형성의 문제는 10년, 15년에 해결될 문제가 아니며 50년, 80년을 단위로 진전이 될지 어떨지가 문제다.

하지만 장기적으로는 합리성은 반드시 관철될 것이다. 케인스가 1차대전의 전후처리 문제에 직면하여 베르사유 조약이 대단히 잘못되었다고 거세게 항의한 것은 이 책에서 보았지만, 2차대전의 전후처리에 있어서는 케인스가 1차대전 직후에 제안한 방안과 거의 완전히 일치되게 전후 재건이 행해졌다(이 점이 케인스를 다른 어떤 경제학자보다도 두드러진 위치에 올려놓은 것이다). 역사는 이런 속도로 전진한다고 생각해도 좋다. 따라서 장기적 전망으로는 광역공동체는 언젠가는 실현되고 민족국가는 그 속에서 해소될 것이지만 근대경제학이 그런 새 시대의 체제를 위한 이론을 마련할 수 없다면 ―이를테면 광역공동체를 위한 중앙은행의 문제와 광역 공동체 간 국제유동성 또는 통일화폐 문제 해결에 공헌할 수 없다면― 그 역량은 의문시될 것이다.

이 책은 근대경제학과 사상―비전, 가치관, 의지, 희망―과의 상호관계를 논했기 때문에 마지막으로 사상과 과학적 사고가 밀접하게 연관되어있는 부분인 후생경제학에 관해서 서술해보겠다. 나는 후생경제학을 다음과 같은 이유로 대단히 낮게 평가한다. 첫째로 반-세이의 법칙에서는 애로, 드브뢰의 후생경제학의 기본정리가 성립하지 않는다는 것은 이미 서술했다. 둘째로 후생경제학은 가격기능을 전제로 하는데, 그것은 근대 자본주의 경제의 일부 부문(농업과 광업)에서 작용할 뿐 주요 부문(공업과 3차산업)에서는 작용하지 않는다. 거기에는 내구재의 딜레마라는 장애가 있을 뿐 아니라 비용 법칙에 따라 가격이 정해지기 때문이다.

셋째로 후생경제학은 후생이 증가하게끔 정책을 펼 수 있다고 주장하지만, 후생 등고선을 모든 가능한 상태에 대해서 그리는 것은 논리적으로나 실제적으로나 대단히 어렵다. 기껏해야 정부와 신문사의 부분적, 주관적인 후생 평가가 객관성의 허울을 쓰고 강요될 뿐, 후생 극대화 정책이 실제로 그러한 판정 기준을 사용해서조차 아직 입안된 일이 없다.

경제정책은 반-세이의 법칙에서는 특히 중요하다. 그렇지만 그것은 최고의 후생 등고선(수준)의 실현을 목적으로 하는 것이 아니라 실업 구제, 물가상승 억제, 국제 수지 개선 등 가운데 하나 또는 몇 가지 실현할 것을 목적으로 하여 중점적으로 입안되고 있는 것에 불과하다. 현실에서의 이런 정책편성과 비교해볼 때, 후생경제학적 사고는 너무나도 사변적, 공상적이며 학자들이 수련하는 기예다.

옮긴이 후기

이 책을 생애 첫 번역서로 출간한 지 26년이 지나서 다른 출판사를 통해 다시 출간하게 되리라고는 전혀 생각하지 못했기에 매우 기쁘고 감회가 새롭다.

26년 전에 나는 대학에 이어 대학원에서 경제학사를 전공하고, 계속해서 박사과정을 진학해서 같은 분야의 공부를 할 생각을 하고 있었다. 리카도, 발라를 비롯한 이 책에 소개된 경제학자 대부분은 일본보다 더 심하게 영국과 미국을 중심으로 한 서방의 경제학 체계를 중심으로 경제학 교육과 연구에 몰두하고 있는 우리나라 대학의 대부분 경제 관련 학과에서 공부한 경제학도들에게는 현대 주류경제학의 이론체계가 지금까지 형성되어오게 된 데 기여한 경제학 시조들로서 대체로 익숙한 이름들이다. 이 책을 쓴 저자 모리시마 미치오의 이름을 알게 된 것은 대학교 3학년 때 경제사상사를 수강하면서 담당 교수님께 이분의 저서 『왜 일본은 성공하였는가?』를 소개받아서였다. 일본이 낳은 세계적인 이론경제학자로서 저자는 시장경제의 이념에 매몰되지 않고 마르크스 경제학을 비롯한 여러 학파의 경제학과 경제사상을 섭렵하고 2차대전 후의 냉전 시대에 현실적인 경제발전과 복지, 관료제와 민주주의의 문제를 넓은 사회과학의 틀에서 다룬 석학이었다. 그가 이 책에서 다룬 마르크스, 발라, 슘페터, 파레토 등의 근대경제학자가 대체로 자기 분야의 협소한 경제이론을 파고들기만 한 학자들이 아니라 인간과 사회의 큰 틀에서 경제를 바라본 사람들이라는 것에서도 그의 관심이 드러난다. 일반인을 대상으로 어쩌면 골치 아플 수도 있는 경제사상의 문제들을 아주 쉽고 명확하게 풀어 서술하고 있다는 것도 이 책이 가진 큰 장점이다.

그가 다룬 근대경제사상가 중에는 대학에서 직접 가르침을 받은 일본 경제학자인 다카타 야스마가 포함되었는데, 서구의 사회과학을 일찍 받아들여 독자적인 경제학을 이룬 일본학계의 구성원으로서의 자부심이 이를 통해 표현된 것을 보게 된다. 같은 문화권을 이루는 동아시아인의 시각에서 순수 경제이론가는 아니지만, 사회경제 현상을 세력이란 개념으로 독창적으로 다룬 다카타의 사상적인 탁월함을 우리가 군이 무시하려고 해서는 안 될 것이다. 우리나라에서도 세계의 경제학과 경제사상에 정통하면서도 우리 입장에서 잘 해석하고 평가하고 활용할 수 있는 실력과 독창성과 친절함을 갖춘 학자가 이제는 나올 때도 되지 않았나 하는 쓸데없는 민족감정이 드는 것도 솔직히 부정할 수가 없다.

모든 것이 급변하는 시대에 내가 청년이었던 때인 26년 전 하고 지금은 일상적으로 사용하는 용어를 비롯해 문화적으로 많은 것이 달라졌다. 나의 번역 문투가 젊은 세대들에게 읽히기에 걸림돌이 되지 않을지 염려가 되지만, 나로 인한 그런 장애물에도 불구하고 내가 이 책을 통해 계속 공부를 해야겠다는 관심들을 발견하는 데 큰 도움을 얻은 것처럼 다시 발간되는 이 책이 경세제민의 꿈을 품은 새 시대의 지성인들이 읽음으로써 지적으로 묵직하게 만져지는 것이 있기를 기원해본다. 그리하여 경제사상을 본격적으로 공부하고자 도전하고 또 이 저자 정도의 수준과 역량을 가지고서 세계의 경제사상들을 논하고 그런 기초 위에서 경세제민의 길을 제시할 분들이 많이 나오게 된다면 이 책을 번역하여 소개한 나로서는 최고의 기쁨이겠다고 감히 바라는 바다. 끝으로 양서지만 다소 딱딱한 분야에 속한다고 여겨질 수도 있는 이 책을 재출판하기로 한 도서출판 AK커뮤니케이션즈의 사장님과 담당하시는 직원분들께 감사를 드리며, 또 새로 책을 발간하는 과정에서 먼저 나왔던 책을 타자하여 큰 도움을 준 큰딸 민선旻宣에게 고마운 마음을 전한다.

IWANAMI 069

사상으로서의 근대경제학

초판 1쇄 인쇄 2021년 11월 10일
초판 1쇄 발행 2021년 11월 15일

저자 : 모리시마 미치오
번역 : 이승무

펴낸이 : 이동섭
편집 : 이민규
책임편집 : 조세진
디자인 : 조세연
표지 디자인 : 공중정원
영업·마케팅 : 송정환, 조정훈
e-BOOK : 홍인표, 최정수, 서찬웅, 심민섭, 김은혜
관리 : 이윤미

㈜에이케이커뮤니케이션즈
등록 1996년 7월 9일(제302-1996-00026호)
주소 : 04002 서울 마포구 동교로 17안길 28, 2층
TEL : 02-702-7963~5   FAX : 02-702-7988
http://www.amusementkorea.co.kr

ISBN 979-11-274-4860-8 04320
ISBN 979-11-7024-600-8 04080 (세트)

SHISO TOSHITENO KINDAI KEIZAIGAKU
by Michio Morishima
Copyright © 1994, 2004 by Yoko Morishima
Originally published in 1994 by Iwanami Shoten, Publishers, Tokyo.
This Korean print edition published 2021
by AK Communications, Inc., Seoul
by arrangement with Iwanami Shoten, Publishers, Tokyo

일본의 지성과 양심

이와나미岩波 시리즈